大数据驱动的管理与决策研究丛书

社交网络
对产品和信息扩散的影响

陈　熹　柳　炎　上官武悦　盘　茵　等／著

本专著受到国家自然科学基金重大研究计划项目"社交网络对产品和信息扩散的影响研究：网络结构，多模网络和环境因素"（项目编号：91546107）资助

科学出版社

北　京

内 容 简 介

随着互联网的普及，人们逐渐倾向于使用在线社交网络来传播各种各样的信息，在网络中作为参与的一方扮演重要的角色。网络分析技术被广泛用于探索此类社交网络背后的复杂机制，或是确定网络中不同社会成员和组织之间的依赖性和互动表现，或是发现复杂的网络拓扑关系中未开发的价值，这对组织和行政管理具有巨大的启发意义。本书在内容编排上注重理论与实践并行的原则。在理论篇，编者梳理了相关的社会影响理论、图论基础知识和基于深度学习的网络分析技术知识；而后的实践与应用篇则呈现了我们团队在社交网络领域兼具前沿性和实用性的研究，聚焦于股票共同关注网络、在线社交游戏等场景，揭示了网络分析技术在这些领域宝贵的商业价值。

本书主要面向从事互联网行业相关方向的从业者，或是有相关基础的在校学生。

图书在版编目（CIP）数据

社交网络对产品和信息扩散的影响 / 陈熹等著. —北京：科学出版社，2024.6

（大数据驱动的管理与决策研究丛书）

ISBN 978-7-03-078021-8

Ⅰ. ①社⋯ Ⅱ. ①陈⋯ Ⅲ. ①互联网络－传播媒介－研究 Ⅳ. ①G206.2

中国国家版本馆 CIP 数据核字（2024）第 034458 号

责任编辑：魏如萍 / 责任校对：姜丽策
责任印制：张　伟 / 封面设计：有道设计

科 学 出 版 社 出版

北京东黄城根北街 16 号
邮政编码：100717
http://www.sciencep.com

北京盛通数码印刷有限公司印刷
科学出版社发行　各地新华书店经销
＊

2024 年 6 月第 一 版　开本：720×1000　1/16
2024 年 6 月第一次印刷　印张：15 3/4
字数：320 000

定价：189.00 元

（如有印装质量问题，我社负责调换）

丛书编委会

主 编

陈国青 教 授 清华大学

张 维 教 授 天津大学

编 委（按姓氏拼音排序）

陈 峰 教 授 南京医科大学

陈晓红 教 授 中南大学/湖南工商大学

程学旗 研究员 中国科学院计算技术研究所

郭建华 教 授 东北师范大学

黄 伟 教 授 南方科技大学

黄丽华 教 授 复旦大学

金 力 教 授 复旦大学

李立明 教 授 北京大学

李一军 教 授 哈尔滨工业大学

毛基业 教 授 中国人民大学

卫 强 教 授 清华大学

吴俊杰 教 授 北京航空航天大学

印 鉴 教 授 中山大学

曾大军 研究员 中国科学院自动化研究所

总　序

　　互联网、物联网、移动通信等技术与现代经济社会的深度融合让我们积累了海量的大数据资源，而云计算、人工智能等技术的突飞猛进则使我们运用掌控大数据的能力显著提升。现如今，大数据已然成为与资本、劳动和自然资源并列的全新生产要素，在公共服务、智慧医疗健康、新零售、智能制造、金融等众多领域得到了广泛的应用，从国家的战略决策，到企业的经营决策，再到个人的生活决策，无不因此而发生着深刻的改变。

　　世界各国已然认识到大数据所蕴含的巨大社会价值和产业发展空间。比如，联合国发布了《大数据促发展：挑战与机遇》白皮书；美国启动了"大数据研究和发展计划"并与英国、德国、芬兰及澳大利亚联合推出了"世界大数据周"活动；日本发布了新信息与通信技术研究计划，重点关注"大数据应用"。我国也对大数据尤为重视，提出了"国家大数据战略"，先后出台了《"十四五"大数据产业发展规划》《"十四五"数字经济发展规划》《中共中央　国务院关于构建数据基础制度更好发挥数据要素作用的意见》《企业数据资源相关会计处理暂行规定（征求意见稿）》《中华人民共和国数据安全法》《中华人民共和国个人信息保护法》等相关政策法规，并于2023年组建了国家数据局，以推动大数据在各项社会经济事业中发挥基础性的作用。

　　在当今这个前所未有的大数据时代，人类创造和利用信息，进而产生和管理知识的方式与范围均获得了拓展延伸，各种社会经济管理活动大多呈现高频实时、深度定制化、全周期沉浸式交互、跨界整合、多主体决策分散等特性，并可以得到多种颗粒度观测的数据；由此，我们可以通过粒度缩放的方式，观测到现实世界在不同层级上涌现出来的现象和特征。这些都呼唤着新的与之相匹配的管理决策范式、理论、模型与方法，需有机结合信息科学和管理科学的研究思路，以厘清不同能动微观主体（包括自然人和智能体）之间交互的复杂性、应对由数据冗余与缺失并存所带来的决策风险；需要根据真实管理需求和场景，从不断生成的大数据中挖掘信息、提炼观点、形成新知识，最终充分实现大数据要素资源的经济和社会价值。

在此背景下，各个科学领域对大数据的学术研究已经成为全球学术发展的热点。比如，早在 2008 年和 2011 年，*Nature*（《自然》）与 *Science*（《科学》）杂志分别出版了大数据专刊 *Big Data: Science in the Petabyte Era*（《大数据：PB（级）时代的科学》）和 *Dealing with Data*（《数据处理》），探讨了大数据技术应用及其前景。由于在人口规模、经济体量、互联网/物联网/移动通信技术及实践模式等方面的鲜明特色，我国在大数据理论和技术、大数据相关管理理论方法等领域研究方面形成了独特的全球优势。

鉴于大数据研究和应用的重要国家战略地位及其跨学科多领域的交叉特点，国家自然科学基金委员会组织国内外管理和经济科学、信息科学、数学、医学等多个学科的专家，历经两年的反复论证，于 2015 年启动了"大数据驱动的管理与决策研究"重大研究计划（简称大数据重大研究计划）。这一研究计划由管理科学部牵头，联合信息科学部、数学物理科学部和医学科学部合作进行研究。大数据重大研究计划主要包括四部分研究内容，分别是：①大数据驱动的管理决策理论范式，即针对大数据环境下的行为主体与复杂系统建模、管理决策范式转变机理与规律、"全景"式管理决策范式与理论开展研究；②管理决策大数据分析方法与支撑技术，即针对大数据数理分析方法与统计技术、大数据分析与挖掘算法、非结构化数据处理与异构数据的融合分析开展研究；③大数据资源治理机制与管理，即针对大数据的标准化与质量评估、大数据资源的共享机制、大数据权属与隐私开展研究；④管理决策大数据价值分析与发现，即针对个性化价值挖掘、社会化价值创造和领域导向的大数据赋能与价值开发开展研究。大数据重大研究计划重点瞄准管理决策范式转型机理与理论、大数据资源协同管理与治理机制设计以及领域导向的大数据价值发现理论与方法三大关键科学问题。在强调管理决策问题导向、强调大数据特征以及强调动态凝练迭代思路的指引下，大数据重大研究计划在 2015～2023 年部署了培育、重点支持、集成等各类项目共 145 项，以具有统一目标的项目集群形式进行科研攻关，成为我国大数据管理决策研究的重要力量。

从顶层设计和方向性指导的角度出发，大数据重大研究计划凝练形成了一个大数据管理决策研究的框架体系——全景式 PAGE 框架。这一框架体系由大数据问题特征（即粒度缩放、跨界关联、全局视图三个特征）、PAGE 内核［即理论范式（paradigm）、分析技术（analytics）、资源治理（governance）及使能创新（enabling）四个研究方向］以及典型领域情境（即针对具体领域场景进行集成升华）构成。

依托此框架的指引，参与大数据重大研究计划的科学家不断攻坚克难，在 PAGE 方向上进行了卓有成效的学术创新活动，产生了一系列重要成果。这些成果包括一大批领域顶尖学术成果［如 *Nature*、*PNAS*（*Proceedings of the National Academy of Sciences of the United States of America*，《美国国家科学院院刊》）、

Nature/Science/Cell（《细胞》）子刊，经管/统计/医学/信息等领域顶刊论文，等等］和一大批国家级行业与政策影响成果（如大型企业应用与示范、国家级政策批示和采纳、国际/国家标准与专利等）。这些成果不但取得了重要的理论方法创新，也构建了商务、金融、医疗、公共管理等领域集成平台和应用示范系统，彰显出重要的学术和实践影响力。比如，在管理理论研究范式创新（P）方向，会计和财务管理学科的管理学者利用大数据（及其分析技术）提供的条件，发展了被埋没百余年的会计理论思想，进而提出"第四张报表"的形式化方法和系统工具来作为对于企业价值与状态的更全面的、准确的描述（测度），并将成果运用于典型企业，形成了相关标准；在物流管理学科的相关研究中，放宽了统一配送速度和固定需求分布的假设；在组织管理学科的典型工作中，将经典的问题拓展到人机共生及协同决策的情境；等等。又比如，在大数据分析技术突破（A）方向，相关管理科学家提出或改进了缺失数据完备化、分布式统计推断等新的理论和方法；融合管理领域知识，形成了大数据降维、稀疏或微弱信号识别、多模态数据融合、可解释性人工智能算法等一系列创新的方法和算法。再比如，在大数据资源治理（G）方向，创新性地构建了综合的数据治理、共享和评估新体系，推动了大数据相关国际/国家标准和规范的建立，提出了大数据流通交易及其市场建设的相关基本概念和理论，等等。还比如，在大数据使能的管理创新（E）方向，形成了大数据驱动的传染病高危行为新型预警模型，并用于形成公共政策干预最优策略的设计；充分利用中国电子商务大数据的优势，设计开发出综合性商品全景知识图谱，并在国内大型头部电子商务平台得到有效应用；利用监管监测平台和真实金融市场的实时信息发展出新的金融风险理论，并由此建立起新型金融风险动态管理技术系统。在大数据时代背景下，大数据重大研究计划凭借这些科学知识的创新及其实践应用过程，显著地促进了中国管理科学学科的跃迁式发展，推动了中国"大数据管理与应用"新本科专业的诞生和发展，培养了一大批跨学科交叉型高端学术领军人才和团队，并形成了国家在大数据领域重大管理决策方面的若干高端智库。

　　展望未来，新一代人工智能技术正在加速渗透于各行各业，催生出一批新业态、新模式，展现出一个全新的世界。大数据重大研究计划迄今为止所进行的相关研究，其意义不仅在于揭示了大数据驱动下已经形成的管理决策新机制、开发了针对管理决策问题的大数据处理技术与分析方法，更重要的是，这些工作和成果也将可以为在数智化新跃迁背景下探索人工智能驱动的管理活动和决策制定之规律提供有益的科学借鉴。

　　为了进一步呈现大数据重大研究计划的社会和学术影响力，进一步将在项目研究过程中涌现出的卓越学术成果分享给更多的科研工作者、大数据行业专家以及对大数据管理决策感兴趣的公众，在国家自然科学基金委员会管理科学部的领导下，在众多相关领域学者的鼎力支持和辛勤付出下，在科学出版社的大力支持下，大数据重大研究计划指导专家组决定以系列丛书的形式将部分研究成果出版，其中包括在大数据重大研究计划整体设计框架以及项目管理计划内开展的重点项目群的部分成果。希望此举不仅能为未来大数据管理决策的更深入研究与探讨奠定学术基础，还能促进这些研究成果在管理实践中得到更广泛的应用、发挥更深远的学术和社会影响力。

未来已来。在大数据和人工智能快速演进所催生的人类经济与社会发展奇点上，中国的管理科学家必将与全球同仁一道，用卓越的智慧和贡献洞悉新的管理规律和决策模式，造福人类。

是为序。

国家自然科学基金"大数据驱动的管理与决策研究"
重大研究计划指导专家组
2023 年 11 月

前　言

在线社交网络（online social network，以下简称社交网络）的出现极大地促进了世界各地网络用户之间的交流。在这个虚拟空间中，原本仅作为信息接受者的参与者们可以转化为信息的传递者和发布者，他们可以向外界传递自己的意志、转发消息或提交评论，最终成为信息传播渠道的一个环节。网络参与者通过社交网络构成了一个强大的信息传播渠道。在这种新的模式中，信息传播的中介被去除，使得信息的传播途径被缩短；信息传播渠道的门槛被降低，使得用户创造的产品/服务信息（如口碑）对销售的影响可以匹敌甚至超越企业的营销活动所能带来的收益。

在学术层面，产品/服务信息在社交网络中的传播受到众多因素的影响，如何识别这些因素并评估它们的影响，是一个重要的学术问题，尤其是对于同质性（homophily）影响和同伴影响（peer influence）这两者的区分一直是理论研究中的挑战。另外，社交网络通常规模巨大，需要数据的体量常常成倍扩展，如何对这样的大规模网络进行分析，并保持分析框架的可延展性，也需要新的方法和手段。关于网络模型的研究在过去半个世纪里飞速发展，而在当下，以深度学习为基础的图学习与网络嵌入方法也在提取网络关键信息的领域取得了重大的突破。从社交网络中提取的有用特征能够帮助部署下游机器学习预测模型进行具体问题的分析。例如，在向社交网络中的用户推荐新好友的情景下，企业会关心如何将网络用户嵌入到一个低维向量空间中，以便用其他距离度量标准来衡量用户之间的亲密度。

在应用层面，社交网络的出现为企业带来了前所未有的机遇。一方面，它大大降低了企业营销的成本，提高了营销的效率。2015 年春节，腾讯公司通过红包"摇一摇"的形式，轻松实现了 2 亿张银行卡在微信支付中的绑定。另一方面，企业通过分析社交网络中顾客的分享及传播行为，可以及时准确地了解消费者对产品/服务的态度和需求。这将创造更多的服务机会和商务切入点，如产品定制、销售预测以及更敏捷有效的运营管理。因此本书的相关内容对于企业如何利用社交网络进行营销和运营管理也具有重要的价值。

本书布局如下。

本书将整理和介绍社交网络的新理论、新方法以及新应用，为学术研究和行业应用提供支持。本书的主要内容包括社会影响的基本理论、社交网络分析的基本方法、基于深度学习的社交网络嵌入式表征算法，以及这些理论和算法的相关应用。其中基于深度学习的社交网络分析算法是图学习领域中的一个新兴方向，而在目前其他关于社交网络分析的专著中，更多的是介绍传统的网络分析方法。本书也将展示如何将这些方法和理论应用在管理情境中。例如，如何基于深度学习获得的网络表征来分析社会影响对消费者购买决策的影响；如何利用用户的股票搜索记录构建共同关注网络，并基于这样的网络关系分析股票的价格波动等。

在第 1 章中，我们首先关注和介绍基本的社会影响理论，这涵盖了社交网络领域最具影响力的一些发现，如社会资本理论和同质性理论。第 2 章着重介绍了图论、与网络分析算法有关的基本知识，涉及了基础的图论概念、随机图模型和小世界现象，也介绍了常用的链接分析方法。第 3 章对社交网络嵌入式表征算法做了详细介绍，利用网络嵌入来实现降维、提取关键信息是目前图学习领域的研究热点，此章介绍了目前受广泛认可的网络嵌入式表征算法及其背景应用和发展趋势。

此后的章节是网络分析的应用。在第 4 章中，我们介绍了如何利用用户的股票搜索记录构建共同关注网络，并基于这样的网络关系研究投资者对资产的共同搜索是否能够影响资产的市场价值波动，以及资产网络中外生的信息冲击在网络中的溢出效应等；相关研究结果为投资者和市场从业人员提供了有关资产收益预测和投资组合管理方面的实践指导，也揭示了提升和变革信息中介的机遇与可能性。在第 5 章中，我们利用深度学习方法获得网络节点嵌入，将其作为 OLS（ordinary least squares，普通最小二乘法）回归模型中同质性因素的代理变量（proxy variable）来估计同伴影响效果。在第 6 章中，我们研究了社会资本与披露叙述风格会如何影响社交网络公益项目的筹款表现，利用公益项目需求的迫切性来解释之前研究在恳求风格积极性方面的不同结论并部分解释了不同项目类型之间的影响路径，为社交网络中公益项目的发起人提供了可用参考建议。在第 7 章中，我们针对一款流行的网络游戏，研究了多重社会影响如何在免费增值模式中共同影响玩家的时间投入和金钱消费，揭示了免费用户的社会影响力在免费增值模式中的价值。

本书主要面向社交网络理论、社交网络分析方法的研究人员，以及与社交网络应用相关行业的从业者，或是有一定的网络分析和机器学习基础知识的爱好者和学生。如果你的工作内容涉及社交网络分析有关的知识，或者希望深入了解社交网络相关的研究近况，本书可以为你提供这方面的背景知识。即便你没有掌握具体模型的实现过程，也可以通过本书快速了解它们的优缺点与应用场景。

参与本书编写工作的有浙江大学的陈熹、浙大宁波理工学院的柳炎、厦门大学的上官武悦以及字节跳动公司的盘茵。由于编者的水平和能力有限，本书难免有疏漏之处，恳请各位同仁和广大读者给予批评指正，也希望各位能将社交网络分析实践过程中的经验和心得与我们进行交流（chen_xi@zju.edu.cn）。

目　　录

第一篇 理 论 篇

第 1 章　社会影响理论基础

1.1　结构洞理论

在网络结构分析中，许多方法关注网络参与者之间的定量和定性关系，从而被应用于人际关系分析与组织情报分析等方面，其中结构洞（structural hole）的概念可以解释个体在网络中占据的关键位置，常被用于预测参与者之间连接的建立与知识获取。具体来说，结构洞是社交网络结构中不同的群体之间缺乏连接而形成的空洞。结构洞理论衡量社交网络中用户之间的人际关系，特别是人们可以从他们的社会关系中享受到的收益。

对结构洞的研究最早可追溯至 Granovetter（1973）提出的弱连接（weak tie）理论。用户之间的关系被称为连接（tie），强弱连接由两个节点之间联系的频繁程度和紧密程度确定，强连接是最频繁和密切的连接，弱连接是不太频繁和不太密切的连接。Granovetter（1973）指出，"桥"（bridge）是两个群体之间的弱连接，与其他连接相比更容易在不同的群体之间传递新的信息，并指出新的思路和信息只有通过弱连接才能在群组中独立传播。

在弱连接理论的基础上，Burt（1992）提出并解释了结构洞理论，认为不论连接的强度如何，当两个节点之间出现连接真空时便形成结构洞。Burt 的主要观点之一是，在网络中占据结构洞位置的个体被称为结构洞占据者（structural hole spanner）或中介（broker）。结构洞占据者通过提供原本分离的或相互联系稀少的群体之间的联系，最终获得权力并控制群体之间的信息流和其他资源上的优势，这与 1.2 节提及的强调信息冗余方面的社会资本的概念不同。例如，Burt（1992）提供的证据表明，占据结构洞的位置会给占据者带来晋升、奖金和其他绩效指标方面的优势。

若结构洞的位置被个体填补，通过提供原本分离的或相互联系稀少的群体之间的联系，该个体更有可能获得非冗余的信息，利用位置优势提升自己的权力和威望，或获得晋升和加薪的机会（Burt，2004），提高适应新任务的能力和管理绩效（Rodan and Galunic，2004）。若结构洞的位置被某个社群（community）填补，这种网络结构可能会有利于社群的发展。不过，也有研究对结构洞的影响提出批判，例如，Ahuja（2000）发现企业占据的结构洞与企业新注册的创新专利的数量呈负相关关系；另有研究指出作为中间人的团队领导反而会造成信息流的阻塞，从而降低整体的生产力（Cummings and Cross，2003）。

对于不同的情景，中间人在面对信息时可以采取多种策略获取利益，因为他可以掌控：①获取信息的渠道，即独家的信息，并抛弃无用的信息以避免信息过载；②时机，即与合适的信息需求方建立合作关系，以便他们能够在竞争中获得利益；③引荐，即统筹信息网络的人脉，与内部网络之外的各方建立信息交流。当几方在抢夺同一信息存在竞争时，中间人就可以根据最高的报价（利润/利益）将信息给其中一方；当几方之间存在冲突，希望得到不同的信息时，中间人可作为调解人进行调解，以便为冲突的各方找到解决办法（Berto and Sunarwinadi，2019）。

综合来说，结构洞带来信息上的优势和控制上的优势，结构洞占据者作为从他所利用的人的关系中获得利益的第三方，加强了其控制信息的权力，使信息需求方依赖自身；他也将信息从一个群体扩散到另一个群体，协商和综合不同的想法，并促进不同领域的合作。信息优势来源于结构洞占据者在社群间独特的位置，Katz和 Lazarsfeld（1955）发现，信息、想法和创新通常首先流向意见领袖，然后再从这些意见领袖那里流向更广泛的人群，中间人更倾向于与意见领袖联系，以更快地获得有价值的信息。控制优势来源于从不同社区中获得的聚合信息，这些信息使得结构洞占据者能与在社区内部互动较多的用户或群体联系人进行更多的协商和交流，从而发现更多机遇。根据 Burt（2013）的研究，中间人在处理不同社群间的信息时会得到相应的奖励，如投资银行家的奖金补偿，股票分析师的行业认可等。Burt（2015）提出了强化结构洞（reinforced structural hole），表明一个结构洞被社区内的凝聚力和对他人的排斥强化。结构洞被强化的程度越高，弥合它的难度就越大，而成功的桥梁就越有可能在社区之间传播新的想法和有价值的信息。

1.1.1　结构洞的度量与检测方法

结构洞理论是由自我中心网络来描述的，其节点集包括一个自我（ego）节点，以及周围与自我节点直接相连的他人（alter）节点，边集则包括这些节点之间的所有连接。Burt（1992）提出了一些标准来衡量结构洞和结构洞占据者，从个人参与者的外部指标来看，结构洞带来的优势与信息广度、时间和套利高度相关，人们可以通过利用这些优势获得更好的评价、认可和薪水。在探索连通性对结构洞占据者的影响时，他提出了一些检测结构洞的指标，包括有效规模、效率、约束和层级。其中，有效规模（effective size）为衡量一个节点的非冗余连接节点数量的指标，这里的非冗余是指节点的连接节点之间不相连；效率（efficiency）是一个节点的有效规模与其所有连接节点数量的比值；约束（constraint，$c(i)$）衡量一个节点的事业机遇在自我网络中受到约束的程度，它来自独立性的概念，即一个约束为 1 的节点表示它只有一个联系，当节点的约束靠近 0 时，该节点的联系人之间的联系较少；层级（hierarchy，$h(i)$）衡量对自我的总约束集中在一个联系中的程度，$h(i)$ 等于 0 时，表示节点与每个邻居的关系的约束是相同的，而 $h(i)$ 等于 1 表示所有的约束都集中在一个联系人身上。

结构洞占据者（中间人）通过连接不同的社区，对社会运转有积极作用，考虑到结构洞占据者通过信息和控制优势对社交网络产生的影响，在社交网络中检测结构洞占据者是非常重要的。检测结构洞占据者的方法主要基于信息流和网络中心性这两种角度。

从信息流的角度看，Lou 和 Tang（2013）提出了两个模型来解决在大规模社交网络中挖掘 top-k 结构洞占据者的任务。假设社区划分是给定的，HIS 模型通过定义一个节点的重要性得分和结构洞得分，量化同时扮演结构洞占据者和意见领袖角色的每个节点的重要性和影响力。MaxD 模型通过近似计算网络的最小切面，在移除 k 个节点后，使最小切面的减少量最大化，从而得到前 k 个结构洞占据者。

从网络中心性的角度看，Song 等（2015）提出了基于弱连接理论的启发式算法来检测 top-k 结构洞占据者，主要是针对动态社交网络以及远程信息源。他们还定义了 top-k 结构洞占据者的检测问题，并通过将其简化为 k 密度最大的子图问题来证明其无障碍性，其模型推导是弱连接在远程用户之间的新信息传播中非常重要的证据。

1.1.2　结构洞理论的应用

在社交网络分析方面，通常的做法是将结构洞理论与其他社会科学理论相结合，用于验证理论的稳健性。

三元组指的是一个由三个人组成的团体，在动态网络发展中，主要研究三元闭包如何从开放的三元组发展而来的基本问题。Huang 等（2015）采用了结构洞理论和其他指标来分析用户的三元闭包模式，测试了占据结构洞的位置是否会影响三元闭包模式，并发现在两个没有联系的用户中存在的结构洞占据者大大增加了三元闭包的闭合概率，而中间人则与较低的闭合可能性有关。他们在提出的用于预测三元闭包的模型中整合了结构洞以及其他有价值的网络属性。

网络振荡理论是基于结构洞理论提出的（Burt and Merluzzi，2016），认为网络结构与特定的优势有关，而中介人享有信息多样性、时机和套利优势。此外，Burt 和 Merluzzi（2016）提出，网络随时间的演变也会影响其提供的优势。他们通过一组银行家的面板数据来衡量网络振荡的围堵，发现网络振荡与绩效没有直接关联，但反转（reversal）维度例外。它表明银行家会在停业（closure）与经纪业务（brokerage）之间振荡，这种振荡显著增强了网络优势与绩效的关联。这项工作将结构洞理论与其他社会科学理论相结合，并在此基础上构建了新概念。

此外，结构洞理论在企业管理、社交网络信息传播、软件和移动开发等方面都有广泛的应用。

在企业环境中，结构洞理论提供了一个新的视角来理解社会关系如何影响员工的福祉和他们的决策，以及背后的机制。在分析员工的表现和他们的合作行为时，考虑到结构洞的跨度能为管理工作提供有价值的洞察力，这种洞察力可以进一步为个人提供如何发展其社交网络的建议。

在绩效和创新能力方面，结构洞理论的研究表明，结构洞位置与较高的管理绩效之间存在着强有力的关系，占据结构洞位置的经理人通常被评价为比那些关系密集的人有更好的绩效。由于结构洞占据者通过在其社交网络中发挥桥梁作用而享有位置优势，他们可以获得非冗余和多样化的信息和观点，因此可以在多个群体中获得更好的评价绩效。

在发现新的联系和员工协作方面，结构洞理论还对除个人表现之外的企业社交网络中新的联系和合作关系的建立进行了解释。例如，Gao 等（2013）采用结构洞理论来理解人们如何根据网络信息选择新的合作者。由于桥梁作用和弱连接可以为个人提供与成功有关的宝贵资源，因此在网络中建立新的弱连接被认为对个人是有益的，因此领导者可以向员工推荐潜在的弱连接，帮助他们获得网络优势。在社交网络信息传播中，由于中介人占据了连接不同社区的关键结构位置，他们被认为和观察到在社交网络中，特别是在社区之间传播信息方面发挥了关键作用。

在软件与移动应用开发中，结构洞理论也被用来开发需求识别过程，并用于分析不同移动服务部门之间的相互关系。例如，Bhowmik 等（2015）探讨了结构洞理论，从利益相关者网络结构的角度分析了需求识别，证实了结构洞理论在需求工程中的适用性和有效性，提出有必要通过考虑利益相关者的角色来修改结构洞理论以适应需求识别过程。

结构洞理论也有助于社交网络背景下的机器学习任务，对社会学和计算社会科学都有重要影响，在研究社会结构中的关键位置（Burt，2013）、信息传播（Xu et al.，2019）和链接预测（Lou and Tang，2013）等方面发挥了关键作用。

近来的研究证明了结构洞理论在各个领域的适用性，结构洞位置可以帮助分析网络结构的动态演变，这在现实环境中是很常见的。结构洞位置如何出现、变化和消失，也有助于揭示网络的性质。在未来也可以期待结构洞理论在非人工网络中得到更多的应用，社交网络中节点的概念可以进一步扩展到组织、国家甚至物品联结网络中的个体，运用在社交网络中观察到的规律可以解决更多难题。

1.2　社会资本理论

Bourdieu（1986）最早提出社会资本理论，该理论经过 Coleman（1994）的逐步深入阐释，受到了广泛的关注。Coleman（1994）认为，社会资本是实体之间的某些共同之处，实体可以是个人或组织，存在于社会结构内部。实体间包含了一定的社会结构，并促进了某种行为发生。社会资本是由实体间的关系变化而产生的，这种变化是沟通带来的。个人是否拥有良好的社会资本是由其他人或行为者的信任和接受程度来表示的，个人在网络中参与得越多，社会关系与互动越多，他获得的信任就越多，同时封闭的网络对加强行为者的责任感、信息的多样性和可信度也有帮助。

Bourdieu（1986）提出社会资本是社交网络关系之间可以被利用的资源的总和。他对社会资本的定义阐述了两个重要组成部分：可以被实体利用的社会关系本身；可被使用资源的数量和质量。社会关系以及可获得资源两者之间，需要有明确区分。信息、经济、人力和文化资源都可以通过利用社会资本获得，但拥有社会资本并不一定代表能够拥有这些资源。

社会资本是一种隐性的资本，也能被理解为是一种影响力，然而，社会资本可能会产生一些负面的影响。Lin（2017）认为，社会资本概念的前提是人们在社交关系中会进行相应投入并期望回报，并指出了社交网络嵌入资源能够发挥作用的原因。首先，社会资本能加速信息的传播，在信息不对称的市场环境下，位于特定战略位置或者等级位置的社会关系能够为个人或组织提供有用的信息，使其更好地识别机会并做出选择。其次，由于社会关系的战略位置，更强的社会关系在很多时候也意味着拥有更有价值的资源，因此社会关系会对决策和价值判断施加影响并成为重要考虑因素。最后，社会关系能够加强身份识别与认同。作为社会群体的一员，人们能够在群体中寻求情感支持并索取资源。

1.2.1 社会资本的性质

社会资本在被定义为情感共鸣时，具有许多重要的类似资本的属性，包括转化能力、耐久性、灵活性、可替代性、可靠性、创造其他资本形式的能力以及投资（撤资）机会。通过对社会资本与其他形式的资本（包括文化资本和人力资本）进行比较，社会资本可以用来创造更多不同形式的资本，包括文化和组织，社会资本与其他形式的资本可以在不同程度上相互替代和补充。

社会资本理论可被用于解释个体的行为，也能用于解释组织行为。基于个人行为视角的社会资本研究，主要聚焦在：①个人如何建立并投资社会关系；②个人如何利用关系中的嵌入资源获得回报。基于组织视角的研究主要讨论：①组织如何发展和维持社会资本；②社会资本如何增强组织成员的生活机会。

在计算机网络极度发达的今天，面对海量的技术服务，越来越多的用户通过社交网络行为维护自身的社会资本。社交网络提供丰富的应用程序，如状态发布、照片及视频发布、搜索功能、好友列表维护等，让构建社会资本成为可能（Ellison et al., 2007)。各种亲社会行为也可由社会资本理论解释，如社区参与（Wasko and Faraj, 2005），同时社会资本也是影响人与计算机之间相互作用的一个因素（Chewar et al., 2005）。社会资本理论提出了一个完整的社会因素衡量体系（Chow and Chan, 2008），已经在信息披露相关的研究中被大量应用。

1.2.2 社会资本理论的分类

以社会关系为基础的社会资本是复杂和多维的。在 20 世纪 90 年代中期，Putnam（1995）发现了社会资本概念有扩散的倾向，提出要优先考虑梳理好社会资本的维度。确定社会行为与关系及其对经济或其他方面影响的本质，是社会资本理论发展的一个关键里程。于是，在之后的研究中，社会资本被分为了多个维度，而划分方式各有差异。

受到广泛认可的权威划分方法有两种。第一种是基于社会资本关系的连接对象，将社会资本分为结合型社会资本（bonding social capital）和桥接型社会资本（bridging social capital）。结合型社会资本指的是组织内的关系，而桥接型社会资本指的是和组织外部的联系（Leonard, 2004）。第二种划分方式则更偏向于概念的划分，将社会资本分为三个维度，分别为结构维度、关系维度和认知维度（Nahapiet and Ghoshal, 1998）。

面向个体的社交网络有着去中心化的特质，导致了组织界限相对模糊，无法准确区分桥接社会资本与交互社会资本，本节将采用基于结构维度、关系维度与认知维度的分类。社会资本理论被广泛地用于信息共享、信息披露的领域里，在第 6 章中我们将详细介绍有关的应用，表 1-1 总结了和信息披露、信息共享有关的研究，并且将他们在三个维度里使用的相关因素总结了出来。

表 1-1 社会资本三大维度的因素总结

项目	结构维度	关系维度	认知维度
具体因素	中心性；社交互动、交互频率；网络连接、网络结构、网络稳定性；弱连接、结构洞；关系质量；社会关系；信息通道	信任；互惠互利；身份认同、群体认同；社会规范；承诺；移情；义务	共同语言、共同叙述、共同语义；共同愿景；共同文化；共同目标；专业自我评价、任期
参考来源	Tsai 和 Ghoshal（1998）；Nahapiet 和 Ghoshal（1998）；Requena（2003）；Inkpen 和 Tsang（2005）；Wasko 和 Faraj（2005）；Chiu 等（2006）；Chow 和 Chan（2008）		

第一个维度是结构维度。结构维度描述了网络的模式、密度、连通性和层次结构（Tichy et al., 1979），这些关系是在社区成员互相交流时发生的。Inkpen 和 Tsang（2005）认为，社会资本的结构维度中，包括了网络连接、网络配置、

网络稳定性等几个值得商讨的方面。①网络连接：网络连接促进了成员之间的交互。由于组织内部网络成员之间的界限比其他网络工作成员之间的界限更多、更广，因此成员之间的信息转移应该更容易进行。②网络配置：去中心化的网络配置更有利于组织成员联系的建立。③网络稳定性：维持网络的稳定性能够更好地促进组织内信息交流。例如，Burt（2017）发现，作为网络中心并与其他人有大量联系的参与者，更有可能持续为集体活动做出贡献。在知识共享社区中，拥有更高网络中心度的个人更愿意进行对网络成员更有帮助的知识分享行为（Wasko and Faraj，2005）。

第二个维度是关系维度。结构维度关注的是个体与资源之间的连接程度，而关系维度则表示这些连接被利用的潜力（Moran，2005）。在前人的研究中，他们将信任、互惠互利、社会规范等维度作为关系维度的主要关注因素（Tsai and Ghoshal，1998；Nahapiet and Ghoshal，2000）。信任可以降低风险感知程度，用户更愿意与受信任的人分享信息。互惠互利是另一个关系维度特征。在网络中，互惠互利是指信息分享与信息接收之间内容匹配的关系。研究表示，如果人们在对话中首次接收了其他人的信息分享信号，他们会更容易进行信息分享行为（Lee et al.，2008）。

第三个维度是认知维度，指社会资本能够增加个体之间相互理解的资源（Chow and Chan，2008），可以用于评估个体共同行动的能力（Tsai and Ghoshal，1998），主要的衡量因素有共同语言与叙述（共享叙述）、共同愿景等。共享叙述可以以多种方式影响信息的组合和交换。首先，共享叙述有助于人们获取对信息的访问权限。其次，共享叙述可以让个体明白如何评估和交互信息从而获得收益。最后，共享叙述代表着已有知识的重叠（Chiu et al.，2006）。因此，它增强了各方通过社会交互交流信息的能力。Tsai 和 Ghoshal（1998）提到了共同愿景的概念，并指出这是社会资本的认知维度中的另一个重要的成分，因为它显著影响社区凝聚力并塑造社区类型。

Chiu 等（2006）测量了三个社会资本维度对信息共享数量与质量的影响关系。本书中的社会资本维度部分，主要采纳了他们的框架，并针对社交网络环境做出了一定程度的调整，删除了不适用于自我披露场景的组织身份认同因素。本书第 6 章将涉及社会资本对社交网络中的行为的影响。

1.3　网络中的信息传播

社交网络作为信息的渠道在信息传播（diffusion）方面发挥着巨大作用。越来越多的人将个人生活转移至社交网络，网络中的信息对人们求职、观影娱乐、生活购物、政治参与都有重要影响，研究网络中的信息传播能为网络分析提供手段。

综合来说，网络中的信息传播主要研究以下内容。

（1）热门话题和信息的特征。提取关键信息来总结网络中正在进行的讨论，可以向用户推荐热门话题，或预测未来的热门话题。例如，Leskovec 等（2009）研究并说明了社交媒体中最受欢迎的话题的时间动态是由注意力的连续上升和下降模式组成的，即对话题的连续关注和失焦。Takahashi 等（2014）提出通过学习和模拟每个用户的链接创建行为而不是分析术语频率来检测突发性关键词。

（2）信息传播的路径。了解这一点对于优化网络营销活动、阻止病毒传播等具有突出的意义。例如，Cha 等（2009）对图片流行度在 Flickr 社交网络中的分布情况进行了数据分析，并描述了社交链接在信息传播中发挥的作用，他们的研究展示在 Flickr 中。社会关系是信息传播的主要方式，占被标记为受欢迎的图片传播方式的 50%以上；信息传播仅限于与上传者距离较近的个人；内容的流行程度在网络中往往是本地化的，而且图片的流行程度在多年内稳步上升。流行病模型是最常见的信息传播模型，Karp 等（2000）借用此模型探究了谣言传播的问题。

（3）在传播过程中扮演重要角色的成员和网络结构。识别网络中最有影响力的传播者对于确保信息的有效传播至关重要。链接分析技术已被用于识别有影响力的传播者，如 k-shell decomposition（k-壳分解）、log k-shell decomposition（对数 k-壳分解）和 PageRank（网页排序）（Cataldi et al.，2010）。Romero 等（2011）建议用节点特征（如信息转换率）来进行链接分析，并提出了著名的传统基于超链接的主题搜索（hyperlink-induced topic search，HITS）算法扩展的 Influence-Passivity 算法。

1.3.1 节和 1.3.2 节分别介绍金融学领域的信息传播研究和股票市场的逐步信息扩散理论。

1.3.1 金融学领域的信息传播研究

在金融学领域，信息的获取和传播一直以来都是资本市场研究的核心。以股票市场为例，在投资者对相关股票的共同关注网络中，网络中的信息能够在相互连接的股票之间流通和传递。因此，信息在网络中传递和扩散的速率会在一定程度上影响股票价格反映网络中的信息的速率，继而影响股票收益的可预测性。由于具有不同偏好的投资者会在同一时期关注不同的股票，因此不同股票之间的信息流并非直接被所有投资者群体获取和关注。在这种情况下，股票之间的联系能作为信息传输的渠道；具有更多信息流的股票可能是因为该股票有更广泛的投资者群体（Hong and Stein，1999）和更高程度的投资者识别度（Merton，1987）。

如果股票之间的相互联系能被识别和利用，则单个股票相对于其他股票在网络中的结构特征能反映该股票从其他股票处获得更多信息流的可能性。

学术领域对金融投资情境下的信息扩散的研究主要集中在信息在不同金融市场中的扩散，包括信息在投资者之间的扩散和信息在金融资产之间的扩散。传统的金融学领域的研究主要关注：信息如何通过价格发现（Blanco et al.，2005）、波动性（Campbell and Taksler，2003）、流动性（Chan et al.，2002）和宏观因素（Baele et al.，2005）等在不同的金融市场中进行扩散；投资者持有的私人信息如何通过交易行为（Ozsoylev et al.，2014）、社交网络（Xiao et al.，2017）和公共信息成分（Ozsoylev and Walden，2011）在投资者网络（investor network）中传播和扩散。

尽管对金融市场的网络建模和分析日益增多，但是关于网络结构对信息流和信息扩散的影响尚未得到充分研究。前人的相关工作主要利用社交网络分析技术将银行业系统构建成网络，并分析银行系统风险和风险传播等总体的网络效应（Hu et al.，2012）。尽管这些研究对金融系统的网络分析做出了贡献，但是这些研究没有明确探讨网络中的信息流和信息扩散所起到的重要作用，且通常聚焦于网络在市场或组别层面产生的结果，而忽略了网络结构对网络中的个体的影响。然而在社会科学研究中，网络对个体的影响同样值得关注，因为网络关系和结构发挥着"管道和棱镜"（pipes and prisms）的双重作用，网络结构不仅是信息流通的重要媒介（Borgatti et al.，2009），而且能反映网络中的信息流引起特定结果或现象的机制（Sundararajan et al.，2013）。

1.3.2 逐步信息扩散

股票市场的效率在很大程度上取决于信息传播的效率（Zhang et al.，2013）。Hong 和 Stein（1999）提出了"逐步信息扩散"（gradual information diffusion）理论。该理论假定市场中存在两种类型的有限理性（boundedly rational）投资者：新闻观察者（news watcher）和动量投资者（momentum traders）。每个新闻观察者虽然能够观察到一些私有信息，但是无法从价格中观察到其他新闻观察者的信息。如果信息是在投资者群体中逐渐传播和扩散的，价格会在短期内反应不足（underreaction）。这种反应不足意味着动量投资者可以利用当前价格趋势实现套利。然而，如果动量投资者只能实施非常简单的投资策略，则他们的套利行为将导致价格在长期存在过度反应（overreaction），即可能出现价格反转。

逐步信息扩散理论认为，现实世界中的情况在以下两方面有别于传统的有效市场假说。一方面，市场中的信息并非全部都是公开可得的信息，一些投资者可能会掌握私有信息（private information），这部分私有信息的传播速度通常明显慢于公开信息的传播速度。另一方面，与经典的资产定价模型（asset pricing models）假设的严格理性（strict rationality）和投资者具有无限计算能力（unlimited computational capacity）不同，市场中的投资者是有限理性的；从行为金融学的角度出发，个体投资者具有有限的关注度并广泛存在认知偏差，因此个体投资者不太可能具有完全处理和吸收所有信息的能力，这也会影响信息在投资者群体中传播的速度。因此，与有效市场假说的观点不同，Hong 和 Stein（1999）认为信息是在投资者群体中逐渐传播和扩散的。因此，信息在投资者中扩散的速度会影响价格反映新信息的速度，即价格发现的速度。信息之所以会影响资产价格，是因为不同资产的信息传播速度不同。对于信息扩散速度较慢（快）的资产而言，价格发现的速度也相应较慢（快）。因此，根据不同资产的信息扩散的速度不同，可以得到一个交易策略，该策略可以从价格的"缓慢"变化中获益（Sul et al.，2017）。

Merton（1987）提出投资者识别假说（investor recognition hypothesis）的出发点同样是认为资本市场不是完美的，市场中存在摩擦并处于信息不完全（incomplete information）的状态。在信息不完全的市场中，投资者通常难以知道和了解所有公开的、可以交易的股票，而是只知道其中一部分的股票。因此，基于该背景，Merton（1987）假设只有当投资者知道、了解或识别了某个股票时，才有可能利用这个股票来构建自己的投资组合，并提出了一个两阶段资本市场的均衡模型，在该模型中每个投资者都只知道一部分公开可得的股票。在该模型的设定中，信息的质量（quality）对所有股票来说都是一样的，该模型关注由信息在投资者中分布（distribution）的差异而产生的价格效应。股票的投资者识别的程度体现为知道这个股票的投资者群体或投资者基础（investor base）。该模型发现，具有较低程度的投资者识别的股票通常需要比较高的收益来补偿该股票在投资者中的不完全多样化（imperfect diversification）。后人的研究结果进一步支持了投资者识别假说。例如，Fang 和 Peress（2009）发现，具有更多媒体报道（media coverage）的股票倾向于有更低的预期收益。该结果表明当股票的信息被更广泛的投资者群体获取和处理后，媒体报道起到了拓宽投资者识别范围的作用，因此相比于很少或是没有被媒体报道的股票，具有更多媒体报道的股票的收益显著更低。

1.4　同质性与同伴影响

1.4.1　同质性

同质性是指社交网络中人们更倾向于与自己相似的人保持关系。具有相似背景的用户倾向于相互连接,这种现象也是社会科学领域深入研究的一个重要内容。已有研究在种族、年龄、社会阶层、文化和民族等多个社会人口统计学维度进行了观察与统计,发现在朋友、同事、配偶和其他的社会关系中人们都倾向于与他们相似的人建立连接,而不是与随机选择的同一人群中的成员建立连接。值得指出的是,同质性需要与同伴影响做出区别,后者更强调个体会受到其同伴的影响而与其同伴相似,这将在第 5 章提及。同质性意味着一些社交网络可能在很大程度上是隔离的,这对工作信息的获取有深远的影响。

同质性常常被划分为两种模式,有与社会地位相关的同质性和与价值观相关的同质性。与社会地位相关的同质性主要集中在个人的社会地位上,此时属于类似社会阶层的个体会倾向于彼此交往,也常被解释为依赖于个人所拥有的独特的机会。与此相反,与价值观相关的同质性是基于个人思想的相似性,导致人们相信具有相同思想的个人倾向于彼此联系,尽管他们的社会地位可能存在差异,这也常常被解释为依赖于个人选择。

同质性的影响在社交媒体数据分析中已被广泛研究。由于互联网的广泛连接性,用户可以在社交网络平台上更简单地形成社会联系,这理应会削弱同质性的作用。然而,Zhang 等(2016)的研究显示社交网络平台更易显示出同质性的特质,通过社交网络提供的交互界面为用户提供了更多公开他们的意见、观点、想法、喜恶的机会,因此,社交网络平台在用户中变得越来越受欢迎。

在政治领域研究的范围包括分析参与政治辩论的用户,以及观察参与政治活动的用户的网络。例如,研究表明由于同质性作用,Twitter 平台上的多数群体中的成员比少数群体中的成员拥有更多的联系,能更快地接收到志同道合的政治信息。(Halberstam and Knight,2016)。

同质性的概念在研究中被用来预测一些特征。Pan 等(2019)利用同质性的原则和图卷积网络(graph convolutional networks,GCN)构建了 Twitter 用户关注者群体的社交网络模型,在预测 Twitter 用户的职业的任务上达到了较好的准确率。借助于主题建模和网络建模的多种方法已被提出用来度量同质性的程度。通过使用高效的神经网络模型,结合文本和网络特征,能计算出同质性的程度。同质性原则也作为动机被用于链接预测任务,如根据两个实体之间的相似性来预测社交网络平台中未来可能的链接(Currarini et al.,2016)。

1.4.2　同伴影响

同伴影响指在社交网络环境中,个人可以影响他的朋友转变自己的特征和行为,从而使两个人变得相似(Friedkin,1998)。利用这一点,许多公司在 Facebook 上设立了品牌社区页面,以便他们的粉丝可以互相联系和互动。同伴影响几乎存在于所有领域，包括新信息技术的使用（Aral et al.，2009）、电子商务的使用（Stephen and Toubia，2010）、新药品的使用（Nair et al.，2010）。Aral 等（2009）发现个人对新的移动服务应用程序的采用可以被其实时通信网络上的朋友所影响。Nair 等（2010）在研究中发现，医生开处方的行为显著地受到同事中意见领袖（即活跃的专家）行为的影响。

过量的同伴影响也有可能会带来负效应，这说明同伴影响与消费者目标实现之间的关系不是简单的线性关系，而是呈现非线性关系。例如，在购物场景中，Argo 等（2005）发现即使不进行互动，仅仅是太多其他购物者的存在也会导致对消费者情绪和品牌偏好的负面影响。Zhang 等（2017）分析了来自两个在线游戏市场的客观行为数据集，结果显示来自同伴的社会关系和互动对消费者的目标和消费有积极的影响。然而，这种积极影响在达到一定程度后会以一种突出的非线性模式减弱。

1.4.3　同质性与同伴影响的检测

将同质性和同伴影响区别开来具有重要的意义，尽管这两者在网络现象的观察上会产生非常相似的结果，但两者机制之间的政策含义却大相径庭，涉及两者对应的不同干预措施和不同管理策略。在同伴影响下，一个有效的政策可能是识别最有影响力的人，并在他们之间催发出所需的行为，从而通过社会传染来传播，而在同质性的机制下，这种政策可能没有什么影响。此时，应当首选基于市场细分的目标策略。

此外，同伴影响也能带来社会乘数效应。Manski（1995）描述了在高中生学习成绩的背景下同伴影响的潜在正反馈循环，如果个别学生学习成绩的提高导致她的同伴参考群体成绩的提高，那么这个参考群体可能反过来进一步提高这个人的成绩，以此类推，导致一个具有社会乘数效应的积极的自我强化反馈循环。另外，由个人特征或环境信息的相似性而产生的、基于同质性的机制通常不会表现出这种乘数效应。

同质性和同伴影响的机制不一定是相互排斥的，也可能是相互补充的，因此在真实的在线网络中的社会传播过程可能同时包含同质性和同伴影响的复杂混合。

有的研究者利用随机实验，将属于社会影响的同质性与同伴影响等混杂因素区分开来。例如，Aral 等（2009）应用倾向性得分匹配来量化社会影响，并指出如果不考虑同质性，社会影响可能被严重高估。有的研究者使用参数模型，如 Nair 等（2010）在分析同伴影响效应对医生开处方的影响时，使用了个体层面的固定效应（fixed effect，FE）来控制同质性。

1.5　多重社会影响

1.5.1　社会关系及其影响

大量的证据证明，人们拥有的社会关系的质量和数量与不同的事件结果之间存在着关联，其中相当一部分是强关联性，包括死亡率、冠状动脉搭桥手术的恢复、对压力的反应、精神障碍和生活满意度等，这反映了关系事件对生物过程的直接影响。

社会影响具有三种不同的模式。社会关系可以用有关各方相互依赖的特性来描述，因此，社会关系中的人回应（或不回应）对方的愿望、关注、能力和情感表达；他们改变自己的行为以在一起（或不在一起）；他们在彼此之间分配任务；他们对对方的行为、环境、不幸或幸福做出反应；他们在组织日常生活和长期计划时需要考虑他们相互依赖的事实。将社会关系概念化的核心思想是，这些相互影响的模式比名义上的类别（如配偶、同事）或简单的静态描述（如相识的时间长度）更能说明关系的信息。基于此，Reis 和 Collins（2004）揭示了三个重要领域的社会影响。

（1）社会传染效应。许多研究已经揭示了个人感知、解释和回应其社会环境的认知过程。在大多数这样的研究中，受试者和思考对象之间不存在任何关系，默认了关于熟悉或亲近的人的认知原则与关于熟人和陌生人的认知原则没有实质性的区别，因此受到了质疑。例如，自利性偏差是一个广为人知的社会现象，指人们对自己的成功给予更多的赞誉而将失败的责任归因于他人的倾向，这种偏见几乎在本领域的每本教科书中都有提到，但在将自己与亲密关系的同伴进行比较时，研究者却没有观察到这种现象。自我参照效应（self referential effect）是另一个例证。当人们参照自我而不是参照他者对信息进行编码时，记忆能力会出现增强的现象；当这个他者是一个亲密的人而不是一个陌生人或熟人时，这种效应就会明显变小（Symons and Johnson，1997）。

当亲密伙伴不在场时，关系的背景也可能影响社会认知。Andersen 和 Chen（2002）表明，当新识与重要的人相似时，一个人过去对重要的人的表述与看法可能会影响他对新识的推断、回忆、评价和感觉，从而激活与以前存在的关系相关的心理模式。这也符合传统的看法，即认为社会认知的目的是促进个人在社会生活中的过渡。这些研究代表了心理科学的进步，证明了特定的社会认知过程被激活及其行动的输出取决于认知者和相关他人之间的持续关系的性质。

（2）情绪。人的情绪既具有生物进化理论上的重要意义，又与社会生活息息相关。有几种情绪在本质上是针对关系的，它们不太可能在关系之外产生。对于大多数其他情绪，表达的可能性、强度和性质通常受到其个人与引发情绪的目标的关系的影响。

不同的研究证明了情境的情绪激发能力和它们的关系背景之间的联系，诱发情绪的强度随着关系的密切程度而变化。在亲密、信任和共同的关系中（即伴侣对彼此的需求有反应的关系），人们更愿意表达积极和消极的情绪，而不管情绪是由伴侣还是其他人引发的。当情绪被认为有损害关系的潜力时，情绪的表现可能被抑制。在公共关系中，相对于不太关心的关系，个人更有可能对伙伴的不幸表现出移情的同情，更好地理解对方的情绪。

（3）个人发展。现有的证据表明，早期经验和不同的关系之间有很大程度的连续性。婴儿在面临威胁或压力的情况下会倾向于向照顾者寻求安慰和信心，这种现象被称为安全基础，体现了幼年期社会关系的重要性。大量的研究表明，这些和其他类似的求助能力为整个生命中的许多重要活动（如与他人交往、探索环境、创造性地解决问题等行为）提供了必要的基础。从儿童期到老年期，拥有朋友和成功地与他人交往和几乎所有人类领域的理想结果相关这一事实强调了关系在人类进化中的适应性意义。

1.5.2　社会影响的多重性

社会关系可以以多重性为特征，社会影响的多重性（multiplexity of social influence）是指两个行为者在不同的社会交流与互动中相互约束的程度，同伴不同类型的行为可能影响该行为者的行为（Guo et al.，2022）。

社交网络中的行为者可以在不同类型的关系中相互交流。在许多在线网络中，如 LinkedIn，用户可以因为商业或知识关系而形成明确的友谊，并相互交换内容和沟通。此外，Cheung 等（2014）也发现，消费者的购买意向受到两类社会信息线索的影响：基于行动的社会信息（即同行的消费者购买）和基于意见的社会信息（即同行的消费者评论）。基于行动的社会信息比基于意见的社会信息更有影响力。

多重社会影响的积极作用已被广泛研究，Brass 等（1998）提出多重性增加了对不道德行为的额外约束，因为对另一方的不道德行为增加了破坏关系的成本。当关系是多重性的时，对商业伙伴的不道德行为也可能导致失去友谊。他们还指出通常情况下，多重关系是强关系，尽管强关系并不是发生多重关系的必要条件。在工作绩效方面，Methot 等（2016）在对保险公司员工的研究中发现，一个人社交网络中的多重职场友谊的数量与主管对其工作表现的评价呈正相关。在工作中拥有大量的多重友谊是一种混合的优势，多重关系所提供和恢复的资源有利于提升员工的工作表现。

多重社会影响同样会为部分行为带来约束。所有的关系都是耗费时间和精力的，人们将有限的时间分配给沟通和信息交流，当这部分精力被使用后，任何投入到关系中的额外时间和注意力都会从基本的工作活动中抽走，多重关系的过剩可能会导致绩效的边际收益递减。太多的多重关系也可能减少对工作的关注，根据研究，社会身份和职业身份之间的模糊可能会造成心理焦虑，从而影响个人的工作和活动（Gross and Stone，1964）。

组织间也存在多重关系，如银行关系，银行会给客户提供不止一种类型的服务，如财务规划和退休规划。企业通常会与同一交换伙伴建立多种关系，以防止高管离职后的关系损失。多重性通过两种机制来保持或提高交易网络的稳定性。其一，多重关系提供了冗余，加强了现有的关系，减少了与交换相关的风险，多重关系中行为者的行为不仅由单一关系中的收益或损失决定，他们的行为对构成关系的整个连接的影响都是决定性的（Gimeno and Woo，1996）。其二，多重关系通过增加朋友之间复杂的信息共享和学习来提高交换的稳定性，在多重关系中，企业之间的互动更加广泛和深入，从而能够更好地了解对方的能力和特质，能巩固网络稳定性。Beckman 和 Haunschild（2002）认为，多重关系涉及复杂知识转移的学习，能增加与合作伙伴的沟通和对合作伙伴的理解。

1.5.3　多重社会影响的度量

（1）人际关系多重社会影响度量。Methot 等（2016）在探索职场中的多重友谊关系时，用多重网络的规模来度量人际关系的多重性。他们首先得出受访者的个人人际关系网络，其中，网络考虑正式的工作互动和非正式的友谊，需要要求受访者确定工具性关系，用这些原始数据来计算出度网络的规模，即一个人与其他人的关系数量，通过计算重叠关系（受访者在其工作网络和友谊网络中都列出的个人）来区分多重职场友谊。对于纯粹的工作关系和纯粹的友谊关系，他们计算被调查者在每个网络中所列出的同事的数量，这些同事在去除那些被纳入多重网络的个人后仍然存在。此外，Shah 等（2017）在探究多重社会影响与工作绩效的研究中，通过多重中心性，即与焦点个体有多重社会关系的总人数，来度量多重社会关系。

（2）组织间关系多重社会影响度量。Rogan（2014）在探究机构间的多重社会关系的研究中，利用了结构嵌入性和经济多重性的概念。结构嵌入性描述在一组行为者之间存在的联系的程度，经济多重性描述在两个行为者之间存在的联系的程度，即这些行为者之间可能存在的联系的数量，因而一种关系的多重性描述了它能够被嵌入到同一类组织之间的其他关系网中的程度。多重关系以两种方式被衡量。在他们的模型中，如果一个机构与同一客户公司保持多种联系，即机构内部的多重关系，那么这种关系就是多重的；或者当该机构与一个客户有联系，而该客户又与和焦点机构在同一控股公司的另一个机构有联系时，这种关系就是跨机构的多重关系。具体的指标由以下公式给出。

$$\frac{t}{n(n-1)/2}$$

其中，t 是不包括重点客户关系的客户关系数；n 是机构数量。指标按照可能具备的关系的数量归一化，可以被理解为多重关系的密度，即一个特定的关系被嵌入到可能的跨机构多重关系中的程度。他们进一步利用此指标来探究多重关系对公司客户流失的影响。

参 考 文 献

Ahuja G. 2000. Collaboration networks, structural holes, and innovation: a longitudinal study. Administrative Science Quarterly, 45 (3): 425-455.

Andersen S M, Chen S. 2002. The relational self: an interpersonal social-cognitive theory. Psychological Review, 109 (4): 619-645.

Aral S, Muchnik L, Sundararajan A. 2009. Distinguishing influence-based contagion from homophily-driven diffusion in dynamic networks. Proceedings of the National Academy of Sciences of the United States of America, 106 (51): 21544-21549.

Argo J J, Dahl D W, Manchanda R V. 2005. The influence of a mere social presence in a retail context. Journal of Consumer Research, 32 (2): 207-212.

Baele L. 2005. Volatility spillover effects in European equity markets. Journal of Financial and Quantitative Analysis, 40 (2): 373-401.

Beckman C M, Haunschild P R. 2002. Network learning: the effects of partners' heterogeneity of experience on corporate acquisitions. Administrative Science Quarterly, 47 (1): 92-124.

Berto A R, Sunarwinadi I R S. 2019. The holes in structural holes theory (a literature review). https://doi.org/10.2991/sores-18.2019.16[2023-11-23].

Bhowmik T, Niu N, Singhania P, et al. 2015. On the role of structural holes in requirements identification: an exploratory study on open-source software development. ACM Transactions on Management Information Systems (TMIS), 6 (3): 1-30.

Blanco R, Brennan S, Marsh I W. 2005. An empirical analysis of the dynamic relation between investment-grade bonds and credit default swaps. The Journal of Finance, 60 (5): 2255-2281.

Borgatti S P, Mehra A, Brass D J, et al. 2009. Network analysis in the social sciences. Science, 323 (5916): 892-895.

Bourdieu P. 1986. The forms of capital//Richardson J G. Handbook of Theory and Research for the Sociology of Education. Westport: Greenwood Press: 241-258.

Brass D J, Butterfield K D, Skaggs B C. 1998. Relationships and unethical behavior: a social network perspective. The Academy of Management Review, 23 (1): 14-31.

Burt R S. 1992. Structural Holes: The Social Structure of Competition. Cambridge: Harvard University Press.

Burt R S. 2004. Structural holes and good ideas. The American Journal of Sociology, 110 (2): 349-399.

Burt R S. 2013. Entrepreneurs, distrust, and third parties: a strategic look at the dark side of dense networks//Levine J M,

Messick D M, Thompson L L. Shared Cognition in Organizations. New York: Psychology Press: 213-243.

Burt R S. 2015. Reinforced structural holes. Social Networks, 43: 149-161.

Burt R S. 2017. Structural holes versus network closure as social capital//Lin N, Cook K S, Burt R S. Social Capital: Theory and Research. New York: Aldine de Gruyter: 31-56.

Burt R S, Merluzzi J. 2016. Network oscillation. Academy of Management Discoveries, 2 (4): 368-391.

Campbell J Y, Taksler G B. 2003. Equity volatility and corporate bond yields. The Journal of Finance, 58 (6): 2321-2349.

Cataldi M, di Caro L, Schifanella C. 2010. Emerging topic detection on twitter based on temporal and social terms evaluation. Washington: KDD'10: The 16th ACM SIGKDD International Conference on Knowledge Discovery and Data Mining.

Cha M, Mislove A, Gummadi K P. 2009. A measurement-driven analysis of information propagation in the flickr social network. Madrid: WWW'09: The 18th International World Wide Web Conference.

Chan K, Chung Y P, Fong W M. 2002. The informational role of stock and option volume. The Review of Financial Studies, 15 (4): 1049-1075.

Cheung C M K, Xiao B S, Liu I L B. 2014. Do actions speak louder than voices? The signaling role of social information cues in influencing consumer purchase decisions. Decision Support Systems, 65: 50-58.

Chewar C M, McCrickard D S, Carroll J M. 2005. Analyzing the social capital value chain in community network interfaces. Internet Research, 15 (3): 262-280.

Chiu C M, Hsu M H, Wang E T G. 2006. Understanding knowledge sharing in virtual communities: an integration of social capital and social cognitive theories. Decision Support Systems, 42 (3): 1872-1888.

Chow S, Chan S. 2008. Social network, social trust and shared goals in organizational knowledge sharing. Information Management, 45 (7): 458-465.

Coleman J S. 1994. Foundations of Social Theory. Cambridge: Harvard University Press.

Cummings J N, Cross R. 2003. Structural properties of work groups and their consequences for performance. Social Networks, 25 (3): 197-210.

Currarini S, Matheson J, Vega-Redondo F. 2016. A simple model of homophily in social networks. European Economic Review, 90: 18-39.

Ellison N B, Steinfield C, Lampe C. 2007. The benefits of Facebook "friends: " social capital and college students' use of online social network sites. Journal of Computer-Mediated Communication, 12 (4): 1143-1168.

Fang L, Peress J. 2009. Media coverage and the cross-section of stock returns. The Journal of Finance, 64 (5): 2023-2052.

Friedkin N E. 1998. A Structural Theory of Social Influence. Cambridge: Cambridge University Press.

Gao G, Hinds P, Zhao C. 2013. Closure vs. structural holes: how social network information and culture affect choice of collaborators//ACM, SIGCHI. CSCW'13: Proceedings of the 2013 ACM Conference on Computer Supported Cooperative Work. New York: Association for Computing Machinery: 5-18.

Gimeno J, Woo C Y. 1996. Hypercompetition in a multimarket environment: the role of strategic similarity and multimarket contact in competitive de-escalation. Organization Science, 7 (3): 322-341.

Granovetter M S. 1973. The strength of weak ties. American Journal of Sociology, 78 (6): 1360-1380.

Gross E, Stone G P. 1964. Embarrassment and the analysis of role requirements. American Journal of Sociology, 70 (1): 1-15.

Guo C H, Chen X, Goes P B, et al. 2022. Multiplex social influence in a freemium context: evidence from online social games. Decision Support Systems, 155 (5): 113711.

Halberstam Y, Knight B. 2016. Homophily, group size, and the diffusion of political information in social networks:

evidence from Twitter. Journal of Public Economics, 143: 73-88.

Hong H, Stein J C. 1999. A unified theory of underreaction, momentum trading, and overreaction in asset markets. The Journal of Finance, 54 (6): 2143-2184.

Hu D, Zhao J L, Hua Z, et al. 2012. Network-based modeling and analysis of systemic risk in banking systems. MIS Quarterly, 36 (4): 1269-1291.

Huang H, Tang J, Liu L, et al. 2015. Triadic closure pattern analysis and prediction in social networks. IEEE Transactions on Knowledge and Data Engineering, 27 (12): 3374-3389.

Inkpen A C, Tsang E W K. 2005. Social capital, networks, and knowledge transfer. The Academy of Management Review, 30 (1): 146-165.

Karp R, Schindelhauer C, Shenker S, et al. 2000. Randomized rumor spreading. Redondo Beach: 41st Annual Symposium on Foundations of Computer Science.

Katz E, Lazarsfeld P F. 1955. Personal Influence. New York: The Free Press.

Lee D H, Im S, Taylor C R. 2008. Voluntary self-disclosure of information on the Internet: a multimethod study of the motivations and consequences of disclosing information on blogs. Psychology and Marketing, 25 (7): 692-710.

Leonard M. 2004. Bonding and bridging social capital: reflections from Belfast. Sociology, 38 (5): 927-944.

Leskovec J, Backstrom L, Kleinberg J. 2009. Meme-tracking and the dynamics of the news cycle. Paris: KDD09: The 15th ACM SIGKDD International Conference on Knowledge Discovery and Data Mining.

Lin N. 2017. Building a network theory of social capital//Lin N, Cook K S, Burt R S. Social Capital: Theory and Research. New York: Aldine de Gruyter: 3-28.

Lou T C, Tang J. 2013. Mining structural hole spanners through information diffusion in social networks. Rio de Janeiro: The 22nd International World Wide Web Conference.

Manski F. 1995. Identification Problems in the Social Sciences. Cambridge: Harvard University Press.

Merton R C. 1987. A simple model of capital market equilibrium with incomplete information. The Journal of Finance, 42: 483-510.

Methot J R, Lepine J A, Podsakoff N P, et al. 2016. Are workplace friendships a mixed blessing? Exploring tradeoffs of multiplex relationships and their associations with job performance. Personnel Psychology, 69 (2): 311-355.

Moran P. 2005. Structural vs. relational embeddedness: social capital and managerial performance. Strategic Management Journal, 26 (12): 1129-1151.

Nahapiet J, Ghoshal S. 1998. Social capital, intellectual capital, and the organizational advantage. Academy of Management Review, 23 (2): 242-266.

Nahapiet J, Ghoshal S. 2000. Social capital, intellectual capital, and the organizational advantage//Lesser E L. Knowledge and Social Capital: Foundations and Applications. Oxford: Butterworth-Heinemann: 119-157.

Nair H S, Manchanda P, Bhatia T. 2010. Asymmetric social interactions in physician prescription behavior: the role of opinion leaders. Journal of Marketing Research, 47 (5): 883-895.

Ozsoylev H N, Walden J. 2011. Asset pricing in large information networks. Journal of Economic Theory, 146 (6): 2252-2280.

Ozsoylev H N, Walden J, Yavuz M D, et al. 2014. Investor networks in the stock market. The Review of Financial Studies, 27 (5): 1323-1366.

Pan J Q, Bhardwaj R, Lu W, et al. 2019. Twitter homophily: network based prediction of user's occupation. Florence: Association for Computational Linguistics (ACL) 2019.

Putnam R D. 1995. Tuning in, tuning out: the strange disappearance of social capital in America. PS: Political Science and

Politics，28（4）：664-683.

Reis H T，Collins W A. 2004. Relationships，human behavior，and psychological science. Current Directions in Psychological Science，13（6）：233-237.

Requena F. 2003. Social capital，satisfaction and quality of life in the workplace. Social Indicators Research，61（3）：331-360.

Rodan S，Galunic C. 2004. More than network structure：how knowledge heterogeneity influences managerial performance and innovativeness. Strategic Management Journal，25（6）：541-562.

Rogan M. 2014. Executive departures without client losses：the role of multiplex ties in exchange partner retention. Academy of Management Journal，57（2）：563-584.

Romero D M，Galuba W，Asur S，et al. 2011. Influence and passivity in social media. Athens：ECML PKDD：Joint European Conference on Machine Learning and Knowledge Discovery in Databases.

Shah N P，Parker A，Waldstrøm C. 2017. Examining the overlap：individual performance benefits of multiplex relationships. Management Communication Quarterly，31（1）：5-38.

Song C G，Hsu W，Lee M L. 2015. Mining brokers in dynamic social networks. Melbourne：CIKM'15：24th ACM International Conference on Information and Knowledge Management.

Stephen A T，Toubia O. 2010. Deriving value from social commerce networks. Journal of Marketing Research，47（2）：215-228.

Sul H K，Dennis A R，Yuan L. 2017. Trading on Twitter：using social media sentiment to predict stock returns. Decision Sciences，48（3）：454-488.

Sundararajan A，Provost F，Oestreicher-Singer G，et al. 2013. Research commentary：information in digital，economic，and social networks. Information Systems Research，24（4）：883-905.

Symons C S，Johnson B T. 1997. The self-reference effect in memory：a meta-analysis. Psychological Bulletin，121（3）：371-394.

Takahashi T，Tomioka R，Yamanishi K. 2014. Discovering emerging topics in social streams via link-anomaly detection. IEEE Transactions on Knowledge and Data Engineering，26（1）：120-130.

Tichy N M，Tushman M L，Fombrun C. 1979. Social network analysis for organizations. Academy of Management Review，4（4）：507-519.

Tsai W，Ghoshal S. 1998. Social capital and value creation：the role of intrafirm networks. Academy of Management Journal，41（4）：464-476.

Wasko M M，Faraj S. 2005. Why should I share? Examining social capital and knowledge contribution in electronic networks of practice. MIS Quarterly，29（1）：35-57.

Xiao K L，Liu Q，Liu C R，et al. 2017. Price shock detection with an influence-based model of social attention. ACM Transactions on Management Information Systems（TMIS），9（1）：1-21.

Xu W Z，Li T，Liang W F，et al. 2019. Identifying structural hole spanners to maximally block information propagation. Information Sciences，505：100-126.

Zhang C，Phang C W，Wu Q S，et al. 2017. Nonlinear effects of social connections and interactions on individual goal attainment and spending：evidences from online gaming markets. Journal of Marketing，81（6）：132-155.

Zhang D K，Yin J，Zhu X Q，et al. 2016. Homophily，structure，and content augmented network representation learning. Barcelona：2016 IEEE 16th International Conference on Data Mining（ICDM）.

Zhang W，Shen D H，Zhang Y J，et al. 2013. Open source information，investor attention，and asset pricing. Economic Modelling，33：613-619.

第 2 章　网络表征及模型

2.1　社交网络结构表征

社交网络是偏向实践、数据驱动的，也是高度可量化的、具备数学和计算科学特质的。除了其现实意义，社交网络也由网络科学中的研究方法所定义。为理解复杂网络系统，在本节中，我们将讨论网络科学所采用的一些度量和计算指标及网络模型。

2.1.1　网络的表示

网络和图是一组同义词。网络中的节点（node）和连接（link）对应着图中的节点（vertex）和边（edge）。所以，可以用图论的术语来描述网络的结构。图 (N, A) 由一组节点 $N = 1, \cdots, n$ 和一个实值的 $n \times n$ 矩阵 A 组成，其中 A_{ij} 表示 i 和 j 之间的关系，该矩阵被称为邻接矩阵（adjacency matrix），因为它列出了哪些节点是相互联系的，哪些节点是相互邻近的。如果 $g = (N, A)$ 的条目有两个以上的值，并且可以跟踪关系的强度水平，那么该图被称为加权图。大多数具有科学意义的网络都是加权的，但我们并不总是能够测量出适当的权重，因此常用一个非加权图来近似这些网络。

如果一个网络有可能出现 $A_{ij} \neq A_{ji}$，那么这个网络就是有向的；如果要求所有节点 i 和 j 的 $A_{ij} = A_{ji}$，那么这个网络就是无向的。

节点的度（degree）d_v 代表了与该节点直接相连的链接 v 的总数，可以由邻接矩阵得到，对于无向网络，一个节点的度是矩阵的行或列的总和。网络的平均度数也是一个有用的指标，即各个节点度的算术平均。在有向网络中有入度（in-degree）和出度（out-degree）的概念，此时节点的入度和出度分别是邻接矩阵的行或列的总和。度在网络中有些直观含义，如在一个社交网络中，那些与许多人有联系的人可能比那些联系较少的人有更大的影响力、更多的信息获取机会或更多的声望。度也能代表一个节点感染流经网络的事物（如病毒或一些信息）的直接风险。但是，节点的度在计算节点邻居个数时并未考虑各个邻居节点的重要性，对此改进的评估指标将在 2.1.2 节的中心性部分提及。

度分布（degree distribution）可以描述网络中不同节点度的分布情况，即 $P(d)$

代表了在度分布 P 下拥有 d 度的节点的比例。在无标度网络被发现之后，度分布在网络理论中占据了核心地位，$P(d)$ 的精准函数形式也确定了网络中的很多现象。

路径（path）是两个节点之间沿着网络的链接行走而抵达的路线。路径的长度代表了该路径所包含的链接数量，最短路径即两个节点之间最短的路径长度。路径代表了节点间的连接性，捕捉了网络中的间接互动，单个节点从间接关系中受益，因为朋友可能提供从他们的朋友那里获得好处的机会，信息可能通过网络的链接传播。实际网络中会遇到确定两个节点之间距离的任务。对于一个有很多个节点的网络来说，寻找两个节点之间的最短路径非常耗费时间。最短路径的长度和数量可以从邻接矩阵的运算中得到。

在真实的网络中，节点和链接的数量可以变化很大。在一个有 N 个节点的网络中，链接的数量 L 可以在 0 和 L_{max} 之间变化，其中

$$L_{max} = \frac{N}{2} = \frac{N(N-1)}{2}$$

是一个大小为 N 的完全图（complete graph）中存在的链接总数。在一个完全图中，每个节点都直接与其他每个节点相连。在实际网络中，L 比 L_{max} 小得多，这反映了现实网络的稀疏性质。因此，如果一个社交网络满足 $L \ll L_{max}$，那么这个网络可以被称为稀疏（sparse）网络。真实网络的稀疏性意味着邻接矩阵也是稀疏的。在完全图中，$A_{ij} = 1$，对于所有的 (i,j)，它的每个矩阵元素都等于 1。而在真实的网络中，只有极小部分的矩阵元素是非零的，真实网络的稀疏性对很多网络上的研究和应用都有影响，这将在第 3 章和第 4 章中有所体现。

2.1.2　网络的拓扑结构

在社交网络分析中，凝聚子群分析（cohesive subgroup analysis）是一种典型的子网络结构分析方法，其优点在于能够对复杂的网络结构进行简化，以探测蕴含在完整网络中的凝聚子网络结构。凝聚子群分析又称"小团体"（small group）分析，小团体中的成员应当具备较为密切的联系，分析凝聚子群就是识别网络中的小团体并分析小团体内部的网络或社会联系。学术界对凝聚子群分析的具体定义尚未达成一致的界定，但已有研究对凝聚子群或小团体所应具备的特征做出了以下描述：Wasserman 和 Faust（1994）认为凝聚子网络中的个体应当具有较强的、紧密的联系；刘军（2004）则从网络直径（diameter）和连通性（connectivity）的角度描述了凝聚子群应当具备的属性，即子群内部成员之间能够互相连通并且子群的直径不应太大；de Nooy 等（2018）则从网络密度（density）和连通性的角度来说明凝聚子群应当具有的属性或特征。以下部分将围绕凝聚子群分析的主题，介绍一些网络结构的描述性统计量与特征。

1. 直径/平均路径长度

两个节点之间的距离是它们之间的最短路径长度，网络的直径是网络中任何两个节点的最大距离。因此，网络的直径给出了网络中所有路径的长度上限。对所有节点对之间的最短路径取平均值，就得到了平均路径长度（average path length）。需要注意的是，在计算直径或平均路径长度时，一般会忽略非连通的节点对的路径长度，即无穷长的路径。

2. 网络的连通性

在一个无定向的网络中，如果节点 i 和 j 之间有一条路径，那么它们就是相连的。如果不存在这样的路径，它们就是断开的，在这种情况下，我们有 $d_{ij} = \infty$。进一步说，如果网络中的所有节点对都是相连的，那么该网络就是连通的。由于在复杂网络分析中，完整的网络通常不会是完全连通的，因此组元这一概念便描述了网络中的最大连通子网络（maximum connected subnetwork）结构。对基本的组元结构可以进一步施加限制得到 k-组元结构，该结构要求组元内的任意两个节点之间均存在至少 k 条不同的路径（de Nooy et al.，2018）。

分量或连通分量（connected component）是网络中的一个节点子集。按照定义，连通分量中的任何两个节点之间都是连通的，即能找到一条路径，并不能再向其添加任何具有相同性质的节点。如果一个网络由两个分量组成，一个合适的单一链接可以将它们连接起来，这样的链接就被称为桥。一般来说，桥如果被切断的话，网络就会断开。对于一个由数百万个节点组成的网络来说，连通性是一个具有挑战性的问题，利用数学和算法工具可以帮助我们识别网络的连通分量，如对于大型网络来说，使用广度优先搜索（breadth-first search，BFS）算法可以更有效地识别分量。其中，最大的连通分量也被称为巨大连通分量。

3. 集聚系数

集聚系数（clustering coefficient，CC）度量了节点的邻居之间相互的连通性，形象来说，就是节点与两位互相连通的邻居之间会形成闭合三角形，集聚系数度量此类闭合三角形的数量占所有三角形数量的比例。

研究发现现实网络的集聚系数明显高于随机图，比如节点之间的连接是按照概率独立链接所形成的 ER（Erdős-Rényi）随机图模型。集聚系数是节点度的函数，对于一些网络而言，集聚系数遵循幂律（power law），这与网络的分层结构有关。

对于个体节点而言，其局部集聚系数为 $c_i = \dfrac{e_i}{k_i(k_i-1)/2}$，其中，$e_i$ 表示该节点与其邻居节点之间实际具有的连接数目，$k_i(k_i-1)/2$ 表示与 k_i 个邻居之间可能形成的连接总数。换言之，这个公式衡量了单个节点周围的邻居连通的比例。

（1）整体集聚系数（overall clustering coefficient）。对网络中所有的三元组取平均值就得到了整体集聚系数。

（2）平均集聚系数（average clustering coefficient）。与整体集聚系数对所有的三元组取平均值不同，平均集聚系数计算的是每个节点的集聚系数，再对各个节点做平均，这样做为度数较低的节点赋予了更多的权重。

在涉及的网络规模逐渐变大、趋向于无穷的时候，平均集聚系数趋向于 1，而整体集聚系数趋向于 0。

4. 子图分布

子图是图的子集。大小为 3 或 4 的小型子图分布（subgraph distribution）可以在网络结构分析和模式识别与预测这两个方面发挥作用。作为一个特征向量，它包含了足够的信息，可以对领域内的图进行高精度的分类。检测特定统计意义上的子图，即网络主题，可以揭示网络构建原理。例如，在金融市场中，通过分析交易网络的子图分布，可以揭示潜在的市场风险或投资机会。

5. 中心性

中心性（centrality）是一种微观度量，衡量了网络中节点的重要性，在比较节点间特性、说明某个节点与整个网络的关系等方面提供了研究手段。中心性聚焦于以某种方式捕捉一个节点在网络中的位置，倾向于捕捉一个节点所拥有的不同方面的位置。中心性在处理信息流、议价能力、影响力和网络中的其他各种重要行为时是很有用的，它能够度量网络中的某个节点对其他节点的影响力，如确定最具影响力的用户、意见领袖，估计节点的议价能力等。

1）度中心性

度中心性（degree centrality）是与节点 v 在网络中直接相连的其他节点的总数，是最基本的网络结构的度量指标。

$$C_{\text{degree}}(v) = \frac{d_i(g)}{(n-1)}$$

其中，$d_i(g)$ 是该节点的度；n 是整个网络中的节点数量。度中心性忽略了网络的很多特性。例如，它完全忽略了一个节点在网络中所处的位置，可能一个节点的链接相对较少，但位于网络中的一个关键位置，而对于许多应用来说，一个节点对网络的影响或边际贡献是很重要的。

2）接近中心性

节点 v 的接近中心性（closeness centrality）衡量该节点与网络中的所有其他节点的平均接近或紧密程度。直观的理解是，一个节点与其他所有节点的距离越近，那么它的接近中心性越高。接近中心性能够度量和确定网络中的哪些节点与其他节点之间的关系更加紧密。由于节点 v 与其他所有节点的距离之和取决于网络中的节点的数量，因此通过最小距离之和 $n-1$ 来标准化接近中心性的值。

$$C_{\text{closeness}}(v) = \frac{n-1}{\sum_{u \in N \cap u \neq v} d(u,v)}$$

其中，$d(u,v)$ 是节点 v 和节点 u 的最短路径的长度。

3）中介中心性

中介中心性（betweenness centrality）衡量网络中其他任意两点间的最短路径中包含该节点的数量与总数的比例之和。如果节点 v 更多地处于网络中其他节点之间的最短路径上，则节点 v 的中介中心性相对更大。对于整个网络中除 v 本身之外的互不相同的节点 s 与 t，v 的中介中心性可以表示为

$$C_{\text{betweenness}}(v) = \sum_{s \neq v \neq t} \frac{\#(s\text{与}t\text{之间包含}v\text{的最短路径})}{\#(s\text{与}t\text{之间的最短路径})}$$

4）特征向量中心性

特征向量中心性（eigenvectors centrality）认为一个节点的中心性是关于邻居节点具有的中心性的一个函数。特征向量中心性能够确定哪些节点是作为影响社群的一部分发挥作用的。例如，在一个社交网络中，一个与其他用户有很多连接的用户的特征向量中心性会比一个与其他用户连接较少的用户的特征向量中心性高。特征向量中心性的形式由式（2-1）的左式给出，一个节点 v 的特征向量中心性 c_v 由其所有邻近节点 u 的特征向量中心性 c_u 相加得到，再乘以常数 λ 的倒数。改写左式可以得到右式所示的矩阵特征向量形式，其中 A 是网络的邻接矩阵。

$$c_v = \frac{1}{\lambda} \sum_{u \in N(v)} c_u \leftrightarrow \lambda c = Ac \qquad (2\text{-}1)$$

由 Perron-Frobenius（佩龙-弗罗贝尼乌斯）定理，在无向图中邻接矩阵 A 的最大特征值 $\lambda_{\max}$ 总是正数且唯一，此时，其对应的特征向量 $c_{\max}$ 即可表示其特征向量中心性得分。

度中心性认为网络中的所有节点都是等同（identical）的，中心性大小的差别仅限于与直接节点连接的周围节点的数目。采用度中心性容易忽视的一种情形是：很可能某个节点只拥有极少数的邻居，但却在网络中位于非常中心的位置，因而对信息在网络中的扩散起到了非常重要的作用。因此，度中心性难以精确反映节点的拓扑结构对于网络中信息传播和扩散的重要性。而接近中心性和中介中心性的计算均建立在"信息沿最短路径传播"的假设之上，认为两个节点之间的信息扩散只会沿着最短路径进行并且最短路径上的信息流是不可分割的。该假设在一些实际场景中是不现实的。例如，两个上市公司（或股票）

之间的信息传播和扩散可能就同时存在多条路径。而特征向量中心性能够考虑同时存在多条传播路径的情况，并且允许存在迂回的路径（circuitous path）和节点的重复访问（revisit）。

已有文献主要认为网络的中心性特征对网络中的个体有积极影响，因为具有较高中心性的节点常常位于靠近网络中心的位置，并且倾向于从网络中获取更多的信息和资源，因此具有更高中心性的节点更可能具有信息或资源上的优势（Ibarra，1993）。然而，只考虑基于网络拓扑结构的中心性指标有些时候不能很好地反映网络中可能存在的异质的、多元化的信息。在某些情境下，更高水平的拓扑中心性也可能使网络中的个体产生劣势。例如，Peng 和 Dey（2013）研究了开源软件项目中的技术接受或技术采纳（technology adoption）问题，并发现网络中心性对技术采纳的影响取决于网络中的信息流更多地来源于当前采纳者（current adopter）还是潜在采纳者（potential adopter），当有关潜在采纳者的信息流更多时，网络中心性会妨碍个体的技术采纳。综上可以发现，基于网络拓扑的中心性特征对网络中个体的影响尚未有定论，由于个体存在异质性，个体之间的信息扩散程度也有所不同，因此还需综合考虑网络中信息流的情况。

6. 同配性

同配性（assortativity）在度分布的基础上研究具有高阶度的节点是否更倾向于与其他高阶度节点相连。一个假设是同配性是现实社交网络形成的一个重要特征，最先由 Newman（纽曼）提出，他研究了链接节点之间的度的相关性，并指出其在社交网络中是正相关的，而在技术网络中是负相关的。

一些对国家间的贸易关系网络的研究发现，网络中的某些结构可以被认为主要是经济上有利的，并具有社会和技术关系的性质。例如，Boguñá 等（2003）发现相互贸易的国家的节点度之间存在负相关关系，并且某个节点的邻居的平均度数与该节点度数的平方根的倒数成正比。他们将这个网络描述为一个"枢纽-辐条"系统，在这样的系统中，较小的国家（辐条）有很少的合作伙伴，他们往往与有更多合作伙伴的较大的国家（枢纽）进行贸易。因此，总体来看，国家的节点度之间仍然是负相关的关系。一些对社交网络的研究也表明了部分网络存在"核心-外围"模式，由一个具备高度连接性的核心节点和一些连接较少的外围节点组成。

在本书第 4 章的研究中，我们将使用 de Nooy 等（2018）在 *Exploratory Social Network Analysis with Pajek: Revised and Expanded Edition for Updated Software* 一书中介绍的凝聚子群分析技术。具体地，de Nooy 等（2018）认为在社交网络分析中，凝聚子群的结构应当是由交叠的集圈或团（clique）构成的连接组元因为这种结构能够反映网络的社群特征，具有最大密度的子网络，即子网络内部的每个顶点都与其他所有顶点直接相连。图 2-1（a）中的完备三方组（complete triad）是集圈或团的基本结构，因此探查集圈或团结构的第一步就是查找网络中蕴含的所有完备三方组。图 2-1（b）中的团是由三个完备三方组构成的完备子群（complete subgroup），可以发现图 2-1（b）中的每个节点都与其余节点直接相连，因此凝聚子群分析的第二步就是根据探查出的所有完备三方组查找网络中的所有最大团（maximum clique），即在网络中具有最大规模（节点数）的团，有时网络中的最大团也称为最大独立集（independent set），最大团探测是一个 NP（non-deterministic polynomial，非确定性多项式）完全问题。图 2-1（c）为交叠集圈（overlapping cliques）的结构，即相互重叠或交叠的团，由交叠集圈形成的连接组元能够保证子网络中的节点之间都是互相连通的。

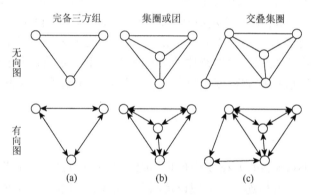

图 2-1　网络中的完备三方组和集圈（团）

资料来源：de Nooy 等（2018）

2.2　网络的随机图模型

我们希望对复杂网络不同方面的分析能够解决诸如互联网的可靠性、社交网络中反映的社会组织关系、疾病传播过程以及信息流的分布等重要问题，这些真实网络大多缺乏规则性和可预测的结构，这促使研究人员创造出了随机图模型，用以辅助理解和把控网络结构的随机性及其背后的现象。在数学中，随机图模型研究图模型上的概率分布，后来被发现可以模拟和表达不同领域中遇到的各种类型的复杂网络。在网络分析中可以利用一定的方法生成随机图模型，使得这类模型与现实网络在结构上非常相近，从而代替现实网络来研究一些网络性质。

随机生成的图模型可以展示现实网络具有的许多属性。同大多数统计模型一样，首先假设网络的观察数据是隐藏概率统计过程的结果，然后通过统计推断反向推出模型参数。随机图采用的概率规则代替了形成网络观察数据的复杂机制，而不考虑网络中特定节点和边的具体生成过程。

随机图模型虽然缺乏构成网络的社会和商业因素，但仍然可以作为构建更丰富模型和帮助理解其他社交网络模型优缺点的有用基准。

2.1 节中介绍的度分布、集聚系数、连通分量和平均路径长度是衡量社交网络和随机网络性质的重要指标。

在很多情况下，随机图默认是指 ER 随机图模型 $G(n,p)$（Erdős and Rényi，1960）。

Erdős 和 Rényi 最先提出 $G(n,m)$。$G(n,m)$ 表示有 n 个节点的网络以相等的概率随机生成 m 条边。

而后，Edgar Gilbert（埃德加•吉尔伯特）提出 $G(n,p)$。在 $G(n,p)$ 中，n 个节点上的每条可能生成的边都以恒定的概率 p 独立出现。这两种模型大多用于应用中，并被广泛地发展。

$G(n,m)$ 模型固定了链接总数 m，$G(n,p)$ 模型固定了两个节点相连的概率 p，其中，n 和 p 并不唯一决定一张图，还需经过一系列的随机生成过程，其他网络特征在 $G(n,p)$ 模型中也更容易计算，由此得到某张特定随机图的概率为 $p^m(1-p)^{n-m}$。具体来说，按照如下的步骤构建随机图。

（1）从 n 个独立生成的节点开始。

（2）在概率选择阶段，为每一个节点对生成一个 0 到 1 之间的随机数。

（3）如果这个数字超过 p，则这个节点对就形成一条边。

（4）对 $n(n-1)/2$ 个节点对中的每一个重复上述步骤。

2.2.1　随机图模型的性质

对随机性的朴素解释是将每对节点互相独立地连接起来。ER 随机图在一个有 n 个节点的集合上，以恒定的概率 p 连接每条潜在的边。尽管 ER 模型有不现实的特性（泊松度分布、非常低的集聚系数等），但它有如下丰富的理论结果。

（1）阈值与阶段转移规律。阈值与阶段转移规律是随机图领域最重要的结论之一。简单来说，从 $p=0$ 开始逐渐增加随机图中构成边的概率时，整个图的性质会随 p 达到不同阈值发生巨大的改变。例如，图中节点平均度 $\bar{k}=1$ 是一个重要的分界线，而它又是由 p 所决定的。

初始状态中，边密度为零，$p=0$，只有孤立点，此时平均度 $\bar{k}=0$，图中最大连通分量 $N_G=0$。

随着 p 逐渐增大，当平均度 $\bar{k}=p(n-1)<1$ 时，$G(n,p)$ 中几乎没有分量的大小大于 $O(\ln(n))$。换句话说，图中巨大连通分量的节点比例趋近于零，即 $\dfrac{N_G}{N}\to 0$，

几乎不存在巨大连通分量，此时有 $p < \dfrac{1}{n}$。

临界点：$\bar{k} = 1 \left(p = \dfrac{1}{n} \right)$ 临界点标志着巨大连通分量的出现，换句话说，此时

$G(n, p)$ 中必然存在大小为 $N_G \sim n^{\frac{2}{3}}$ 的最大连通分量，从该表达式中也可以看出 N_G 的增长速度将远低于网络的增长速度 n。在临界点，大多数节点位于零散分布的小分量中，幂律也提示会有各种不同大小的分量共存，大部分分量以树的形式存在，巨大连通分量可能包含自环（loop）。

在超越临界点的状态，即当平均度 $\bar{k}$ 增长到大于 1 的时候，巨大连通分量开始出现，此时 $p > \dfrac{1}{n}$，$N_G \sim (p - 1/N)N$，或者 $\dfrac{N_G}{N} \to \bar{k} - 1$。从这个表达式可以看出，巨大连通分量以一定比例包含了整个节点集合的一部分。平均度 $\bar{k}$ 超过临界点越远，该比例就越高。对于更大的 $\bar{k}$ 值，N_G 与之形成了非线性的关系。此时，许多孤立的分量与巨大连通分量共存，小分量是树的形式，而巨大连通分量包含自环和环（cycle）。随着平均度的增大，所有的节点都逐渐被巨大连通分量吸收。

最终，$p = 1$ 的时候，有 $\bar{k} = n - 1$，此时图已经演变为完全图，所有的节点形成单个连通分量。

在随机图中 $\bar{k}$ 这样的阈值是非常常见的，在 $\bar{k} = 1$ 附近，随机图的性质会发生显著的改变，因此被称为尖锐阈值。此外，还可证明，对于足够大的 $p = \dfrac{\ln n}{n}$（该值由 n 决定）：①当 $p < \dfrac{\ln n}{n}$ 时，$G(n, p)$ 必然存在孤立点；②当 $p > \dfrac{\ln n}{n}$（$\bar{k} > \ln n$）时，巨大连通分量吸收了所有的节点和分量，此时 $N_G \approx n$，孤立节点消失，$G(n, p)$ 是必然连通的；③当 $p = \dfrac{c \ln n}{n}$（$c > 1$）时，$G(n, p)$ 几乎是连通的。当 c 趋于无穷大时，模型不只是连通，还几乎是正则的，此时每点的度接近 pn。

需要注意，在 $p = \dfrac{\ln n}{n}$ 附近，网络依然是稀疏的，因为 $\dfrac{\ln n}{n} \to 0$。当平均度 $\bar{k}$ 达到 $n - 1$ 时，随机模型变成完全图。总之，随机图的演变并不是平滑、渐进的，它遵循阶段转移规律，随着 $\bar{k}$ 的增大，在某些临界点附近模型的拓扑性质会发生极大改变，特别是其中巨大连通分量的性质。

（2）度分布与集聚系数。ER 随机图的度分布的确切形式是二项分布，有

$$P(k) = C_{n-1}^{k} \, p^{k} (1 - p)^{n-1-k}$$

此时平均度为 $\bar{k} = p(n-1)$，度分布的方差为 $\sigma^2 = p(1-p)(n-1)$。在大多数稀

疏的真实网络中，有平均度 $\bar{k} \ll N$。根据大数定律，在这种限制条件下该分布可
近似为泊松分布，与二项分布具有类似的特性。二项分布和泊松分布在 $\bar{k}$ 附近都
有一个峰值。如果我们增加连接生成的概率 p，网络就会变得更密集，调大 $\bar{k}$ 的
值，峰值就会向右移动。对于 ER 随机图，集聚系数的期望 $E[C_i] = \dfrac{\bar{k}}{n-1}$，其中 $\bar{k}$
是图中节点的度的算术平均。ER 随机图的集聚系数是非常小的，如果以不变的平
均度来扩张随机图的规模，其集聚系数会随着 n 的增大而逐渐减小。

2.2.2　随机图模型的发展

由 ER 模型生成的随机网络服从泊松度分布，但现实网络的度分布明显偏离
了泊松形式，更多是服从幂律的。对度分布的横纵轴取对数会发现它们呈线性关
系。此外，现实社交网络还具有极高的集聚系数，这与随机图中常常是 10^4、10^5
的集聚系数不在一个量级上。现实社交网络会有一个超大的连通分量，通常涵盖
网络中绝大部分的节点。

相比现实中的社交网络，ER 随机图还有以下局限性。①不能生成局部集聚
（local clustering）和三元闭包（triadic closures）。相反，图中两个节点有恒定、随
机且独立的概率彼此相连，因此 ER 随机图模型的集聚系数较低。②不能解释重
要节点的构成。在形式上，ER 随机图模型的度分布收敛于泊松分布，而不是我们
在现实世界中观测到的、无标度网络的幂律分布（power law distribution）。

针对 ER 随机图的局限性，随机图模型在后续得到了进一步的发展。传统的
分类方法普遍从图是否在增长出发，将随机图分为静态（均衡）模型、动态（增
长、进化）模型和其他模型（Barrat et al.，2008）；或是从模型复杂度出发，将随
机图分为经典随机图与无标量图，其中无标量图又可进一步分为固定指数、可调
节指数和具有未知性质的图（Bernovskiy and Kuzyurin，2012）；抑或是从图的软
性和硬性约束出发，将随机图模型分为具有硬性约束的模型、具有软性约束的模
型和由算法定义的模型（Coolen et al.，2017）。由 Drobyshevskiy 和 Turdakov（2020）
提出的分类方法较为全面，概括了图的增长、复杂性、应用等多个角度，他们将
随机图模型系统性地分为生成模型、特征驱动类模型和特定领域类模型。下面对
这三种模型进行简述。

（1）生成模型中，ER 模型被划分为经典随机图，每一条边的产生都是互相独
立的。在局部规则模型族中，由于节点 u 和 v 有一个共同的邻居，因此边 (u, v) 生
成的概率更高。这种现象在现实世界的网络中表现为：与 ER 模型中节点之间独
立连接的情况相比，网络具有更高的集聚系数。这又可分为优先依附原则、复制
原则和其他的局部规则。

优先依附原则的代表即为 BA（Barabási-Albert）模型（Barabási and Albert，1999），用以解释在许多现实世界网络中观察到的无标度特性。在优先依附原则中，一个节点的连通度越高，与其他节点之间的连接越多，那么它也越容易接受新的节点连接，具体来说，每增加一个新的节点 v，都以 $p(u) = \dfrac{\deg(u)}{\sum_{x \in N} \deg(x)}$ 的概率与已存在的节点集合 N 中的节点 u 相连。具有更高的节点度的节点拥有更强的吸附新节点的能力。在上述概率表达式中，我们可以直观地感受到连通度高的节点随着模型的发展，其连通度会变得更高（富人越富），整个图呈现出幂律分布。不少人工网络如万维网和引文网络都被认为是具有近似无标度性质的，包含少数具有异常高的度节点，称为枢纽，BA 模型试图说明真实网络中这种节点的存在。之后的模型演化在 BA 模型的基础上，陆续引入了新的参数，修改了优先依附原则的细节和引入了非线性。

复制原则使得图在增长过程中不断地复制其已有的结构（Kleinberg et al.，1999），其灵感来源于基因的进化过程，并且复制的模式发生在各种真实的网络中。在一个带有复制的成长网络模型中除了复制目标节点 u 的边外，所选节点 v 也会连接到 u 本身，这就使得边的数量比节点的数量增长得更快，这在现实世界的网络中被观察称为密集化规律。此外，复制模型在后续发展中还引入了突变，如复制–分歧（duplication-divergence）模型。

其他的局部规则还包括随机游走（random walk）、最近邻和森林火灾模型，有的基于局部的启发式方法创建三元闭包，还有的利用了随机节点删除方法。

递归模型利用递归的思想和自相似性分解复杂网络，社交网络中的节点形成社区（连接更紧密的群体）本质上是由更小的社区组成的，以此类推，这类网络的另一个表现是无标度属性和高集聚。

基于隐特征的随机图模型认为节点与隐特征空间中的向量是有联系的，或者说节点之间的连接代表了其特征上的相似程度，这些想法来自假设链接的概率取决于节点的一些固有属性（McPherson et al.，2001）。例如，来自社会领域的同质性理论认为相似性会吸引人，年龄、兴趣、职业、地理位置等相近的人更有可能在网络中建立联系。基于特征的方法进一步可以被分为基于几何特征和节点标签的方法。

（2）特征驱动类模型的想法是通过设计一个模型，使得该模型在数量上符合所需的图特征。它的构造过程与生成模型的顺序相反，对后者而言，先给定一组所需的特征，再试图找到一个满足这些特征的模型。

分析性方法是数学上具有可操作性的方法，设计一个图生成算法，使其参数可以在给定的图的特征下被解析出来，可以精确控制图的特征。由于相当简单，这些模型对于各种幂律指数、连接部分的出现、最大的群组的大小等都有很好的研究，更复杂的任务涉及图中重现所需的子图分布，其中最经典的便是构造（configuration）模型（Bender and Canfield，1978）。

拟合优化类模型是构建一个模型参数的适配函数并使用标准技术对其进行优化，具体可分为参数估计和指数模型，前者利用统计学上的参数估计方法来得到模型参数，后者通过模拟概率空间中的概率分布来得到模型。

图编辑类模型希望随机化现有的图，只保留研究者感兴趣的特征。图形编辑操作包括节点、边的添加、删除，更高级的操作也是对其的组合。最经典的图编辑随机化的过程是随机重复边的切换来达到某个约束条件的过程，成对的边切换可以保持节点度的稳定（Taylor，1981）。此外，还有尝试不断修改图的表征来最终找到合适的表征，这类方法的典例是多尺度网络生成（Gutfraind et al.，2015）。

（3）特定领域类模型涉及生成具有额外网络属性的图的方法，如社区结构或边权重。社区结构类方法所产生的明确的社群结构为每个图的节点提供一个标签，表明该节点属于哪个社区，可以分为生成类的和特征驱动类的方法（Yang and Leskovec，2014）。边权重类方法认为连接的强度与连接的权重挂钩（Newman，2004），如代谢反应中的通量、基因的共同表达。

2.3　链　接　分　析

链接分析最早是一种用于评价 Web（网络）结构中引文链接的分析技术，广泛指代研究对象为网络节点之间链接的多维分析。链接分析技术已被用于调查犯罪活动、计算机安全分析、数据挖掘、搜索引擎优化、市场研究、医学研究和艺术等多个领域，显示出巨大的商业和社会价值。本节将首先介绍 Web 结构，再介绍常见的链接分析算法。

2.3.1　Web 的有向图结构

（1）具有方向性的关系。文章之间的引用关系、网页之间的连接关系都是具有方向的，这与传统的以友谊为基础定义的无向社交网络具有重要的差别。在有向图中，从节点 A 到节点 B 的路径是节点的序列，从节点 A 开始，到节点 B 结束。在网络上，这样的概念自然对应于网页间的连接关系。

在 Web 结构之前，类似的网络结构包括学术文章和期刊之间交叉引用形成的引文网络。当一篇学术著作的作者希望说明他们所引用的观点的来源时，他们会引用提供该观点的早期论文。这种引用的依存关系可由一个引文有向图来表示，节点代表文章或书籍期刊，有向边代表从一个作品到其他作品的引文关系。Web 上的信息通过有方向的超链接形式形成一个巨大的有向图。

　　（2）强连通性。在有向图中，两个节点之间有路径指的是能沿着一连串的边从一个节点抵达另一个节点，如果每一对节点之间都有路径相连，那么这个图就是连通（connected）的，进一步，如果从每个节点到其他节点都有一条路径，那么该有向图是具有强连通性（strong connected）的。

　　（3）强连通分量（strong connected component，SCC）。有向图中的 SCC 是所有节点的子集，满足：①该子集中的每个节点都有一条通往其他节点的路径，即 SCC 中的所有节点都可以相互到达；②该子集不属于某个具有每个节点都能到达其他节点的特性的更大集合。

　　（4）Web 的蝴蝶结（bow-tie）结构 [即入口–强连通分量–出口（in-strongly connected component-out，INSCCOUT）结构]。Broder 等（2000）曾发起建立一个网络的全球地图的任务，希望建立一种更加概念化的、将网络划分为几大块的抽象地图的模型，并显示这些块是如何组合在一起的。在任务中，他们发现 Web 具有一个超大 SCC。例如，一些主要的搜索引擎和门户网站都有指向目录型页面的链接，人们可以从这些页面中反过来到达主要教育机构、大公司和政府机构的主页，这些网站中的许多页面又都链接到搜索引擎和起始页面本身，从这一点可以在直感上理解 SCC。他们将所有剩余的 SCC 与巨大的 SCC 联系起来，根据节点到达和被到达超大 SCC 的能力对其进行分类，形成蝴蝶结一样的领结模型，得到以下部分。

　　IN 结构包括了可以指向巨大 SCC，但不能被巨大 SCC 指向的节点集合，即 SCC 的上游节点。

　　OUT 结构包括了可以由巨大 SCC 到达，但并不指向巨大 SCC 的节点，即 SCC 的下游节点。

　　有些页面不属于 IN、OUT 或巨型 SCC，也就是说，它们既不能到达巨型 SCC，也不能从它那里到达。这些页面可以被进一步分类为：枝蔓部分，即蝴蝶结的卷须，包括可以从 IN 到达但不能到达巨大 SCC 的节点和可以到达 OUT 但不能从超大 SCC 到达的节点；非连接部分，指的是最后还有一些节点，即使完全忽略边的方向，也不会有通往巨型 SCC 的路径，这些节点不属于前面的任何类别，是与核心网络断开的非连接部分。

　　从整体上看，网络的蝴蝶结结构提供了一个网络结构的高层次视图，揭示了其可及性属性以及强连接部分是如何结合在一起的。网络的中央"核心"包含了许多最重要的网页，还有许多其他节点位于上游、下游或相对边缘地带。模型具有高度动态性的特质，随着人们创建网页和链接，领结的组成部分不断地改变它们的边界，随着时间的推移，节点进入和离开超大 SCC。但随后的研究表明即使局部结构在不断变化，总体结构在一段时间内仍然相对稳定。依靠广度优先搜索可以得到领结的各个组成部分。

2.3.2 HITS 算法

HITS，也称为 hubs and authorities 算法，是一种用于评估网页重要性的搜索引擎算法。它于 1999 年由 Jon Kleinberg（乔恩·克莱因伯格）提出，旨在通过分析网络中的链接关系，识别出具有高影响力的枢纽（hubs）和权威（authorities）节点。在前互联网时代，各类信息检索任务便已面临众多难题，查询列表以较短和表达性较弱的关键词字符串为基础，检索系统需要适应关键词的高度信息浓缩性，以及可能出现的一词多义、同概念的不同说法等其他语言现象。此前，信息检索一直是图书管理员、律师和其他工作内容包含大量检索文献的人的专职，而 Web 的到来使得系统中信息的规模爆炸性增长。不同的人对查询任务有不同的表述，同问题的多重表述成为信息检索和搜索引擎需要面临的严峻考验。

针对网页内部关键词的出现频率的检索方法是难以寻得最相关的网页的，因为关键词的出现频率不是和页面与关键词的相关性挂钩的。此时，引入网页之间链接的概念可以重新思考这个问题，指向某个网页的链接的个数或质量代表了其他网页对该网页隐含的支持和认可程度，可用于衡量网页的权威性，进一步可以让这类网页来投票表决出最接近搜索目标的结果。

此外，还有一类网页，如门户网站，可以作为一类有参考价值的投票者。这些门户网站给出的链接推荐相比其他网页也是更精准和更权威的，在预想的模型中需要增加这种"清单"类网页的投票权重。下面以简单的模型来阐述反复改进原理。

因为作为"清单"得分较高的页面实际上能鉴别最相关的结果，所以应该对它们的投票进行更多的加权。我们可以再次计算投票结果，并给每个页面的投票以相当于其作为列表的价值的权重，此时投票的结果会更新。如果继续反复这个过程，可以用这些票数来获得关于图中"清单"的更具价值的估值。有了对高价值"清单"的更多重估值，又可以再次投票进行重估。这个过程可以永远地来回进行，遵循一个反复改进的原则，每一次对有向图中一方的重新调整都能使另一方得到进一步的重新调整。

权威用以指代上述过程中得分高的网页，被拥有很多指向的网页指向；枢纽用以指代其中有价值的列表，这种价值性由其提供的网页链接的质量来衡量。

根据上述定义引入了 HITS 算法，这是用来计算网页的权威值的算法。

对于给定的有向图中的任意代表网页的节点 p，便可由此赋予其权威值得分 $\mathrm{auth}(p)$ 和中枢值得分 $\mathrm{hub}(p)$，并以单位值 1 初始化，含义是我们起初不知道网页的具体信息。

权威的更新规则：对于每个网页 p，将 auth(p)更新为所有指向它的网页的中枢得分之和。

中枢的更新规则：对于每个网页 p，将 hub(p)更新为它所指向的所有网页的权威得分之和。

权威得分和中枢得分可能涉及很大的数字。由于 HITS 算法只关心上述的相对大小，可以利用归一化将其变小。将每个权威得分除以所有权威得分的总和，并将每个中枢得分除以所有中枢得分的总和。利用反复改进的思想重复上述过程若干次，随着进行反复改进的次数 k 趋近无穷，归一化后的数值会越来越小，最终收敛而稳定下来。另有研究证明，除了少数罕见的情况，大多数情况下，无论选择什么数字作为初始中枢和权威值，只要为正数，就都会收敛至同样的极限值。换句话说，极限状态的中枢和权威得分只是网页链接有向图的一个固有属性，而不是通过计算得到针对某个初始的估计值。这些极限值所对应的是一种均衡状态：在应用更新规则来计算两个得分的过程中，它们的相对大小保持不变，也因此反映了中枢和权威之间的平衡。

2.3.3　PageRank 算法

如前所述，有向图中的节点能够推荐别人或被别人推荐，对应产生了中枢性和权威性的概念。PageRank 是谷歌搜索使用的一种算法，用于在其搜索引擎结果中对网页进行排名。PageRank 算法能够按照类似思想测度图中节点（网页）的重要程度，基本思想是图中每个节点将当前的重要程度分给出向的邻居。

对于一个有 n 个节点的有向网络，初始化所有节点的 PageRank 值为 $1/n$，然后对 PageRank 值进行反复的 k 次更新，其中，k 是可以选择的希望算法进行的步骤数目。

每次 PageRank 更新使用以下规则。

（1）每个页面将其当前的 PageRank 值平均分配给其出向链接所指向的页面。如果一个页面没有出向链接，它将其当前的所有 PageRank 值传递给自己。

（2）每个页面都将其新的 PageRank 值更新为它所收到的份额之和。

将上述更新规则进行 k 轮迭代后得到结果。

PageRank 算法量化考虑了每个节点的重要性，认为后者可由推荐人的数量与声望衡量，这样的想法在一个由引荐关系组成的信息网络中是合理的。让每个节点都通过信息网络本身的结构不断迭代自身的重要性值，一方面将自己的 PageRank 值分出给周围的节点，另一方面可从周围节点收获其分出的重要性值来更新自己的 PageRank 值。

PageRank 也有特殊情况，如两个节点互相链接而不输出，使得随着迭代重要性都累积到这对节点之上。同比缩减和统一补偿原则是对 PageRank 基本算法的修正。

根据同比缩减原则，每次执行 PageRank 更新规则之后，对节点的 PageRank 值施加一个小于 1 的比例缩减因子 s，$s = 0.8 \sim 0.9$ 是合理的经验取值范围。

根据统一补偿原则，对经上述操作后节点的 PageRank 值补偿 $1 - s/n$ 的值。

这样通过同比缩减和统一补偿既保持了总和不变的性质，又防止了重要性值累积到部分节点的现象。

总的来说，PageRank 是对网页搜索结果进行排序的一种通用方法，但这种通用方法仍然存在一些问题。PageRank 只测量网页的一般流行度，可能会遗漏特定主题的权威，可以通过特定主题的 PageRank 来解决。PageRank 同时也很容易受到链接垃圾、内容农场的影响，别有用心的人可以创建人工的链接拓扑结构来提高页面排名，这个问题可以通过 TrustRank（信任指数）来解决。

2.4　小世界现象

2.4.1　六度分离现象

小世界现象指的是社交网络中任意两个节点间以较高的概率存在较短的互相通达路径，换句话说，即便是地理上相隔很远的两个人，也可能通过较短的社会关系链路联系到对方。在小世界网络中，大部分的节点彼此不相连，但可经过较少的步数抵达彼此，通过短视搜索（即每一步只能看到邻居节点的搜索过程）可以有效地找到这些短路径。

Milgram（1967）最早对小世界现象展开实证研究，测量社交网络中的距离，并提出六度分离（six degrees of separation）理论。在他开展的信件投递实验中，任意一对发信人和收信人之间都存在着一个平均为五个人长度的社会关系序列，通过此关系链路成功投递信件，而链路上的任何一个人都与除了自己熟人之外的其他人不存在直接的社会联系。在社交网络研究中，六度分离也被称为小世界属性，除此以外，信件投递实验还证明小世界网络应满足短视搜索的特性，即每个环节的人都仅拥有自身和周围邻居相对于目标距离的信息。

第 1 章提到的社交网络中同质性现象和弱联系理论可以解释小世界现象。同质性和三元闭包理论通过阐述相似的群体之间更频繁的交流揭示了社交网络中大量的三角形小集团，而弱联系理论认为个体之间可以通过偶然的原因认识相对遥远的朋友，而不一定熟悉彼此所在群体。

虽然是在社交网络的研究背景下发现的，但小世界属性在各种类型的真实网络中的适用范围超出了社交网络的领域，但完全随机的网络是不具备小世界性质的。在 1999 年，万维网中两个随机选择的文档可通过平均 19 次的点击抵达对方（19 度分离），稍大于六度分离的直径，这是因为与真实的社交网络相比，万维网具有更小的平均度和更大的体量，这两个差异都增加了万维网的直径。

2.4.2　W-S 模型

基于对此的观察，Watts 和 Strogatz（1998）提出 Watts-Strogatz（W-S）模型，针对传统的 ER 模型不能生成局部集聚和三元闭合的特性，W-S 模型生成了一个无权值的无向网络，能够解释小世界网络中的社交集聚，模拟出 ER 模型中较小的平均节点距离的特性，检验了社交网络中存在短路径。具体来说，W-S 模型保持了低直径和高集聚系数的特性。

W-S 模型的基本思路是生成能体现社交网络性质的网络特征，包括许多同类群体之间的三角形关系和少数跨越与连接不同群体的随机远程边，其生成算法简要概述如下。

（1）初始化：指定 K 为偶数，作为模型的输入变量。生成一个包括 N 个节点的最近邻环状耦合网络，在该网络中每个节点都与左右邻近的各 $K/2$ 个节点相连接。网络中的物品和信息只能采取缓慢的局部路径在一对节点之间移动。W-S 模型的一个极端便是 ER 随机图，对于后者来说，每对节点按照统一而独立的概率彼此相连。当节点数 $N \to \infty$ 时，小世界初始网络的集聚系数 $C \to 0$。

（2）重连：以独立和统一的概率 $p \in [0,1]$ 随机选择网络中的边，使得每条边的其中一个端点保持不变，另一个端点被指定为网络中随机选择的其他端点（不能重连到自身或产生多重边），随机连接网络中的每个原始边。当 $p = 0$ 时，相当于没有进行重连操作，保持初始环形图结构；当 $p = 1$ 时，将得到 ER 随机图。

作为随机网络模型的扩展，W-S 模型提出了一个类似泊松分布的有界度分布，体现了同质连接和弱连接的概念，W-S 网络及其变体为人们希望构建具有小世界特性的现实社交网络提供了可操作的模型。W-S 模型中，初始化的环状耦合结构使得生成的网络具有局部集聚性质。随机重连以概率化的方法显著降低平均节点间的距离，模拟了小世界的短路径特性。W-S 模型在某些特定方面的应用上有一定价值［如 P2P（peer to peer，点对点）网络］，但依然难以模拟真实情况的社交网络，后者的度分布常遵循幂律，另外，W-S 模型也没有很好地模拟出短视搜索的特性。

2.4.3　WSK 模型

在 Milgram（1967）的实验观察中提到了真实社交网络的关于短视搜索的性

质。相对于无目标的广度优先搜索，短视搜索是具有明确目标和基于局部信息的搜索。在短视搜索中，每个节点可以定义特征，节点间的特征可以定义非量化的差距，每个节点知道目标节点的特征和自身及邻域内节点的特征信息，搜索过程模拟信息传播，节点在局部信息下将搜索目标传递给距目标节点距离较近的邻居节点。Milgram（1967）的实验和后来的研究都表明，在人类社交网络中，短视搜索是有效的。

为了使生成网络反映出网络中节点对之间短路径的存在性，在 W-S 模型的基础上，Kleinberg（2000）使用了聚集指数（clustering exponent）q 来阐明这些随机边产生的规律，提出了 Watts-Strogatz-Kleinberg（WSK）模型。WSK 模型的想法是模型中的边重连不是完全随机的，而是与地理距离成反比。在原有模型的基础上，以 $d(U, V)^{-q}$ 的概率在节点之间重连，其中 $d(U, V)$ 为节点之间的曼哈顿距离。换句话说，当网络中添加长距离的边时，这些边更有可能惠及距离较近的节点，而不是那些相隔较远的节点。

不同的 q 值，对于随机连接长度的影响不同。当 q 较小时，节点对之间的距离对生成概率的控制较强，随机边倾向于较远；当 q 较大时，随机边倾向于较近。W-S 模型是 WSK 模型的极端情况，此时 $q = 0$，随机边的生成完全不受距离影响。

已有研究在由几亿个节点组成的网络中考察了不同 q 值的模型效果，具体来说，考察了短时搜索需要经历的平均步数。当 $q = 2$ 时，分散式搜索的效率最高。WSK 模型通过控制 WS 模型中的随机性，既展现了短路径的存在性，也表明了短视搜索的有效性。

除此之外，不少其他的后续研究使得整个小世界网络的概念在理论和应用上都对随机网络模型领域有极大的影响。例如，因为小世界网络的结构可以产生较高的效率，在运输或计算机网络设计方面能发挥作用，Nishikawa 等（2002）的研究探讨了如何用遗传算法产生规模很小的小世界网络。Durrett（2007）等研究探讨了如何构建一个无权重、具有特定度分布的无向随机网络。在小世界网络与其他研究的结合方面，Melnik 等（2011）讨论了小世界网络的小规模对于网络上的动力系统的重要性，证明了只要是"足够小的世界"网络，基于树的动态过程理论在高聚类的网络上就能产生准确的结果。

参 考 文 献

刘军. 2004. 社会网络分析导论. 北京：社会科学文献出版社.

Barabási A L, Albert R. 1999. Emergence of scaling in random networks. Science，286（5439）：509-512.

Barrat A，Barthélemy M，Vespignani A. 2008. Dynamical Processes on Complex Networks. Cambridge：Cambridge University Press.

Bender E A，Canfield E R. 1978. The asymptotic number of labeled graphs with given degree sequences. Journal of

Combinatorial Theory, Series A, 24 (3): 296-307.

Bernovskiy M M, Kuzyurin N N. 2012. Random graphs, models and generators of scale-free graphs. Proceedings of the Institute for System Programming of RAS, 22: 419-434.

Boguñá M, Pastor-Satorras R, Vespignani A. 2003. Absence of epidemic threshold in scale-free networks with degree correlations. Physical Review Letters, 90 (2): 028701.

Borgatti S P. 2005. Centrality and network flow. Social Networks, 27 (1): 55-71.

Broder A, Kumar R, Maghoul F, et al. 2000. Graph structure in the web. Computer Networks, 33 (1/2/3/4/5/6): 309-320.

Coolen A C C, Annibale A, Roberts E. 2017. Generating Random Networks and Graphs. Oxford: Oxford University Press.

de Nooy W, Mrvar A, Batagelj V. 2018. Exploratory Social Network Analysis with Pajek: Revised and Expanded Edition for Updated Software. 3rd. Cambridge: Cambridge University Press.

Drobyshevskiy M, Turdakov D. 2020. Random graph modeling: a survey of the concepts. ACM Computing Surveys, 52 (6): 1-36.

Durrett R. 2007. Random Graph Dynamics. Cambridge: Cambridge University Press.

Erdős P, Rényi A. 1960. On the evolution of random graphs. Mathematical Institute of the Hungarian Academy of Sciences, 5 (1): 17-60.

Gutfraind A, Safro I, Meyers L A. 2015. Multiscale network generation. Washington: 2015 18th International Conference on Information Fusion (Fusion).

Ibarra H. 1993. Network centrality, power, and innovation involvement: determinants of technical and administrative roles. Academy of Management Journal, 36 (3): 471-501.

Kleinberg J M. 2000. Navigation in a small world. Nature, 406 (6798): 845.

Kleinberg J M, Kumar R, Raghavan P, et al. 1999. The web as a graph: measurements, models, and methods. Tokyo: COCOON'99: 5th Annual International Conference On Computing and Combinatorics.

McPherson M, Smith-Lovin L, Cook J M. 2001. Birds of a feather: homophily in social networks. Annual Review of Sociology, 27 (1): 415-444.

Melnik S, Hackett A, Porter M A, et al. 2011. The unreasonable effectiveness of tree-based theory for networks with clustering. Physical Review E, 83 (3): 036112.

Milgram S. 1967. The small world problem. Psychology Today, 2 (1): 60-67.

Newman M E J. 2004. Analysis of weighted networks. Physical Review E, 70 (5): 056131.

Nishikawa T, Motter A E, Lai Y C, et al. 2002. Smallest small-world network. Physical Review E, 66 (4): 046139.

Peng G, Dey D. 2013. Research note: a dynamic view of the impact of network structure on technology adoption: the case of OSS development. Information Systems Research, 24 (4): 1087-1099.

Peng H. 1993. Network centrality, power, and innovation involvement: determinants of technical and administrative roles. Academy of Management Journal, 36 (3): 471-501.

Taylor R. 1981. Contrained switchings in graphs//McAvaney K L. Combinatorial Mathematics VIII. Berlin: Springer: 314-336.

Wasserman S, Faust K. 1994. Social Network Analysis: Methods and Applications. Cambridge: Cambridge University Press.

Watts D J, Strogatz S H. 1998. Collective dynamics of 'small-world' networks. Nature, 393 (6684): 440-442.

Yang J, Leskovec J. 2014. Structure and overlaps of ground-truth communities in networks. ACM Transactions on Intelligent Systems and Technology (TIST), 5 (2): 1-35.

第3章 社交网络嵌入式表征算法现状与趋势

3.1 社交网络嵌入式表征

随着数据量的增加和深度学习技术的发展，基于图结构数据的算法也开始迅猛发展。与图像和文本相似，如何高效处理大规模网络结构数据也是一个相当重要的课题。在图学习过程中，通常我们将节点映射为向量，从而将大规模图进行较为紧凑的表示或者从中提取重要信息。在这个过程中，我们既希望保持节点本身的特征信息，又希望保证图的拓扑结构信息。比如对客户关系网络的建模中，我们既希望能利用客户本身的信息，又希望能利用客户之间好友等关系的信息，从而达到精准营销的目的。

对于图的结构表征的有关概念在 2.1 节中已经有所介绍。除常见图以外，图学习还着重关注多关系图，多关系图分为多重图及异质图。多重图通常假设图可以被分解为多个层级，每个节点都从属于所有层级，每个层级都代表一种唯一的关系。多重图可以跨层连接，即不同层的相同节点也可以进行连接。比如在交通网络中，一个节点可以表示一个城市，层级表示运输类型（如陆路、船运等），层级间的边表示一个城市可以有多种交通方式，而层级内的边则代表不同城市通过同一种交通方式相互连接的网络。异质图则是将所有节点分为几个不相交的子集，而图中的边和节点的类型有关，比如特定的边只会出现在特定类型的节点之间。

除了图本身的结构之外，节点或者边本身也可以附带信息，这种信息可以是传统的数据表形式的信息，比如消费者节点的年龄、地域等信息，也可以是其他类型的数据结构，比如文本、图片等。

图嵌入（graph embedding）是将图或网络中的节点或边映射到低维向量空间的技术。实际应用中的网络往往是规模较大、高维的图，这个时候常用到一些降维的方法。图嵌入技术的兴起有助于解决降维的问题。将网络中的节点表示为低维向量形式，保留了网络结构上的接近性和属性上的模糊性，这样，网络的原始节点就可以表示为低维向量，用来捕捉图的拓扑结构、顶点与顶点的关系，以及其他关于图、子图和顶点的相关信息。由此产生的紧凑的低维向量表示可以作为任何基于向量的机器学习算法的特征。

尽管具有很大的潜力，但现实的网络千变万化，社交网络可以被表示成多种多样的大规模的、密集的、动态的图，这使得我们很难找到一种万能的嵌入方法，图嵌入学习还面临着一些关键的挑战。

（1）保存原网络结构。图嵌入需要确保嵌入能很好地描述图的属性，要能代表图的拓扑结构、节点连接和邻域，这是因为之后的预测或可视化任务的性能取决于嵌入的质量。在原始网络结构中相似的节点也应该在嵌入空间中得到相似的嵌入式表征。因此，嵌入式表征应同时保留局部信息和全局信息，同时还要能保留各个节点之间的连接关系。除了结构信息外，许多网络的节点都附有丰富的属性内容，节点属性不仅对网络的形成有巨大的影响，而且还为衡量节点之间的属性水平的相似性提供了直接证据。如果嵌入得当，属性内容可以弥补网络结构的不足，呈现出节点的更多信息。另外，对嵌入维度的决策也具有挑战性，较长的嵌入保留了更多的信息，但会导致更高的时间和空间复杂性，研究者需要根据需求做出权衡。

（2）数据的稀缺性。对于许多现实社交网络，由于隐私或法律限制，网络结构和节点内容都存在数据稀少的问题。对于网络结构来说，有时只能观察到非常有限的链接，因此很难发现没有明确连接的节点之间的结构水平的关联性。在节点内容层面，节点属性的许多值通常是缺失的，这增加了测量节点内容层面相似性的难度。因此，要克服数据稀少的问题，对网络表征学习来说是一个挑战。

（3）可扩展性。网络的大小不应显著拖垮得到嵌入的速度。现实世界的网络由数百万或数十亿个节点组成，大规模网络不仅挑战了传统的网络分析任务，而且也挑战了新生的嵌入式表征学习任务。如果没有特别的关注，在有限的计算资源下学习大规模网络的节点表征可能要花费几个月的时间，这在实际中是不可行的，特别是对于涉及大量的参数调整跟踪的情况。因此，有必要设计一种高效的算法保证在大规模网络上的高效性。

3.2　社交网络嵌入式表征算法现状

3.2.1　传统统计学方法

1. 常见的图统计量

传统统计学方法分析图结构数据时常常从统计规律上进行考虑，其指标往往是人为定义，具有明确的意义与使用方式。一般来说，这些统计量与图的基本结构即节点和边息息相关。常见图统计量在 2.1 节已有所介绍，下面对于图数据建模时常见的图统计量具体展开说明。

节点的度：在图中，度即与该节点相连的边的数量，有向图中会根据边的类型分为入度和出度。这是最直观和简洁度量节点特征的统计量，若 A 为图的邻接

矩阵，则节点 u 的度的表达式为

$$d_u = \sum_{v \in V} A[u, v]$$

节点的中心度：这个统计量度量了一个节点在图结构中的重要性程度。最常见的为特征向量中心性（eigenvector centrality），即节点的中心度等比于邻居节点的中心度的平均数：

$$e_u = \frac{1}{\lambda} \sum_{v \in V} A[u, v] e_v, \ \forall u \in V$$

其中，λ 是常数。该公式表示了某节点的中心度刚好是特征向量中对应的分量。

集聚系数：这个指标表示了节点局部邻域内闭合三角的比例，衡量了某节点所有邻居节点的连接程度。

闭合三角：概念和集聚系数相同。自我中心图（ego graph）：以该节点为中心，由其邻居节点以及所有邻居节点间的边构成的子图。模体（motif）：可视为闭合三角的扩展概念，即特定的"连接模式"。

2. 图的核方法

除了节点的局部特征，在不少任务上我们也需要使用图的全局特征，即图水平（graph-level）的特征，如对于图的不同拓扑结构进行分类，传统处理这方面常用的是图的核方法（Kriege et al.，2020），比较具有代表性的有以下几种。

bag of nodes（节点袋）：即将节点水平（node-level）的统计量通过平均、取最大、加和等运算进行简单聚合。

WL（Weisfeiler-Lehman）核：对最简单的 bag of nodes 方法进行改进，比如使用迭代式的近邻聚合方法，从而提高表征能力。这类方法能提取高于二阶的节点水平信息，并通过聚合变为 graph-level 的全局信息。最有名的策略即为 WL 算法，其基本过程大概如下。

（1）对每个节点指定初始标签 $l^{(0)}(v)$，多数情况下初始标签为节点的度。

（2）对节点的邻域当前标签的多集合（multi-set）进行哈希运算，通过迭代的方式为每个节点指定新标签，式（3-1）中的双花括号代表多集合，函数将每个唯一的多集合映射为唯一的标签。

$$l^{(i)}(v) = \text{HASH}(\{\{l^{(i-1)}(u), \forall u \in N(v)\}\}) \tag{3-1}$$

（3）在 K 轮迭代后，得到节点聚合邻域结构的标签，基于这些标签计算相关统计量作为图的特征。

WL 核度量了两个图导出的标签集之间差异的大小，可以有效解决图同构问题的判断。

graphlets（图元）和基于路径的方法：graphlets 为小的子图结构出现的频数，

可以构成一个向量。计算图中的 graphlets 包含识别子图和子图计数两个问题，属于 NP 完全问题，一般使用近似算法。第一种方法基于随机路径计算 graphlets，通过检验不同路径出现的次数而非穷举 graphlets，如基于随机游走的方法可以在随机游走过程中，计算不同度序列出现的频数；第二种方法为基于最短路径的核方法，通过走节点之间的最短路径而不是随机路径。

3. 节点之间的关系分析

除了对节点本身进行测量之外，很多时候我们希望能够定量分析节点间的相似性，比如链路预测等任务。在这个方法中，传统使用的是邻域重合度这一指标，最为简单的邻域重合度统计量为一对节点间的共同邻居的数量，即

$$S[u,v] = |N(u) \bigcap N(v)|$$

其中，S 是节点 u,v 之间的相似度，若希望预测两个节点之间是否存在一条边，我们可以让概率直接正比于该相似度，即

$$P(A[u,v]=1) \propto S[u,v]$$

基于这个指标我们可以定义许多衡量节点之间相似度的不同指标，令 d_u 和 d_v 分别为节点 u 和 v 的度，常见的指标如下。

（1）Sorenson 指数：$S[u,v] = \dfrac{2|N(u) \bigcap N(v)|}{d_u + d_v}$。

（2）Salton 指数：$S[u,v] = \dfrac{2|N(u) \bigcap N(v)|}{\sqrt{d_u d_v}}$。

（3）Jaccard 相似度：$S[u,v] = \dfrac{|N(u) \bigcap N(v)|}{|N(u) \bigcup N(v)|}$。

4. 图的拉普拉斯矩阵

在这一节介绍几个常用的度量图结构的方式，最常见的就是图的拉普拉斯矩阵，设 D 为度矩阵，A 为邻接矩阵，一般的拉普拉斯矩阵为

$$L = D - A$$

拉普拉斯矩阵拥有如下几个重要的性质。

（1）矩阵 L 是对称半正定的。

（2）矩阵 L 的特征值非负。

另外在图论中有个常用的定理，该定理表明了拉普拉斯矩阵和图的连通分支的关系。

定理　拉普拉斯矩阵值为 0 的特征值的个数与图中的连通分量数量相等。

除了一般形式的拉普拉斯矩阵之外还有另外两种常见的形式，一种是标准化

拉普拉斯矩阵 $L^{(\text{sym})} = D^{-\frac{1}{2}} L D^{-\frac{1}{2}}$，另一种是随机游走拉普拉斯矩阵 $L^{(\text{RW})} = D^{-1} L$。

3.2.2　矩阵分解

基于矩阵分解方法通过假设这种高维节点表征只受少数隐因子的影响，使用邻接矩阵来测量节点之间的接近程度。具体的矩阵分解方法的选取会因矩阵的特性而不同，如对于拉普拉斯矩阵常使用特征值分解的方法，而对于非结构化的矩阵，使用梯度下降法可以在线性时间内得到嵌入式表征。下面对代表性的该类方法进行简介。

1. 局部线性嵌入

局部线性嵌入（locally linear embedding，LLE）是经典的用于降维操作的无监督算法（Roweis and Saul，2000）。LLE 将原有数据映射到低维的嵌入空间中，使用嵌入空间中的邻居表征的加权线性组合来表示降维后的数据。LLE 首先使用 kNN（k-nearest neighbors，k-最近邻）方法来寻找每个数据点的 k 个最近的邻居，然后构建一个权重矩阵，其中每一个点的权重都是通过最小化损失函数的误差来确定的。通过局部重建权值矩阵可以计算出该数据点的输出值。将 LLE 的思想运用于图嵌入的任务中，若设周围的节点 j 能表示目标节点 i 的权重，可以定义节点 i 的嵌入 Y_i 为

$$Y_i \approx \sum_j A_{ij} Y_j, \ \forall i \in V$$

其中，A 是图的邻接矩阵。要得到图嵌入，只需最小化如下的目标函数：

$$\phi(Y) = \sum_i \left| Y_i - \sum_j A_{ij} Y_j \right|^2$$

为了避免退化以及保证平移不变性，优化的过程中需要增加如下约束：

$$\frac{1}{N} Y^{\mathrm{T}} Y = 1, \ \sum_i Y_i = 0$$

2. 拉普拉斯特征映射

拉普拉斯特征映射（Laplacian eigenmaps）（Belkin and Niyogi，2003）希望在权重 W_{ij} 较高时保持两个节点的嵌入式表征是相近的。具体来说，拉普拉斯特征映射的目标函数是以下形式：

$$\varphi(Y) = \frac{1}{2} \sum_{i,j} \left| Y_i - Y_j \right|^2 W_{ij} = \mathrm{tr}(Y^{\mathrm{T}} L Y)$$

其中，L 是图 G 的拉普拉斯函数，目标函数受到 $Y^{\mathrm{T}} D Y = I$ 的约束，可以通过取归一化拉普拉斯的 d 个最小特征值所对应的特征向量得到解。

3. 图分解

图分解（graph factorization，GF）（Ahmed et al.，2013），具体来说，是对图的邻接矩阵进行因子化，最小化以下损失函数：

$$\varphi(Y,\lambda) = \frac{1}{2}\sum\left(W_{ij} - \langle Y_i, Y_j\rangle\right)^2 + \frac{\lambda}{2}\sum_i\|Y_i\|^2$$

其中，λ 是正则化系数。因子化模型对观察到的边执行加和操作，而不是在所有的边上，这是为可扩展性而做的近似计算，因此有可能会在解决方案中引入噪声。图分解能以 $O(|E|)$ 级别的时间复杂度来获得嵌入。

4. GraRep

GraRep（Cao et al.，2015）将节点转移概率定义为 $A = D^{-1}S$，其中 A 是节点转移矩阵，$A_{i,j}$ 表示从节点 v_i 到 v_j 的转移概率，S 是图邻接矩阵，对角矩阵 D 被称为图的度矩阵，具体表达式为

$$D_{i,j} = \begin{cases} \sum_p S_{ip}, & 若 i = j \\ 0, & 若 i \neq j \end{cases}$$

然后，由原始矩阵 A^k 近似推导出 X^k，并通过最小化 $\|X^k - Y_s^k Y_t^{kA}\|_F^2$ 一式来保留图嵌入的 k 阶接近性，其中，Y_s 表示图的 k 阶源嵌入（source embedding），而 Y_t 表示图的目标嵌入（target embedding）。最后，它将各阶的 Y_s 连接起来

$$Y_s = \left[Y_s, Y_s^2, \cdots, Y_s^k\right]$$

以得到最终 k 阶的图嵌入 Y_s。对于每个节点，GraRep 将其 k 级邻居（$k \geq 1$）定义为上下文节点，对于每个 $1 \leq k \leq K$，使用了矩阵分解版本的 skip-gram（跳字）模型来学习 k 级节点表征。GraRep 在学习的过程中能够区别当前节点不同阶数的邻居，具体来说，它可以识别出节点 k 阶邻域内邻居节点的阶数。该方法也能扩展到处理任意阶邻居的关系上。

5. HOPE

HOPE（high-order proximity preserved embedding，高阶邻近性保留嵌入）（Ou et al.，2016）定义了节点间的相似性度量，确定相似度矩阵 S，通过最小化 $\|S - Y_s Y_t^T\|_F^2$ 来保留高阶接近性，其中 S 是相似性矩阵。HOPE 算法指出，图中的许多高阶相似性指标可以反映出不对称的跨度，并可以归纳为一般形式，即将每个相似性度量表示为 $S = M_g^{-1}M_l$ 的形式，其中 M_g 和 M_l 都是矩阵的多项式且是稀疏的。此形式与广义奇异值分解（singular value decomposition，SVD）的表述相

似，使得 HOPE 能够使用广义奇异值分解来精确地获得嵌入式表征。Ou 等（2016）
试验了一些流行的相似性度量，如 Katz 指数、Common Neighbors（共同邻居）和
Adamic-Adar（AA），并推导出 HOPE 近似误差的理论上界，用于在理论上估计嵌
入的质量并确定嵌入的规模。

6. 其他研究和总结

还有一些研究关注联合训练网络结构和可能与网络相关的额外特征信息，如
增强关系嵌入（augmented relation embedding，ARE）用基于内容的图像特征来增
强网络（Lin et al.，2005），并修改了图拉普拉斯函数以捕捉这些信息。尽管基于
矩阵因式分解的方法在学习信息节点表征方面被证明是有效的，但可扩展性是一
个主要的瓶颈，因为在一个有数百万行和列的矩阵上进行矩阵分解是非常消耗计
算能力的，有时甚至是不可行的。

3.2.3　随机游走

基于随机游走的方法在网络太大而无法测量或基于某些原因只能观测局部网
络结构的时候会产生较好的效果，网络中的二阶邻近性可以通过最大化观察节点
的邻近性的概率而在嵌入空间中被保留下来。在这类方法中，网络被表示为一组
从中抽样的随机游走路径。

1. DeepWalk

在自然语言处理（natural language processing，NLP）中，利用词嵌入（word
embedding）来做句法和文档分析的方法已经发展得相当成熟，word2vec 是最为
常用的词嵌入方式，而 DeepWalk（Perozzi et al.，2014）借鉴了 word2vec 的方法，
其核心思想在于利用图中节点之间的共现关系来学习节点的嵌入表示。DeepWalk
的主要思想是在关系网络中随机选择起始节点进行随机游走，产生大量节点序列，
将其作为训练样本输入 word2vec 进行学习，得到节点的嵌入式表征。

具体而言，DeepWalk 算法包含两个步骤：首先通过随机游走采样节点的序列，
得到局部关联的数据；再使用 skip-gram 模型来学习节点的向量表示，最大化节点
的共现概率。

2. node2vec

DeepWalk 中的随机游走步骤使用的是深度优先遍历方法，并且能够重复访问
已访问过的节点，而 node2vec 采用的是有偏随机游走（Grover and Leskovec，
2016）。对网络的同质性与结构对等性特征的权衡需要 node2vec 算法控制游走过

程中对深度优先搜索（depth first search，DFS）和广度优先搜索的倾向。这种灵活选择也使得 node2vec 保留了社群结构和节点间结构相似性的特征，除了能够捕捉节点的高阶邻居之外，也能捕捉单个节点附近的邻居特征。在算法层面上，node2vec 和 DeepWalk 非常类似，区别仅在于节点序列的采样策略上的不同。

3. HARP

网络结构化表征学习（hierarchical representation learning for networks，HARP）用更好的权重初始化方法来规避 DeepWalk 和 node2vec 可能出现的局部最优问题（Chen et al.，2018）。同时，上述两种方法能够采集到的只是局部的邻居，在大规模网络之中，随机游走能够到达的区域相对来说还是过小，因此难以捕捉图的全局特征。

HARP 通过多次折叠的方式，将大型图慢慢缩小为小规模的图，进行压缩操作之后的随机游走就能比较方便地捕捉图的全局特征。具体而言，HARP 对图进行粗化（coarsening）的时候有两种方式：边合并和星型合并。前者将只有一条边相连的节点向其邻居节点进行折叠，后者专门处理星状结构的网络，将星状结构的中心节点的邻居两两配对进行折叠。

3.2.4　深度学习

随着深度学习的发展，深度学习模型也能慢慢融合进图结构数据的处理之中，在图学习中常见的深度学习方法包括 SDNE（structural deep network embedding，结构化深层网络嵌入）、GCN 等。

1. SDNE

SDNE 是首个将深度学习应用于图学习中的方法，在不同任务上的表现相对稳定（Wang et al.，2016），其利用一个自编码器结构对节点的一阶和二阶相似度进行优化，希望捕捉网络结构中的高度非线性。自动编码器接受节点的邻接向量，并被训练来重建节点的邻接关系。使用深度神经网络优化图结构时会遇到图的稀疏性问题，即大型图中传入的邻接矩阵往往带有大量的零，因此输出全部是零也能获得相当不错的训练结果。SDNE 解决这个问题的方式是使用带权重的损失函数，加大对非零元素的惩罚，设 a_{ij} 为邻接矩阵 A 的元素，具体而言，一阶相似度的优化目标为

$$L_1 = \sum_{i,j=1}^{n} a_{i,j} \left\| y_i - y_j \right\|_2^2$$

直观而言，该目标希望相邻节点的嵌入式表征在潜在空间中的距离同样也较

为接近。设 $b_i = \{b_{ij}\}_{j=1}^n$，若 $a_{ij} = 0$，则 $b_{ij} = 1$，否则 $b_{ij} = \beta > 0$，二阶相似度的优化目标为

$$L_2 = \sum_{i=1}^n \left\| (\hat{x}_i - x_i) \odot b_i \right\|_2^2$$

SDNE 的整体优化目标为

$$L = L_2 + \alpha L_1 + \lambda L_{\text{reg}}$$

其中，L_{reg} 是正则化项；α 和 λ 是相应的系数。

2. GCN

GCN（graph convolutional networks，图卷积网络）（Kipf and Welling，2016）通过定义图上的卷积算子解决前述模型对稀疏图的效果问题。在 SDNE 和 DNGR（deep neural networks for learning graph representations，用于学习图表示的深度神经网络）算法中，将每个节点的全局邻域作为输入，对稀疏图来说计算成本很高且不理想。

GCN 借鉴了卷积神经网络（convolutional neural network，CNN）的方法，将图像（image）的卷积方法运用到图结构数据中。场景上最大的不同在于，如果将图像的每个像素看作一个节点，则每个节点周围连接同样的八个节点，而在一般图结构数据中，节点周围邻居的数目并不一致，这便增加了网络结构设计的复杂性。

GCN 希望学习到一个映射，通过聚合节点本身的信息 v_i 以及其邻居节点的信息 $v_j, j \in N(v_i)$，来获得节点 v_i 的潜在表示。GCN 在图学习中的地位和卷积神经网络在计算机视觉中的地位相似，都是后续相当多方法的基础。GCN 可以分为基于谱的卷积和基于空间的卷积。

基于谱的卷积适用于无向图，这里使用无向图的正则化图拉普拉斯表示：$L = I_n - D^{-\frac{1}{2}} A D^{-\frac{1}{2}}$。根据拉普拉斯矩阵的半正定性，可以将矩阵进行如下分解：$L = U \Sigma U^{\mathrm{T}}$，其中 U 为 L 的特征向量构成的矩阵，Σ 为对角阵，对角线上为拉普拉斯矩阵的特征值。卷积的过程即为滤波器 $g_\theta = \text{diag}(\theta)$ 与信号 x 在傅里叶域中的乘积：

$$g_\theta \times x = U g_\theta U^{\mathrm{T}} x$$

基于空间的卷积顾名思义是基于节点的空间关系来定义卷积的操作。类似图中的每个像素点，为了得到某个节点的潜在表示，一个比较直接的方式就是利用卷积的操作对该节点及其邻居的特征取平均。另外可以将卷积层进行堆叠，从而方便后续更新节点的隐式表示。

基于谱的卷积需要将整个图输入从而获得节点的潜在表示，因此在大型网络

上的扩展性不佳；而基于空间的卷积只需要聚集相邻节点即可，计算可以在局部进行。同时，在大型图中，若一个节点有非常多的邻居节点，可以通过采样的方式来解决。

在使用 GCN 捕捉图的信息的时候，只需要向神经网络中输入图的邻接矩阵 A 和对应节点的特征矩阵 X，其中 X 为 $N \times d$ 的矩阵，N 为节点数量，d 为节点特征的维数。根据通常的神经网络模型，我们可以直接对输入乘一个参数矩阵，再加上适当的激活函数，即可构成 GCN 的一层：

$$f(X^{(l)}, A) = \sigma(AX^{(l)}W^{(l)})$$

这种形式的结构较为简洁并且行之有效，不过问题在于邻接矩阵 A 虽然在计算的时候能够将节点的邻居信息进行加权求和，但是由于 A 的对角元都是 0，每个节点在计算时其自身被遗漏了，因此可以进行改进：$\hat{A} = A + I$，以解决此问题。另外我们也可以对 A 进行标准化，使得其每一行和都为一。设 $\hat{D}$ 为 $\hat{A}$ 的度矩阵，则最终 GCN 每一层的计算公式为

$$f(X^{(l)}, A) = \sigma\left(\hat{D}^{-\frac{1}{2}} \hat{A} \hat{D}^{-\frac{1}{2}} X^{(l)} W^{(l)}\right)$$

3.2.5　边重建

边重建（edge reconstruction）方法的思想是基于节点嵌入建立的边缘应尽可能地与输入图中的边缘相似，这类方法通过最大化连接重建概率或最小化连接重建损失来优化基于连接重建的目标函数。

在分析节点与节点之间的关系时，常用的有一阶关系、二阶关系等。一阶关系一般体现在节点之间有无边相连，以及边的权重。一般而言，边的权重可以有效而直观地衡量两个节点之间的相似性。二阶关系主要分析节点的邻域，如二阶邻近性是两个节点之间邻域的相似性的体现，一般通过这两个节点之间有多少个共同的邻居来衡量。在 Tang 等（2015）提出的 LINE（large-scale information network embedding，大规模信息网络嵌入）模型中，一阶邻近性表示节点与直接相邻的节点之间的相似性；二阶邻近性表示节点与高阶的邻居之间的相似性，通过比较两个节点的邻域来度量，如果两个节点的邻域是相似的，则将两者视为相似。

LINE 通过最优化两个相似度函数的组合来得到嵌入。一阶邻近性旨在保持邻接矩阵和嵌入式表征间的点积接近。LINE 为每对节点定义了两个联合概率分布，一个利用邻接矩阵，另一个使用嵌入式表征，然后最小化这两个分布的 KL（Kullback-Leibler，库尔贝克-莱布勒）散度。具体来说，一阶邻近性的两个概率分布的表达式为

$$p_1(v_i, v_j) = \frac{1}{1 + \exp(-\langle Y_i, Y_j \rangle)}$$

$$\hat{p}_1(v_i, v_j) = \frac{W_{ij}}{\sum_{(i,j) \in E} W_{ij}}$$

其中，E 是边的集合。其对应的目标函数表示为

$$O_1 = \mathrm{KL}(\hat{p}_1, p_1)$$

$$O_1 = -\sum_{(i,j) \in E} W_{ij} \lg p_1(v_i, v_j)$$

对于二阶邻近性，定义由节点 v_i 产生其"上下文"（context）节点 v_j 的条件概率分布表达式为

$$p_2(v_j \mid v_i) = \frac{\exp(\langle Y_j, Y_i \rangle)}{\sum\limits_{k=1}^{|V|} \exp(\langle Y_k, Y_i \rangle)}$$

对应的目标函数表示为

$$O_2 = \sum_{i \in V} \lambda_i \mathrm{KL}(\hat{p}_2(\cdot \mid v_i), p_2(\cdot \mid v_i))$$

其中，引入了 λ_i 来表示网络中节点的声望，可由节点的度或 PageRank 算法得到。使经验分布 $\hat{p}_2(v_j \mid v_i) = \dfrac{W_{ij}}{d_i} = \dfrac{W_{ij}}{\sum_{k \in N(i)} W_{ik}}$，其中 $N(i)$ 为节点的出度邻居集合。用节点度替换 $\lambda_i = d_i$，可得到

$$O_2 = \sum_{(i,j) \in E} w_{i,j} \lg p_2(v_j \mid v_i)$$

3.2.6　生成模型

除了图的关系预测、节点分类等任务之外，有时候我们希望能够生成一些需要的、符合相关结构的图，比如化学中生成各类新的分子结构图等。这个问题是图表示学习中的另一个问题，即图生成或网络生成，传统的生成方式往往通过人为指定的规则，而深度生成式模型兴起后又有更多高效的图生成方法。

1. 传统生成方法

传统生成方法大多指定图的生成过程，多数方法依赖于指定节点间的边存在的概率，通常我们希望生成的图可以溯源（即知道生成过程是什么样的）以及满足一定的性质，最具代表性的为第 2 章中已介绍过的 ER 模型和随机区块模型（stochastic block model，SBM）。

1）ER 模型

ER 模型指定了节点之间存在的概率：

$$P(A[u,v]=1) = \text{r}, \quad \forall u,v \in V, u \neq v$$

其生成过程就是给定一个图的总节点数，依据概率决定是否为每对节点之间生成一条边。该方法的问题在于能被控制的生成图的特征太少，只能控制图的密度而不能生成符合特定中心度、集聚性等要求的图。

2）SBM

这种模型在 ER 模型的基础上进行了改进，能够支持社区结构的生成，其大体过程是先指定特定数目的区块，然后指定每个节点属于每个区块的概率，再指定边概率矩阵。具体的流程如下。

（1）对每个节点 $u \in V$，根据分类分布 $(p_1, \cdots, p_\gamma)$ 采样其所属的区块。

（2）针对每对节点 $u \in C_i, v \in C_j$，根据概率矩阵采样边，即 $P(A[u,v]=1) = C[i,j]$。

SBM 的优势在于能对区块内和区块间的边概率进行控制，从而允许我们生成有特定社区结构的图。

除了上述两个模型之外还有一些其他改进的模型，比如优先链接（preferential attachment，PA）模型，改进了 SBM 生成图中社区内节点同质的问题。由于现实中，即便是在同一个社区内的节点，差异可能依旧很大，因此 PA 模型能够很好地解决这个问题。PA 模型的核心思想是将新节点与已有节点相连的概率等比于已有节点的度，这意味着度较高的节点倾向于积累更高的度，相当于"马太效应"。通过这样的生成方式，节点的度能够服从幂律分布，这也更接近现实中的情况，即较少数的节点拥有了非常高的度。

这类传统的图生成方法依然有相当广泛的应用场景，能为各类算法提供基准性的分析及算法有效性的测试工具。比如社区监测算法可以和 SBM 进行对比，观察其是否能监测出 SBM 所生成的社区，而大规模网络中的算法可以用 PA 模型生成的节点度为幂律分布的网络进行有效性的监测。

2. 深度生成模型

随着深度学习的发展，一些深度生成式的方法也逐渐应用到图生成的领域中。传统的模型生成方法往往依赖于固定的、人为确定的一个规则，因此不具有"学习新的结构"的能力。而随着训练数据量的增大和深度学习的发展，一些新的方法也可以应用其中，最常见的为变分自编码器（variational autoencoder，VAE）、生成式对抗网络（generative adversarial network，GAN）和深度自回归模型（deep autoregressive model），这些模型既可以独立使用，也可以组合使用。其中 VAE 和 GAN 是一次生成整张图，而自回归方法则按照一个个节点生成图。这些方法直接处理图的邻接矩阵，而不需要单独处理图的各个节点和边。

3. VAE

VAE 基于变分推断的思想（Wainwright and Jordan，2008），其主要目的是训练一个概率解码器模型 $p_\theta(A|Z)$，我们可以基于此进行真实图的采样，其中 Z 为隐变量。从概率的角度就是学习一个邻接矩阵上的条件分布。为了训练 VAE，我们需要将编码器与解码器结合起来，前者的作用是将输入图映射为一个隐变量（在 VAE 中隐变量是一个概率分布）。通过联合训练解码器和编码器，解码器就可以在给定的编码器采样的隐变量的基础上重构图的结构。训练完成之后，可以直接使用解码器生成新的图，即从隐变量的后验分布采样隐变量，输入解码器。

VAE 的基本要素和组成结构有以下几点。

编码器 q_ϕ：将图的邻接矩阵输入该编码器，并基于图定义隐变量的分布。在 VAE 中需要使用重参数技巧（reparameterization trick），并且假设隐变量服从高斯分布，即 $Z \sim N(\mu_\phi(G), \sigma_\phi(G))$，其中分布的均值和方差都由神经网络学习得到（即 μ_ϕ, σ_ϕ 为参数化的神经网络）。

解码器 p_θ：解码器将隐变量作为输入，利用隐变量指定图的条件分布。

隐空间的先验分布：VAE 假设图潜在表示的隐变量是服从一个分布的。标准 VAE 中假设的是服从标准高斯分布，即 $Z \sim N(0,1)$。

在搭建好以上组成部分并给定训练数据之后，便可以通过最小化置信似然下界（evidence likelihood lowerbound，ELBO）来训练 VAE 模型：

$$L = E_{q_\theta(Z|G)}[P_\theta(G|Z)] - \mathrm{KL}(q_\theta(Z|G) \| p(Z))$$

通过优化上述损失函数，我们能够最大化解码器的重建能力（即希望重构出来的图与原始的图结构尽可能相似），同时最小化后验分布和先验分布的 KL 散度（即隐变量尽可能服从假设之中的正态分布）。最大化解码器的重构能力能够保证 VAE 从潜在表示中解码出有意义的图，而不是随意生成的图；KL 散度的约束相当于正则化条件，防止过拟合，并保证可以从指定的先验分布中通过抽样重构出有意义的图。

将 VAE 方法用在图结构数据上非常便捷，事实上只需要改变编码的具体输入方式，比如 VGAE（variational graph autoencoder，变分图自编码器）（Kipf and Welling，2016），使用 GCN 作为编码器内积作为解码器来重构原始的图。模型的输出为重构之后的邻接矩阵。具体而言，设 X 为节点特征，A 为图的邻接矩阵，D 为度矩阵，编码器和解码器为

$$\mu = \mathrm{GCN}_\mu(X,A) \lg \sigma = \mathrm{GCN}_\sigma(X,A)$$

其中，$\mathrm{GCN}(X,A) = \tilde{A} \times \mathrm{Relu}(\tilde{A}XW_0) \times W_1$，$\tilde{A} = D^{-\frac{1}{2}}AD^{-\frac{1}{2}}$，$W_0$ 和 W_1 是待学习参数；σ 是内积。

4. 对抗方法

VAE 方法最先应用于图像，后来迁移到其他领域，如网络表示的领域。由于其拥有较为明晰的概率理论指导，因此成为很多生成问题中非常流行的框架。但是 VAE 也存在其问题，比如在图像领域中生成的图片较为模糊等。最近在图像领域大为流行的 GAN 能够解决这些问题，同时该模型也能应用于图生成的领域。

GAN 有如下基本内容。定义一个可训练的生成器网络 $g_\theta : R^d \to X$，将随机噪声 $z \in R^d$ 作为输入，假设真实的样本为 $\tilde{x} \in X$；同时，会有一个可训练的判别网络 $d_\phi : X \to [0,1]$，该网络用于区分真实样本 $\tilde{x}$ 和干扰的生成样本 $g_\theta(z)$，判别器可输出一个输入样本是否为真的概率值。GAN 的核心思想就是生成器网络和判别器网络通过相互对抗博弈的方式进行联合优化，即

$$\min_{\theta} \max_{\phi} E_{x \sim p_{\text{data}}(x)} \left[\lg(1 - d_\phi(x)) \right] + E_{z \sim p_{\text{seed}}(z)} \left[\lg(d_\phi(g_\theta(z))) \right]$$

其中，p_{data} 是真实数据的经验分布；p_{seed} 是随机干扰的分布。GAN 通过优化上述损失来使生成器生成的干扰样本越来越逼真，而判别器判别干扰样本的能力也越来越强。

用 GAN 生成图的过程和用 VAE 生成的类似，比如可以使用 MLP（multilayer perceptron，多层感知机）作为生成器生成给定随机种子向量下的各边概率：

$$A = \sigma(\text{MLP}(z))$$

根据边概率矩阵，我们可以对每个节点进行独立伯努利抽样生成离散邻接矩阵。

类似于 VAE 方法，GAN 也可以与自回归等方法结合生成更强大的算法，当然也可以将一些传统的节点特征度量融入模型之中。

5. 自回归模型

前面提到的 VAE 和 GAN 方法都假设边之间是独立的，这种最简单的假设在计算上非常方便，但现实中的图常常表现出边之间的复杂相关性。比如在复杂的通信网络中，网络往往根据地区的划分显示出高度的集聚性，而独立性假设就很难处理这种实际问题。自回归模型放宽了独立性假设，并认为边是序贯生成的，一个边生成的概率依赖于已经生成的边。一般的假设为第 i 个节点的生成概率取决于前 $i-1$ 个节点。

目前应用于图上的最有成效的序贯生成模型包括 GraphRNN（graph recurrent neural networks，图循环神经网络）、GRAN（graph recurrent attention network，图循环注意力网络）（Liao et al.，2019）等，同时这类带有序贯信息的模型也能衍生

到更广阔的应用场景之中，比如对动态图的建模等，可以捕捉图动态变化过程中的时序信息。

GraphRNN 是第一种基于自回归进行图生成的深度学习算法，其主要思想就是根据分层 RNN（recurrent neural networks，循环神经网络）对边依赖关系进行建模。设 L 为图邻接矩阵 A 的下三角（由邻接矩阵的性质知 L 同样能够包含图的所有结构信息），RNN 也可以分为 graph-level 的和 node-level 的，如在 graph-level RNN 中，在每一步建立一个隐状态并持续更新，即

$$h_{i+1} = \text{RNN}(h_i, L[v_i, :])$$

而在 node-level RNN 中，以自回归的方式生成邻接矩阵的每一行 $L[v_i, :]$，以 graph-level RNN 的隐状态 h_i 为输入并序贯地生成 $L[v_i, :]$。GraphRNN 还可以加入高阶隐变量构造层级变分模型，比如 VGRNN（variational graph recurrent neural networks，变分图循环神经网络），能够更好捕捉节点的不确定性和图的动态变化模式（Hajiramezanali et al.，2019）。

GraphRNN 可以比较容易地生成一般的子图结构，但也存在很多局限，比如训练数据为网格状网络时往往难以生成，另外 GraphRNN 在大规模网络上的扩展性并不强。

另外一种代替的方式是 GRAN 模型，这是另外一种图的自回归生成式模型，其使用了图生成的自回归分解方法，不同的是该模型使用 GNN（graph neural networks，图神经网络）对自回归生成过程进行建模。GRAN 的核心思路为通过已生成的图，可以对邻接矩阵每行的条件分布进行建模：

$$P(L[v_i, :] \mid L[v_1, :], \cdots, L[v_{i-1}, :], z) \leftarrow \text{GNN}(L[v_1 : v_{i-1}, :], \tilde{X})$$

与 GraphRNN 相比，GRAN 的一个最明显的优势是不需较为复杂且庞大的 graph-level RNN，其显式依赖于每个生成步骤中 GNN 已经生成的图。相比于 GraphRNN，GRAN 能够更灵活地扩展到大规模的网络之中，比如可以不必每次只增加一个节点进行生成，而是可以将多个节点同时放入同一个区块。

3.2.7　动态网络

在现实应用中，网络不一定是静止不变的，如城市的交通网络会随着道路的建设不断扩展与更新，社交软件上的人物关系网络会随着新用户的加入以及老用户的闲置不断增加和删去节点与边，这种动态变化的网络在建模的过程中往往会更复杂。动态网络不只是静态网络的拓展，相比于传统的图，还有很多不同的结构特性。

1. 动态网络的定义

通常来说定义一个动态网络的方式如下：对于图 $G = (V, E)$，$V = \{(v, t_a, t_b)\}$，

其中，t_a，t_b 分别是节点 v 出现和消失的时间；$E = \{(u, v, t_c, t_d)\}$，t_c，t_d 分别是节点 u，v 之间边出现和消失的时间。

而动态网络也分为多个层次，最特殊的情况便是没有时间戳 t_s、t_e 的信息，这便是前几章所讨论的静态网络。往上一个层次是带有一个固定时间戳，比如只有 t_s，即边或节点在网络中出现了便不会消失，比如引文网络。再往上一个层次，网络拥有两个时间戳 t_s、t_e，即边或节点既会出现，也会消失，比如好友关系网络。同时时间可以分为离散的和连续的，显然在建模的过程中连续时间将会更复杂。

根据链路持续时间的长短也能将网络分为不同的类型，具体如下。

交互网络（interaction networks）：边的出现是瞬时的，如电子邮件（email）发送与接收的网络。

时态网络（temporal networks）：边持续一小段时间，比如通信互动，这段时间可以非常短暂，也可以长达数小时。

演化网络（evolving networks）：边持续的时间长于时态网络，比如雇佣关系网络等，网络整体处于一个不断扩张的状态。

严格演化网络（strictly evolving networks）：边一旦出现就不会消失，比如引文网络。

除了根据边来区分，也可以根据节点来区分，即节点是静态的还是动态的。因此，我们一共有三个维度可以对动态网络进行区分，即时间上是连续的还是离散的，网络是演化的还是时态的，节点是静止的还是动态的，这三种维度的不同组合至少能区分出八种不同类型的动态网络。

2. DGNN 模型

处理动态图中的深度学习模型也需要根据动态图的特点进行改进，最为普遍应用的便是 DGNN（dynamic graph neural network，动态图神经网络）模型。GNN 机理的核心在于通过聚合的操作获得图中指定节点邻居的信息，该机理也可以自然地扩展到动态网络的场景之中。在离散时间的情况下，DGNN 即为 GNN 和时间序列模型的组合，相当于在每个时间戳对网络做一次快照（snapshot）。连续情况则更为复杂，需要结合 RNN 等相关序列模型。

3. 离散时间的 DGNN

两种具有代表性的离散时间 DGNN 为 stacked DGNNs（堆叠式动态图神经网络）和 integrated DGNNs（集成式动态图神经网络）（Skarding et al., 2021），顾名思义，前者将每个快照作为输入分别送入 GNN 模型中（如最常用的 GCN），并将输出的结果进行拼接输入对应的时间序列模型［如 AR（autoregression，自回归)、RNN、LSTM (long short-term memory,长短期记忆网络) 等],后者则是将 GNN 和时间序列模型拼接到一个隐层之中,作为一个整体构成编码器,时间序列模型起到初始化 GNN 权重的作用。

4. 连续时间的 DGNN

连续时间将比离散时间的情景更为复杂,时间上的连续性意味着不能将快照分离出来进行处理(当然一种比较粗糙的方式是将连续时间离散化,转化为离散问题进行处理)。目前处理连续时间的思路有两种:基于 RNN 的模型和时序点过程 (temporal point process,TPP) 模型。

基于 RNN 的模型通过处理序列的神经网络,能实时更新节点的表征,从而达到序列建模的目的,常见的模型有序贯 GNN、JODIE (joint dynamic user-item embeddings,联合动态用户-物品嵌入) 等。而基于时序点过程的模型既能表达图的拓扑结构的演变,又能表征节点之间的交互信息,因此能获得维度更加丰富的潜在表示。

3.3　社交网络嵌入式表征算法的应用和趋势

1. 嵌入式表征的应用

社交网络嵌入式表征有利于各种网络和图分析应用,嵌入式表征可以在时间和空间上得到有效的利用,越来越多的研究已经在不同领域采用了 3.2 节中介绍的图嵌入学习方法。

(1) 节点分类 (node classification)。在网络中,有一部分节点是有标签的,利用标签,模型可以表示用户偏好、用户的个人属性或其他人口统计学特征。由于各种因素,网络中很大一部分节点的标签可能是未知的,缺失的标签可以用网络中的标记节点和链接来推断。基于图的结构和节点本身的信息将节点划分为不同的类别,比如常见的近邻方法利用近邻同质性思想,假设节点与其邻居节点有相似属性,从而进行近邻的分类或集聚;或使用结构等价性,假设拥有相似局部结构的节点之间相似性比较高。

(2) 链接预测 (link prediction),又称关系预测,可以进行图的补全、节点关系推断等,基于节点信息和部分边信息,推测特定节点间边的存在性。在社交网络中,链接预测被用来预测潜在的好友关系,比如在大型社交网络之中,给定一个总体的结构和各个用户的信息,推测两个用户之间是否存在好友关系,这可用于推荐和提升用户满意度。嵌入式表征可以明确或隐含地捕捉网络的内在动态,从而使其能够应用于链接预测。

（3）社区发现（community detection），也叫网络聚类，与节点分类有共通之处，这部分的任务大部分是无监督的，通过节点各自的共同特征的多少将节点无监督聚集为多个类别，这样的集群结构广泛出现在生物信息学、计算机科学、物理学、社会学等各种网络系统中，并具有很强的意义。例如，根据营销网络之间的关系判断哪些顾客拥有较为相似的偏好，通过这种方式将顾客聚集为几个类别，可以进行定点广告的投放。已有的网络聚类算法通常根据节点之间的相似性或连接强度的各种指标来计算，例如，基于模块化的方法旨在最大限度地提高社群的模块化程度，一个具有高模块化的网络分区会有密集的群组内连接，但群组间连接稀疏，从而实现聚类的目的。

（4）网络可视化（visualization）。可视化技术在探索和分析复杂的网络数据方面发挥着关键作用。经典的可视化技术在处理小型或中等规模的网络时效果显著，但在扩展到大规模网络时，需要对网络进行适当的缩减以便更有效地进行可视化展示。此时常见的方法便是找到一个低维的网络表示，保留其固有的结构信息，即在低维空间中保持相似的节点之间的接近性，让不相似的节点相互远离。嵌入式表征把一个大的网络嵌入到低维空间。

2. 网络嵌入式表征算法的未来发展趋势

非线性模型被认为可以很好地捕捉图的内在动态性质。具体来说，网络结构信息可能随着时间的推移而演变，旧有结构的变迁可以描述这种动态的信息，在接下来的研究中我们可以期待更多对动态网络嵌入的研究。大多数现有的静态网络嵌入方法在处理动态网络问题可扩展性和增量性的问题上存在效率低的问题，这说明以往的研究不能胜任动态图这个新领域。另外，节点内容特征可能随时间漂移，或者增加新的节点/边，需要学习或更新节点表征，抑或是研究的网络大小不再一成不变，动态图的领域中还有很多具有挑战性的问题有待解决。

在生成模型方面，利用嵌入式表征来研究网络的演变也是一个新的研究领域，生成具有真实世界特征的合成网络一直是一个流行的研究领域，以便于模拟真实的社交网络场景。真实网络的低维向量表示可以帮助理解其结构，从而有助于生成人工网络，使用生成模型学习嵌入也许会对研究有所启发。

可扩展性依然是推进网络嵌入学习研究的另一个驱动因素。一些算法已经以线性时间复杂度来扩展大规模网络，然而可扩展性仍然面临重大挑战，基于随机游走和连接建模的方法采用随机梯度下降优化，比通过特征分解来优化的基于矩阵分解的方法更有效。基于矩阵分解的方法在纳入节点属性和发现社区结构方面显示出巨大的前景，但其可扩展性仍然有提升的空间，因为未来需要处理的网络可能具有数百万或数十亿个节点。

基于连接重构的网络嵌入旨在保留网络结构信息。目前基于连接重构的网络嵌入方法主要是基于网络的连接，对网络的全局结构的探索还不够深入，直观来看，一个子结构比单一的连接边包含更多的信息。不少工作试图探索此类信息，但计算效率方面有所欠缺，这是因为它们大多采用深度架构而存在低效率的问题。传统深度学习模型假设输入数据在低维的网格空间上，使用图形处理器（graphics processing unit，GPU）来完成优化工作，而网络数据缺乏此类网格结构，此类深度架构需要寻求其他解决方案来提高模型的效率，设计基于非深度学习的方法来利用网络结构的表达能力是一个重要的发展方向。

另外，尽管现有算法的有效性已经通过实验得到了证明，但其背后的工作机制却没有得到很好的理解。关于算法的属性以及为什么有助于获得良好的经验结果，目前还缺乏理论上的分析。部分研究论述了一些常见算法与图拉普拉斯的理论联系，但关于网络嵌入学习的深入理论分析依旧有所欠缺，该分析是必要的，因为它提供了对算法的深刻理解并有助于解释经验结果。

参 考 文 献

Ahmed A，Shervashidze N，Narayanamurthy S M，et al. 2013. Distributed large-scale natural graph factorization. Rio de Janeiro：WWW'13：22nd International Conference on World Wide Web.

Belkin M，Niyogi P. 2003. Laplacian eigenmaps for dimensionality reduction and data representation. Neural Computation，15（6）：1373-1396.

Cao S S，Lu W，Xu Q K. 2015. GraRep：learning graph representations with global structural information. Melbourne：CIKM'15：24th ACM International on Conference on Information and Knowledge Management.

Chen H C，Perozzi B，Hu Y F，et al. 2018. HARP：hierarchical representation learning for networks. New Orleans：AAAI'18：AAAI Conference on Artificial Intelligence.

Grover A，Leskovec J. 2016. Node2vec：scalable feature learning for networks. San Francisco：KDD'16：22nd ACM SIGKDD International Conference on Knowledge Discovery and Data Mining.

Hajiramezanali E，Hasanzadeh A，Duffield N，et al. 2019. Variational graph recurrent neural networks//Wallach H M，Larochelle H，Beygelzimer A，et al. Advances in Neural Information Processing Systems（NeurIPS）. New York：Curran Associates：32.

Kipf T N，Welling M. 2016. Variational graph auto-encoders. https://arxiv.org/pdf/1611.07308.pdf[2016-11-21].

Kriege N M，Johansson F D，Morris C. 2020. A survey on graph kernels. Applied Network Science，5（1）：1-42.

Liao R J，Li Y J，Song Y，et al. 2019. Efficient graph generation with graph recurrent attention networks. https://arxiv.org/pdf/1910.00760.pdf[2020-7-17].

Lin Y Y，Liu T L，Chen H T. 2005. Semantic manifold learning for image retrieval//Zhang H J，Chua T S. Proceedings of the 13th ACM International Conference on Multimedia. New York：Association for Computing Machinery：249-258.

Ou M D，Cui P，Pei J，et al. 2016. Asymmetric transitivity preserving graph embedding. San Francisco：KDD'16：22nd ACM SIGKDD International Conference on Knowledge Discovery and Data Mining.

Perozzi B，Al-rfou R，Skiena S. 2014. Deepwalk：online learning of social representations. New York：KDD'14：20th ACM SIGKDD International Conference on Knowledge Discovery and Data Mining.

Roweis S T，Saul L K. 2000. Nonlinear dimensionality reduction by locally linear embedding. Science，290（5500）：2323-2326.

Skardinga J，Gabrys B，Musial K. 2021. Foundations and modelling of dynamic networks using dynamic graph neural networks：a survey. IEEE Access，9：79143-79168.

Tang J，Qu M，Wang M Z，et al. 2015. LINE：large-scale information network embedding. Florence：WWW'15：24th International Conference on World Wide Web.

Wainwright M J，Jordan M I. 2008. Graphical models，exponential families，and variational inference. Foundations and Trends® in Machine Learning，1（1/2）：1-305.

Wang D X，Cui P，Zhu W W. 2016. Structural deep network embedding. San Francisco：KDD'16：22nd ACM SIGKDD International Conference on Knowledge Discovery and Data Mining.

第二篇　实践与应用篇

第4章　股票共同关注网络中结构特征
对股票收益的影响

　　信息技术革命的浪潮推动了互联网向传统金融行业的渗透。作为信息技术与金融业务的融合，金融科技（financial technology，FinTech）的兴起孕育了诸如网络银行、P2P 借贷平台、众筹平台、比特币交易平台等大量互联网金融业务和应用。其中，有别于传统的支付（如第三方支付）和融资理财（如 P2P 借贷、网上众筹）等金融业务，面向金融产品的搜索引擎和财经门户网站则为投资者提供了前所未有的信息平台和投资环境。越来越多的投资者采纳和使用在线平台来查询感兴趣的资产的信息并参与到线上讨论和投资交流的话题中。以国内为例，投资者可以在万得资讯（Wind）、新浪财经、东方财富网等财经门户网站查询和浏览感兴趣的金融资产的信息，同时也可以在论坛（如东方财富网股吧）、社交网络（如新浪微博）等社交媒体平台上分享信息、参与讨论和发表言论。投资者在获取信息和参与讨论的过程中，也会在这些线上平台留下自己的点击历史、搜索记录等"数字足迹"（digital footprints）并创造用户生成的内容（user-generated contents，UGC）。研究表明，在众多情境下，分析诸如用户的数字足迹等用户生成内容能够得到很多有趣的结果和启发。例如，Xiang 和 Gretzel（2010）通过分析消费者对"旅游"相关话题的在线搜索，研究社交媒体对线上旅游产业的影响。在市场营销领域中，用户生成内容通常被用来推断消费者对产品、品牌及商家的口碑（word-of mouth），并且口碑可用于预测消费者对产品的需求（Chevalier and Mayzlin，2006）。在金融投资领域，分析用户的数字足迹和用户生成内容同样可以得到有趣的结果和发现。一方面，用户的搜索记录、浏览历史、点击流等数字足迹能用于揭示投资者对特定金融产品、业务的偏好和需求；另一方面，用户发表的言论、观点等内容有助于推断投资者对特定金融资产的情感、态度等。这些信息被证明能够影响投资者的行为和决策，并有助于预测资产的收益和风险、揭示投资者的投资偏好和风格及发现有趣的市场现象和结果。例如，Antweiler 和 Frank（2004）利用互联网股票留言板上的用户评论来预测股票市场的波动性。类似地，Chen 等（2014）提出投资者在社交媒体上发表的观点和评论能作为"集体智慧"（wisdom of crowds），在资产收益预测中发挥重要的作用。

　　近来，在信息系统（information systems，IS）领域有关用户数字足迹的研究中，一个新兴的趋势是研究用户数字足迹之间的关联性或相关性，并基于数字足迹反映出的产品之间的联系来构建产品网络。一个相关的情境是消费者对产品的共同浏览（co-view）或共同购买（co-purchase）。学者广泛利用了消费者在电子商务平台上的共同浏览或共同购买的数字足迹来构建消费者对不同产品之间的共同关注（co-attention）或共同购买网络（Lin et al.，2017；Oestreicher-Singer and Sundararajan，2012）。一些学者研究了产品网络的结构特征对产品需求的影响。Oestreicher-Singer 和 Sundararajan（2012）首先利用 PageRank 指标研究了亚马逊产品网络中产品需求的溢出效应，并发现网站上所显示的产品共同购买关系能够显著影响产品需求。Lin 等（2017）进一步研究了产品共同浏览和共同购买网络中的网络多样性（diversity）和网络稳定性（stability）特征对产品需求的预测能力。在金融投资领域，由于投资者具有异质的资产偏好和投资风格，不同的投资者在同一时间倾向于关注不同的资产组合（Agarwal et al.，2017；Leung et al.，2017）。因此，为了获得感兴趣的资产的信息，关注着不同资产组合的投资者群体会在财经门户网站等信息平台上同时搜索一系列他们感兴趣的资产信息。也就是说，投资者并非独立地关注单个资产，而是倾向于同时关注若干个资产，因此投资者在线上平台的搜索行为体现为对多个资产的共同搜索（co-search）。

　　投资者对相关资产的共同搜索反映了他们对这些资产的共同关注。因此，通过识别和获取投资者对资产的在线共同搜索，我们能够建立基于投资者共同关注的资产网络。Leung 等（2017）和 Agarwal 等（2017）的研究均利用投资者在雅虎财经（Yahoo！Finance）上对股票的共同搜索建立了共同搜索网络。Leung 等（2017）从罗素 3000 指数（Russell 3000 Index）的成分股中检测和识别了若干股票组合，并发现这些组合中的股票表现出显著的收益联动模式；Agarwal 等（2017）则只关注罗素 3000 指数中属于同一供应链关系的股票，并发现可以利用共同搜索关系对同一供应链上的股票的收益进行交叉预测。然而，首先这两项研究均只针对美国股市中的一部分股票，尚未对完整的股票市场进行网络化建模以充分表示资产之间的相互依赖关系和研究资产之间的相互影响；并且在中国股市等新兴的金融市场中，共同搜索等数字足迹中蕴含的经济意义和商业价值尚未得到充分关注和重视。其次，上述的研究均基于简单的网络联系，网络的拓扑结构特征和网络中的信息流的影响并未得到充分研究。

　　对资产之间的共同关注关系进行网络化建模能够使我们充分挖掘网络结构的价值和作用。一方面，由于对资产进行网络化建模能够建立不同资产之间的网络联系和相互依赖关系，因此分析资产网络的结构特征有助于我们揭示投资者对不同资产的关联性偏好和需求，并进一步做出市场层面的预测（Dhar et al.，2014），或发现资产组合可能呈现的有趣的行为模式和市场现象（Leung et al.，2017）。此外，在大数据的浪潮下，异质的、丰富的、多元化的信息正在被迅速创造和传播，并极大地变革着投资者所面临的信息环境。投资者不再只关注单一的信息来源（如财经新闻），而是倾向于获取和处理多个来源的信息，这些信息既可能是上市公司的财务公告、分析师报告等来自传统媒体（conventional media）的常规信息，也可能是其他投资者在社交媒体（social media）平台上发表的内容和评论等信息。因此，投资者所关注的资产的信息很可能同时来源于多处。由于投资者的主观认知能力和偏好需求存在差异，投资者之间既可能关注不同的资产组合，也可能获取和处理不同来源的资产信息。因此，基于资产共同关注的网络为我们研究资产网络中的信息内容（information content）或信息流（information flow），以及信息在网络中的扩散提供了理想的研究环境。长久以来，网络结构被认为是信息流通和传递的重要渠道。信息系统领域有关数字化网络（digital network）的研究也同样强调网络中信息的作用和价值。根据投资者对资产的共同关注网络，建模和分析网络中的信息流和信息扩散有助于我们研究和评估信息流对金融资产收益和市场表现的影响。下面简要介绍共同搜索网络和与金融网络建模有关的背景知识。

1. 用户在线搜索

当前，关于通过在线搜索揭示金融资产行为模式、反映金融市场现象以及预测资产收益的研究仍然非常有限。现有对用户在线搜索的研究主要集中在市场营销领域。一个趋势是营销方可以利用消费者在搜索引擎和电子商务平台（如亚马逊）上的原始搜索来识别产品的竞争关系（Ringel and Skiera，2014），发现产品的考虑集（Gu et al.，2012），或分析潜在的市场结构（Lee and Bradlow，2011）；另一个趋势则是通过分析电子商务网站的用户生成内容（如消费者评论和产品评分）来探索"消费者之声"（voice of the consumer），以获得市场结构方面的启示，或预测特定的市场结果（如产品销量）（Ghose and Ipeirotis，2011）。除了上述营销领域的研究之外，信息系统领域的学者也充分研究了用户生成内容在流感与疾病预测（Ginsberg et al.，2009）和宏观变量预测（Choi and Varian，2012）等事件预测上的有效性。可以发现，在金融投资背景下，尽管部分研究关注在线搜索对资产信息需求和交易量的影响，然而，这些研究大都利用传统搜索引擎（如谷歌）上的用户搜索量指数（search volume index）来衡量投资者对单个金融产品（如股票）的关注度并预测特定的市场结果（Da et al.，2011）。

极少的文献研究了投资者对若干个相关资产的共同搜索和共同关注行为。其中，Leung 等（2017）和 Agarwal 等（2017）利用雅虎财经上用户对罗素 3000 指数的共同搜索数据建立了股票的共同搜索网络。不同的是，Leung 等（2017）基于共同搜索关系识别和探查了若干个共同搜索子网络，并发现子网络中的股票存在显著的收益联动模式，即这些股票的收益率倾向于同方向变动；Agarwal 等（2017）

则是关注同一供应链上的股票的共同搜索关系，并利用共同搜索频率的差异来说明同一供应链上的股票存在收益交叉预测的可能性。

然而首先，这两项研究仅关注有限的股票集合，并未使用网络建模与分析来研究整体的股票市场和完整的共同关注关系。Leung 等（2017）从罗素 3000 指数的成分股中识别了少数具有凝聚性的股票组合，而 Agarwal 等（2017）关注的则是罗素 3000 指数中同处一条供应链关系上的股票。其次，上述研究均基于简单的网络联系，诸如网络中心性等网络结构特征并未得到有效关注。再次，上述研究并未关注网络结构在信息流通和信息扩散上所起到的作用。最后，这两项研究均关注的是相对成熟的美国股市，而具有独特市场特征和投资者结构的中国股市尚未得到充分研究。

2. 金融市场的网络化表示和建模

对金融产品和金融市场进行网络建模的相关研究可以概括为以下几个方面。

第一，物理学（physical sciences）领域的相关研究旨在建立金融工具或金融产品之间的"市场图"（market graph）模型并关注市场图所具备的网络属性和结构特征（如节点度分布、连接组元、集聚系数等），或研究网络中的节点或边受到冲击时的拓扑稳定性。传统方法根据不同金融产品的价格时间序列相关程度建立网络连接，因此网络中的边反映两个金融产品在特定时间段中的价格相关性的强弱，相关性未达到一定强度的边则从网络中删除（Huang et al.，2009）。然而，传统的基于价格关联程度（price correlation-based）的网络构建方法被认为无法有效反映不同个体之间的相互依赖关系，因此有学者提出基于相干性的（coherence-based）图模型，该方法设定相干函数（coherence function）来量化两个资产的价格时间序列之间的紧密度，以达到反映网络中的传播动态性和延迟的目的（Materassi and Innocenti，2009）。另一种构建市场图模型方法是基于个体之间的并存关系（coincidence-based）。Bautin 等（2013）提出了一个基于资产收益符号一致概率的相似性指标，并以该指标为基准构建网络。

第二个分支则来源于金融学（finance）领域对金融系统的网络化表示的研究（Allen and Babus，2009）。与物理学领域的研究不同，金融学领域的研究侧重网络产生的结果和影响，而非网络的形成和构建。这一领域的研究在 2008 年全球金融危机之后达到了高潮。由于金融风暴揭示了金融体系相互交织、错综复杂和牵一发而动全身的特点，因此金融体系的稳定性和市场风险成为炙手可热的研究话题。其中一个例子是对银行业系统进行网络建模，其中网络连接反映银行之间的同业拆借关系。基于该网络化表示，Hu 等（2012）研究整个银行业体系的系统性风险（systematic risk）和破产等冲击在银行业网络中的传染效应（contagious effect）。

近来，金融科技的兴起和流行为学者提供了对金融产品和金融系统进行网络建模与分析的新机遇。搜索引擎、财经门户网站、社交媒体上的大量用户生成数据提供了个体投资者对不同资产的关注、偏好及情感态度等丰富的信息。其中一个具体的情境则是用户在线上平台的浏览、查询等行为会留下用户的数字足迹。这些用户生成的信息是有价值的，在一定条件下能够作为"群体智慧"而影响金融市场的表现（Chen et al.，2014）。与实际交易数据和二手数据相比，获取线上平台的用户生成数据则更加容易、更加省时且成本更低（Leung et al.，2017）。此外，与传统的调研数据相比，投资者的数字足迹是可观测的、真实行为所产生的数据，因此不太可能受到样本选择偏差和主观认知偏误的影响，故而数据的可靠性更高。

综上，我们发现物理学的研究侧重网络的形成和构建，以及对网络总体特征的基本统计分析，而传统金融学领域的研究更关注整个金融体系在市场层面的网络效应。然而，从长远计，社会科学研究使用物理学领域的网络研究方法会受到过于简单和粗糙的诟病，而金融学领域仍缺少对个体层面网络影响的研究。在管理科学研究中，关注网络环境和网络体系对节点（如产品、资产、人、组织、企业）产生的影响是十分重要的，这有利于我们揭示个体如何受到环境的影响并如何影响环境中的其他个体。因此，在本书中，我们将利用投资者对金融资产（如股票）的共同搜索数据建立数字化资产网络，并主要关注网络在节点层面产生的影响，以期能为市场参与者提供资产投资方面的指导和启示。

3. 基于共同搜索的信息网络

在信息爆炸的时代，电子商务网站、财经门户网站、社交媒体等线上平台存在的数字化网络（如产品网络、朋友网络）关系无处不在。在日益增加的数字化网络（digital network）应用中，网络中的信息一直是研究基于网络的推理（network-based inference）的核心。线上平台呈现的个体之间社会或经济联系的可见性为学者从信息流和信息扩散的角度审视网络关系、揭示网络结构与特定结果的影响机制提供了宝贵的机遇。近来，信息系统研究的一个重要趋势是研究用户在线上平台的数字足迹来探索数字化网络的管理意义和经济影响。例如，消费者在电子商务平台上浏览相关产品时会留下"浏览足迹"，因此这些相关产品的浏览历史能用于构建产品的共同浏览（co-view）网络，用来表示消费者如何在相关产品上分配和转移注意力，这为进一步研究网络联系如何影响产品需求提供了可能（Lin et al.，2017）。

在金融投资环境中，投资者可以在诸如雅虎财经、新浪财经和谷歌财经等财经信息门户网站上搜索并关注相关的金融资产信息。投资者对相关资产的共同搜索能够作为建模投资者对资产之间的共同关注关系的理想途径。因为当投资者在同时搜索这些资产时，无疑是在同时关注着这些资产。因此，通过投资者的共同搜索来构建基于共同关注的信息网络，为研究网络中的信息流和信息扩散提供了有效的途径。

然而，当前只有非常有限的研究探索了投资者对相关资产的共同关注关系。Drake 等（2017）用回归分析来研究单个股票和其所属行业及市场之间的共同关注和收益率联动关系，Chen 等（2018）利用百度搜索指数来计算不同股票关注度之间的相关系数，进而研究股票之间的共同关注关系。可以发现，这两项研究均未分析投资者真实的共同搜索数据。虽然 Leung 等（2017）和 Agarwal 等（2017）的研究基于投资者对股票的共同搜索，但是均存在一定的局限性。首先，投资者关注一个资产的原因可能是多方面的。关于该资产的新闻报道、分析师报告和社交媒体上的讨论等都可能引起投资者对该资产的关注。然而上述研究均未考虑投资者关注可能来源于不同的信息渠道（如传统媒体报道、社交媒体），也未考虑到投资者对不同资产的关注程度可能有所不同。其次，上述研究并未关注单个资产在信息流中的重要程度。再次，这些研究关注的问题是股票收益联动或基于供应链关系的收益交叉预测，并没有研究网络中的信息流和信息扩散对单个资产收益的影响。最后，由于个体在网络中的信息流可以划分为个体自身的信息强度和基于网络联系（即共同关注）的信息流，比较和研究这两种信息的相对有效性或重要性是很有趣的，然而上述研究均没有比较这两种信息流对股票收益的影响。

综上所述，本章研究投资者的数字足迹和用户生成内容对金融市场或金融资产投资的影响，并挖掘和揭示这些用户生成内容中所蕴含的经济意义和商业价值。我们将基于投资者对相关资产的共同搜索行为，建立资产之间的共同搜索或共同关注网络，并根据网络的拓扑结构特征和网络中的信息流的情况，研究和探索资产组合中呈现的有趣的行为模式和市场结果，并进行基于网络的推理和预测，以实现资产分析和收益预测。具体来讲，本章主要关注和解决以下几个研究问题。

从投资者对相关资产的共同搜索中是否可以发现一些有趣的行为模式和市场现象（如收益联动）？如果可以，那么当共同搜索网络的结构发生变化时，收益联动模式如何变化？搜索强度和收益联动之间可能存在怎样的关系？是否可以通过分析共同搜索揭示投资者的资产偏好和需求？

在基于共同关注关系的资产网络中，如果一些个体具有外生的信息冲击，冲击是否存在传染或溢出效应（是否会影响网络中的其他个体）？冲击在网络中的传播模式是怎样的？冲击对不同个体的影响是否不同？

是否能同时根据网络中的信息和网络的拓扑结构特征，提出一个反映网络中的信息流的综合指标？该指标是否有重要的经济意义？个体在网络中获得的信息流和个体自身的信息强度对个体是否有不同的影响？不同来源的信息流（例如，社交媒体信息 vs.传统媒体信息）是否有不同的影响？

4.1 基于在线共同搜索的股票收益联动模式的网络分析

4.1.1 研究背景与研究方法

大量实证研究表明，诸如谷歌、雅虎等搜索引擎上的在线搜索信息能反映和预测用户的行为结果（Ginsberg et al., 2009）。近来，分析用户数字足迹和用户生成内容在信息系统领域引起了极大的热潮。用户在电子商务网站、社交媒体等线上平台的浏览历史、点击行为、阅读和评论等用户生成数据能够反映真实、可观测的用户行为，对这些数据进行分析能够得到很多有趣的结果。例如，Xiang 和 Gretzel（2010）利用与旅游有关的用户搜索数据来研究社交媒体对线上旅游产业日益增长的重要性。在市场营销领域中，诸多研究都利用了在线搜索数据来识别产品考虑集（Gu et al., 2012）并揭示潜在的市场结构（Lee and Bradlow, 2011）。

除了上述研究外，信息技术平台上的在线搜索对金融领域的结果（如资产价格、收益，市场效率）也具有重要启示。不仅投资者的集体搜索行为可以反映投资者群体对单个资产的需求模式，而且在线搜索之间的关联性还能用于反映不同金融资产之间的网络联系。一方面，由于投资者认知能力有限，因此具有有限注意力（limited attention）的投资者在同一时间倾向于关注有限个资产（Barber and Odean, 2008）；另一方面，由于投资者偏好存在异质性，具有不同投资偏好和风格的投资者会在特定时间关注不同的资产组合。因此，投资者对不同资产（如股票）的共同搜索行为可用于揭示投资者对资产之间的共同关注关系，分析投资者对不同资产的共同关注关系有助于揭示投资者的关联性偏好和需求。由于信息技术平台能够捕获用户的搜索记录等数字足迹，故而可以借此机会来识别和收集这些共同搜索数据，并分析用户搜索行为之间的关联性，以期发现资产组合中可能呈现的有趣的模式和结果。这些共同搜索信息也能够为投资组合的管理提供策略性建议，并帮助投资者和机构进行资产分析和预测（Dhar et al., 2014）。

尽管真实的市场交易行为和数据也可以用于揭示投资者的偏好，然而，诸如财经门户、社交媒体网站等信息技术平台上的在线数据搜索具有以下的优点。第一，与投资者在股市交易中产生的数据相比，获取投资者的在线搜索数据等数字足迹则更加便捷、耗时更少且成本更低。这是因为市场交易数据只有在交易结束之后才可获取，因此交易行为反映出的投资者偏好只有在交易结束之后才可以被分析，而用户的在线搜索可以实时地反映投资者对资产的关注和偏好。在多数情况下，投资者的在线搜索通常是先于交易行为发生的，故而在线搜索数据具有一定的时间优势（Leung et al.，2017）。此外，并非所有交易数据都是公开可得的，部分交易数据是机构专有信息，通常难以获取，相比之下，线上平台的用户数字足迹则更容易获取。第二，在线搜索数据往往更加可靠，因为这些数据反映的是真实的、已观测到的用户群体行为，并且与实际交易活动不同，投资者在进行在线搜索时无须承担任何风险，而进行交易则通常需要谨慎决策，因而在线搜索很可能反映出无法在交易活动中体现的投资者偏好和需求。此外，相较其他诸如问卷调查得到的数据，在线搜索等用户数字足迹则不太容易产生样本选择偏差和主观认知偏误。第三，关联性的在线搜索行为还能用于建模和研究不同资产之间的网络联系，分析网络联系和网络的结构特征能够进一步揭示潜在的投资者需求和资产偏好并发现资产之间呈现的行为模式和市场结果。

在金融投资领域，基于投资者对资产在线搜索的网络分析有助于从网络联系中探索和发现有趣的行为模式、金融结果和市场现象。其中，一个特定且相关的领域是对一系列资产的在线共同搜索。通常，投资者搜索资产的动机是出于对资产的关注或兴趣，而投资者对资产的偏好可能受到多个维度特征（如行业、地域、市值、供应链）的协同影响，通常我们难以在高维度的特征空间描述投资者偏好之间的关联性，但是对资产的共同关注关系进行网络化表示后便能够将复杂的维度空间映射到共同搜索网络中，并能够基于网络的连接关系和结构特征，研究资产之间所呈现的行为特征和投资者对资产组合的偏好（资产的"考虑集"）。Leung等（2017）在美国股市的情境下，对雅虎财经上投资者对罗素3000指数的共同搜索行为进行网络分析，并利用共同搜索关系识别出了不同的股票组合，发现了组合内部的股票会表现出显著的收益联动模式，即股票的收益率向相同方向变动。然而，我们将在后面本节第3节看到，中国股市和美国股市在市场发展水平、市场特征、投资环境、投资者结构和能力等方面均存在巨大的差异，这些差异可能会导致与美国市场截然不同的结果，研究Leung等（2017）基于投资者共同搜索的发现是否在中国股市依然存在是有意义的。在上述的市场差异中，最主要的是投资者结构方面的差异。与以专业投资者主导的美国市场相比，中国股市的股票份额几乎为个体投资者和散户投资者所有。根据路透社的报道，截至2010年，67%的美股市值都为机构投资者所有，然而在中国市场，85%的股票市值都是个体或散户投资者所有。这说明中国股市中的个体和散户投资者的基数远高于美国股市。另外，我们认为诸如雅虎财经、新浪财经等公开的门户网站主要面向的群体是普通的个体或散户投资者，而非专业的机构投资者。这是因为机构投资者通常拥有和使用机构专有的、更加专业和成熟的数据平台与信息工具，因此不太可能会在公开的线上门户网站（如雅虎财经、新浪财经）上进行日常的信息检索和资产监管工作。然而，不同的是，不知情的个体投资者通常面临较严重的信息不对称性（information asymmetry），因此通常选择借助互联网等公开信息平台来获取投资信息。因此，财经门户网站上的股票搜索行为主要是由个体投资者主导，而不是由机构投资者。所以，中国市场具备的投资者结构使得中国股市成为更加合适的研究对象，在中国股市背景下，我们能得到更具代表性的样本并观测到个体或散户投资者群体更为显著的行为效应。此外，通过分析投资者群体对股票的集体搜索行为，我们不仅能够研究个体投资者群体的资产偏好，而且能够探索和挖掘潜在的投资者集体智慧，这些集体智慧可能对股市预测等经济结果具有重要影响。此外，Leung 等（2017）虽然研究了股票之间的共同搜索关系，但是并没有分析共同搜索强度与观测到的行为结果（即收益联动）之间的关系，而共同搜索强度能够在一定程度上量化投资者对不同资产的共同关注的程度，因此研究共同搜索强度与收益联动的关系有利于发现投资者关注对改变资产表现和市场结果的作用。并且 Leung 等（2017）的研究中并没有进一步探讨股票组合的特定特征是否会与收益联动模式有关，也没有充分研究由共同搜索反映出的多维度的投资者需求和偏好。最后，Leung 等（2017）仅在市场中有限的股票范围内（即罗素 3000 指数成分股）关注了共同搜索关系，该范围以外的股票之间的共同搜索则被忽略，而本书将在整个市场范围内，关注投资者对所有上市公司股票的共同搜索，因此能在最大程度上建模不同股票之间的共同关注关系，并在整个市场范围内研究股票组合之间的特征、结果和现象。

1. 有效市场和收益可预测性

金融市场中的效率包含两个不同方面的含义（Zhang et al.，2013），一是配置有效性，或称配置效率（allocative efficiency）；二是信息有效性，或称信息效率（information efficiency）。在一个配置有效的经济体中，稀缺资源能够在个体之间实现最优分配。在本章中，我们主要关注市场中的信息情况，因此下文所述的市场效率主要是指信息效率。在金融市场中，信息效率表明价格过程揭示了多少信息，它反映了市场价格能准确且快速地反映市场中的信息的程度。传统的资产定价模型，如经典的资本资产定价模型（capital asset pricing model，CAMP）（Carhart，1997；Fama and French，1992），通常假设市场是完全有效的。关于有效市场假说（efficient market hypothesis，EMH）通常存在一个关键但隐含的假设——公开信息可以毫不费力地被市场参与者获取并立即处理。有效市场假说的追随者认为，市场可以吸收和处理所有公开可得的信息，并将这些信息即时反映到价格中。因此，当市场达到完全信息有效时，任何技术分析（technical analysis）（如动量策略、反转策略）、基本面分析（fundamental analysis）（如对宏观和微观经济形势的分析）和基于这些方法的投机行为（speculation）都是无用的，此时资产的价格应呈现随机游走的模式，这意味着资产的收益是不可预测的。因为如果存在可以解释或预测收益的其他因素，说明这些信息并没有被反映到资产价格中，也就是说市场并没有达到完全信息有效的状态。

然而，收益可预测性（return predictability）这一现象广泛地存在于金融市场中，这说明市场并非能够达到完全有效的状态。在金融学领域，资产收益的可预测性主要是指资产收益是否能基于市场中公开可得的信息（public available information）进行预测。尽管不同的研究使用的预测变量（如股息率、特质风险、首次公开募股、现金流等）不尽相同，但发现的结果和现象可以大体归为两大类（Hong and Stein，1999）：收益在短期甚至中期会表现出持续性（continuation），或称收益动量（momentum）（Chan et al.，2000）；而在长期会出现反转（reversal）趋势，或基本面复苏（fundamental reversion）（Cutler et al.，1991）。收益动量和收益反转均是有效市场假说无法解释的市场异象（anomalies）。

股票的收益动量或称价格动量理论依据资产的历史价格推断资产当前和未来的价格（Jegadeesh and Titman，1993）。在短期（通常<1 年），动量投资者可以通过买入具有较高历史收益的资产并卖空同期具有较低历史收益的资产构造"零投资组合"（zero investment portfolio）而获益。与动量策略不同，反转策略（contrarian strategy）则为投资者提供了在长期可以获益的策略（de Bondt and Thaler，1985）：投资者可以通过买入历史上长期表现较差的股票并卖空长期表现较好的股票而获得具有显著大于 0 的超额回报的投资组合。通过反转策略获益起初被认为是一种长期现象（通常为 2～5 年），但是后来的研究表明反转策略在短期和长期均可能是成立的，通过反转策略获得收益的主要原因是投资者对信息（尤其是公司层面的信息）的过度反应（de Bondt and Thaler，1985）。

2. 收益联动理论

传统的金融学理论认为，在一个全部都是理性投资者（rational investor）的、无摩擦（frictionless）的经济体中，资产价格之间的联动（comovement）反映的是资产基本面价值（fundamental value）之间的联动。因此，两个资产的收益呈现显著相关性的原因是两个资产的基本面价值的变动呈现相关性。

如果市场中存在摩擦或非理性的投资者，资产价格之间的联动则不再是因为基本面价值之间的联动，此时要从市场摩擦或投资者情绪（investor sentiment）的角度去解释联动。Barberis 等（2005）从以下三个视角解释了"基于市场摩擦"（market friction-based）和"基于投资者情绪"（investor sentiment-based）联动的原因。

第一个视角是类别视角（category view），投资者为了简化投资组合的决策，通常会先将资产归入不同的"类别"（如小市值股票、石油业股票），然后在类别层面配置资产，而非在单个资产的层面进行配置。因此，如果给资产归类的这部分投资者是具有关联性情绪（correlated sentiment）的噪声交易者（noise traders），并且这部分投资者的行为可以影响资产价格，则当他们将资产从一个类别移动到另一个类别时，由于关联性情绪或需求会使移动到同一个类别中的资产的收益中包含共同的因素，这些共同因素会导致联动效应的产生。

第二个视角是基于股票交易的"栖息地"视角（habitat view），该视角认为由于存在交易成本（transaction cost）、国际贸易壁垒（international trading restriction）或信息匮乏（lack of information）等情况，特定的投资者群体只能选择交易一部分股票，也就是说不同的股票组合可能"栖息"在不同的投资者群体中。因此，对于被一部分投资者群体（如个体投资者）持有和交易的股票，这些股票的收益中会存在共同的因素或成分，这些共同因素的存在导致了收益之间的联动性。

第三个视角是从信息扩散的角度（information diffusion view）来解释联动的存在。该视角认为，由于某些市场摩擦的存在，信息包含价格或价格反映新信息的速率，即信息扩散的速率，对不同的资产来说可能会不尽相同。因此存在的一种可能性是，对于信息扩散速率相近的资产，这些资产的收益中可能会包含共同的因素，导致收益上的关联性。

3. 中国股票市场的特殊性

在中国股票市场背景下，学者主要利用真实的交易记录来发现投资者的资产偏好（Ng and Wu，2006），研究股票收益和风险的动态特征（Lee et al.，2001），与散户投资者之间的羊群行为（herd behavior）和羊群效应（herd effect）（Demirer and Kutan，2006）。极少有学者研究投资者在线搜索和用户生成内容对中国股票市场的影响。尽管前人研究了美国股市的投资者共同搜索（Agarwal et al.，2017；Leung et al.，2017），然而中国股市和美国股市存在着显著的不同，这些差异既可能导致相似的分析呈现截然不同的结果，也暗示中国市场可能为我们提供了一个更加适合的研究环境。

第一，美国股票市场相对成熟，其拥有超过 200 年的历史。然而中国股市是只有不到 40 年历史的新兴市场，仍然处在发展的初步阶段，并具有与美国股市显著不同的投资环境和市场特征，包括公司治理欠佳、会计制度不够完善、政府监管过重且具有独特的税收制度。这些市场结构上的差异可能会导致我们发现与美国市场截然不同的结果和现象；譬如，研究 Leung 等（2017）观察到的股票收益率联动现象是否在中国股市依然存在是有意义的。

第二，就投资者结构而言，美国股票市场是专业的机构投资者主导的市场。然而，中国股市的市场份额几乎为个体投资者或散户投资者所有。截至 2022 年底，中国股市超过 99% 的投资者为个体和散户投资者[①]。由于机构投资者更倾向于使

---

① 《"00 后"已入市！A 股投资者账户数超 2.1 亿户，近四成投资者纵身股海超 10 年》，https://stock.caijing.com.cn/20230103/4910461.shtml[2023-01-03]。

用私有的、专业的数据库和信息平台，这意味着我们所关注的公共线上平台（如财经门户网站）的在线搜索更可能是个体或散户投资者的行为。因此，中国市场所具备的独特的投资者结构使得中国股市成为更合适的研究对象，在中国股市背景下，我们期待观测到个体或散户投资者更为显著的行为效应。

第三，不仅投资者结构不同，投资者自身的能力、水平和动机也不尽相同。美国股市的机构投资者通常都接受了良好的教育和充分的培训。不同的是，中国股民通常欠缺投资知识和技能，过分关注短期收益且热衷投机，并且存在诸多的认知偏差，即使在简单的情境下可能也无法表现得非常理性。因此，基于以上所述的主观偏差，中国股市的个体或散户投资者很可能会表现出与美国市场中的机构投资者显著不同甚至完全相反的投资风格，这将进一步导致我们观测到不同的行为模式和市场现象。

第四，美国股票市场是向全世界开放的，而中国的 A 股市场仅允许境内的组织、机构或个人进行交易。尽管 B 股允许境外投资人持有和交易，但是 B 股股票仅占极低的比例。以上海证券交易所为例，截至 2021 年底，上市 A 股股票数目达到 1655 个，而 B 股仅有 47 个[①]。因此，通过关注中国股市，尤其是 A 股市场，我们将尽可能把国际事件带来的干扰降到最低，以防止全球化对研究结果造成的意外冲击。

4. 研究问题

基于以上讨论，在本书中，我们将在中国股票市场的情境下，对投资者的线上共同搜索进行网络建模和分析，并提出以下几个研究问题。

是否能够通过对投资者的线上共同搜索进行网络分析从而发现并揭示资产组合之间的行为结果或市场现象？该结果或现象是否与投资者对资产的共同关注程度（反映为共同搜索强度）有关？此外，还有哪些因素与可能发现的金融结果或市场现象有关？

当投资者对资产的共同搜索行为随时间动态变化时，资产组合中呈现的结果或现象将如何变化？

是否能通过分析投资者对资产的在线搜索行为，从多个角度反映和揭示投资者群体对资产的偏好和需求模式？

为了解决以上问题，我们聚焦于投资者对在上海和深圳证券交易所上市的所有 A 股和 B 股股票的在线共同搜索。投资者的共同搜索数据来源于新浪财经门户网站。我们首先利用新浪财经上的股票共同搜索数据构建整个股票市场的共同搜

---

① 《上海证券交易所统计年鉴（2022 卷）》，http://www.sse.com.cn/aboutus/publication/yearly/documents/c/5712788.pdf [2023-11-07]。

索网络，网络的连接结构能够反映投资者对不同股票之间的共同关注关系。进一步，通过关注网络的社群特征，我们在整个共同搜索网络中探测出一系列不重叠的子网络，并将子网络定义为"搜索簇"（search cluster），每个搜索簇均代表一个特定的股票组合。基于识别出的不同搜索簇，我们发现即使在控制了股票收益率联动的可能相关因素（如市场风险、股票组合的新闻报道数）之后，同一个搜索簇中的股票仍然呈现出显著的收益率联动模式，并且搜索簇中的股票的收益率分散度会显著调节股票收益率联动的程度，这说明当股票组合的收益越分散时，股票之间的联动程度也相应越低。此外，我们发现投资者对股票的共同搜索强度与股票的收益联动水平呈现正向趋势，这说明当投资者对股票组合的共同关注程度越高时，股票组合之间则越有可能存在关联性的行为模式。我们还研究了当共同搜索变化时，股票收益联动的变化模式。具体地，当股票离开或加入某一搜索簇后，与该搜索簇的联动水平会相应降低或升高；当股票发生搜索簇的转移后，与原搜索簇的联动水平会降低，而与新的搜索簇的联动水平则更高。即使在考虑了个体投资者的羊群行为和潜在的内生性问题之后，我们的结果依然成立，这说明我们发现的收益联动模式是稳健的。此外，通过探索性的数据分析，我们揭示了由投资者共同搜索反映出的投资者对股票组合的需求和偏好模式。特别地，我们发现个体投资者偏好搜索和关注具有大市值、低流动性的股票，以及具有较低账面市值比的成长类股票（growth stock）和较高账面市值比的价值类股票（value stock）。

5. 研究方法

本节将介绍本章涉及的主要数据来源及数据收集技术，以及主要使用的技术方法。

1）数据收集

本节及本章之后的研究主要涉及的数据收集技术为网络爬虫（web crawling）技术。网络爬虫技术能够根据预设的数据抓取规则来自动定向网页中的数据并收集收据。我们使用 Perl 语言写的网络爬虫程序来抓取线上平台的用户共同搜索数据。

本章的主要数据——投资者对股票的共同搜索数据来源于新浪财经门户网站。新浪财经成立于 1999 年，其在所有中文财经门户网站中占有 1/3 以上的市场份额，已成为最受中国股民青睐的财经门户网站之一。网站访客可以使用新浪财经上的搜索工具输入股票代码或股票名称以查询感兴趣的股票信息。当网站用户搜索一个股票后，在呈现的该股票主页面中，将显示其他 9 只与该股票经常被投资者共同搜索的股票。新浪财经使用网站访客的 cookie 来计算股票共同搜索的频数并为每只股票提供共同搜索列表。共同搜索列表呈现的是与正在搜索的股票的共同搜索频数最高的其他 9 只股票。图 4-1 提供了一个新浪财经网站上的截图，显示的是当投资者搜索股票"600000.SH"（浦发银行）时，页面上显示的其他 9 只最常共同搜索的股票。

同时被关注：	南京银行(7.11 2.01%)	明星电力(8.07 8.91%)	重庆路桥(3.19 2.24%)
	冀东水泥(13.98 2.19%)	亚盛集团(2.94 3.16%)	ST坊展(5.38 1.89%)
	保利地产(12.95 2.21%)	同仁堂(29.29 1.84%)	海康威视(33.43 4.70%)

图 4-1　股票"600000.SH"的共同搜索列表的屏幕截图

资料来源：新浪财经 https://finance.sina.com.cn
括号内的两个数值分别表示股价以及涨/跌幅；保利地产已更名为保利发展，ST坊展已更名为廊坊发展

通过遍历每一只上市公司的股票在新浪财经上的主页面，我们能够获得所有上市公司股票的共同搜索列表。我们在北京时间的每天 16 点收集共同搜索数据。因为股市在 15 点收盘，因此 16 点正处于一天的交易活动结束之后比较平稳的时间段，这个时段的在线搜索不易受到股市交易中的波动性和突发事件的影响。

本章研究使用的其他主要数据来源及说明见表 4-1。这些数据主要包括个股基本交易数据、个股衍生指标、市场风险因子、市场资讯数据和东方财富网股吧评论数据。

表 4-1　主要数据来源及说明

数据类别	主要变量	数据来源
个股基本交易数据	考虑现金红利再投资的个股回报率，个股总市值，个股交易金额	国泰安 CSMAR 数据库
个股衍生指标	市净率，换手率，账面市值比	
市场风险因子	Fama-French 市场风险溢价因子，市值因子，账面市值比因子，盈利能力因子，投资模式因子（Fama and French, 1992）；Carhart 动量因子（Carhart, 1997）	
市场资讯数据	新闻报道，研究报告，财务公告	
东方财富网股吧评论数据	股票帖子总量，正面帖子量，负面帖子量，帖子阅读数，帖子评论数	中国研究数据服务平台（Chinese Research Data Services Platform, CNRDS）

2）技术方法

本节及本章之后主要涉及的技术方法包括社交网络分析（social network analysis）技术和计量分析（econometric analysis）方法。在社交网络分析中，我们主要进行了网络凝聚子群分析（如集圈/完备子网络探查、组元/连通子网络探查）、基于 Dijkstra（迪杰斯特拉）算法的最短路径识别和网络中心性分析。在计

量分析中，我们主要使用的方法包括面板数据的 Fama-MacBeth 回归分析、工具变量（instrumental variable，IV）的两阶段最小二乘估计和处理效应与基于倾向得分匹配（propensity score matching，PSM）的双重差分模型。在 2.1.2 节中，我们已经初步介绍了网络的子群分析和中心性分析，因此在本节，我们将对研究中使用的主要计量分析方法进行简单介绍。

A. Fama-MacBeth 回归

Fama-MacBeth 回归由 Fama 和 MacBeth（1973）提出，用于估计资产定价模型（如资本资产定价模型）的系数。Fama-MacBeth 估计能够有效地处理横截面相关性（cross-sectional correlation）（Fama and MacBeth，1973），即资产之间的相关性。使用 Newey-West 调整的标准误（Newey and West，1987）则进一步控制了特定资产在时间序列上的自相关（time-series autocorrelation）。

B. 工具变量的两阶段最小二乘估计

两阶段最小二乘（two-stage least squares，2SLS）估计的思想由 Theil（1953）提出，其实质是将内生解释变量分解为两部分：一部分是可以由工具变量解释的外生部分，另一部分是与扰动项相关的内生部分，然后使用被解释变量对这个外生部分进行回归，以满足 OLS 中对"解释变量外生性"的要求（陈强，2014）。因此，首先在第一阶段的回归中使用内生解释变量对工具变量进行回归，分离出内生解释变量中的外生部分；在第二阶段的回归中，使用被解释变量对外生部分进行回归，得到两阶段最小二乘估计量。

C. 双重差分模型

双重差分（difference-in-differences，DID）模型广泛应用于经济学、社会学等领域，是一种通过实验或模拟实验的方式来评估政策、项目等"处理"（treatment）的效应的方法。实验组或处理组（treatment group）为接受处理的个体，对照组或控制组（control group）为没有受到处理的个体。令变量 D_i、P_t 分别表示个体 i 是否接受处理以及时间虚拟变量，$D_i = 1$ 表示个体受到了处理（如参与了项目），$P_t = 1$ 表示在处理发生之后（如实施项目之后），则双重差分模型的基本形式为

$$Y_{it} = \beta_0 + \beta_1 \cdot D_i + \beta_2 \cdot P_t + \beta_3 \cdot D_i \cdot P_t + \varepsilon_{it}$$

据此，我们可以得到，处理组的个体在处理发生之前的结果为

$$E(Y_{it} \mid D_i = 1, P_t = 0) = \beta_0 + \beta_1$$

处理组的个体在处理发生之后的结果为

$$E(Y_{it} \mid D_i = 1, P_t = 1) = \beta_0 + \beta_1 + \beta_2 + \beta_3$$

控制组的个体在处理发生之前的结果为 $E(Y_{it} \mid D_i = 0, P_t = 0) = \beta_0$。

控制组的个体在处理发生之后的结果为 $E(Y_{it} \mid D_i = 0, P_t = 1) = \beta_0 + \beta_2$。

继而，处理组个体在排除自身时间趋势影响后的结果变化为

$$E(Y_{it} \mid D_i = 1, P_t = 1) - E(Y_{it} \mid D_i = 1, P_t = 0) = \beta_2 + \beta_3$$

控制组个体在排除自身时间趋势影响后的结果变化为

$$E(Y_{it} \mid D_i = 0, P_t = 1) - E(Y_{it} \mid D_i = 0, P_t = 0) = \beta_2$$

由于处理效应为处理组个体受到处理所产生的结果变化与没有接受处理的控制组个体在该段时间的结果变化之差，因此我们可以得到

$$(\beta_2 + \beta_3) - \beta_2 = \beta_3$$

系数 β_3 的估计量即为双重差分估计量。

D. 倾向得分匹配

研究处理效应的难点在于理想的控制组是反事实的（counterfactual），即最理想的条件应该是研究一组个体在受到处理之后的变化与同一组个体没有受到处理的变化之差，然而这在现实中是无法实现的。由于控制组个体与处理组个体的属性、特征或初始条件不尽相同，因此我们观察到的处理效应会存在潜在的"样本选择"偏差（陈强，2014），即处理组个体会依据受到处理之后的预期结果（如工资水平）而"自我选择"是否接受处理（如参加就业培训项目）。解决的方法之一是通过随机实验（random experiment）对所有个体进行随机分组，使得个体是否参加处理独立于处理的效应。然而随机实验的成本较高，并且在只有观测数据（observational data）的情况下难以做到；因此第二个解决方法则是为处理组个体寻找匹配的控制组个体，使匹配的控制组个体与处理组个体的可观测变量［协变量（covariates）］尽可能相似。因此，通过匹配样本研究处理效应需要满足"可忽略性"（ignorability）的假定，即在给定可观测变量的条件下，个体是否接受处理独立于预期的可能结果。当可观测变量较多时，按照马氏距离（Mahalanobis distance）对协变量进行匹配会比较困难。因此，Rosenbaum 和 Rubin（1983）提出了基于倾向得分（propensity scores）的匹配，倾向得分本质上是一个条件概率，具体来说是在给定个体 i 的可观测变量 X_i 的情况下，个体受到处理的条件概率 $P(D_i = 1 \mid X = X_i)$，以倾向得分为依据的匹配方法统称为倾向得分匹配。基于个体的倾向得分，上述的可忽略性假定可以重新描述为：在给定个体的倾向得分的条件下，个体是否接受处理独立于预期的可能结果。这也意味着使用基于倾向得分的匹配方法的必要条件是满足上述的可忽略性假定。根据倾向得分匹配生成控制组样本的主要步骤有三步：一是选择个体的协变量；二是根据协变量估计个体的倾向得分，通常采用 Logit 模型或 Probit 模型来估计个体受到处理的概率；三是基于倾向得分进行匹配，可用的匹配方法包括一对一匹配（one-to-one matching）、k 邻近匹配（k-nearest neighbor matching）、核匹配（kernal matching）、半径匹配（radius matching）、局部线性回归匹配（local linear regression matching）等。

本节的其余部分将对该研究展开具体的描述和介绍。4.1.2 节将介绍如何利用投资者对股票的在线共同搜索识别和定义搜索簇；4.1.3 节将通过实证模型来研究搜索簇中的股票是否表现出收益联动的模式；4.1.4 节研究当搜索簇动态变化时，收益联动模式如何随之变化；4.1.5 节研究投资者搜索强度和收益联动之间的关系；4.1.6 节研究投资者搜索模式与收益联动之间的关系；4.1.7 节通过检验投资者群体的羊群行为与羊群效应来讨论和研究潜在的内生性问题。

4.1.2　网络构建

使用从新浪财经上收集的用户共同搜索数据来构建股票的共同搜索网络。有关新浪财经的介绍详见 4.1.1 节第 5 节。我们发现，新浪财经上呈现的股票共同搜索关系是非对称的，即可能存在搜索股票 A 的投资者同时搜索股票 B，但投资者搜索股票 B 时并非同时搜索股票 A。因此，股票的共同搜索网络是有向网络。我们首先使用 2012 年 1 月至 2012 年 11 月[①]每天的共同搜索数据建立这个期间的股票共同搜索网络。因此，我们构建的原始的共同搜索网络是包含投资者对所有上市公司股票的共同搜索关系的、有向的网络。网络中的有向边，如从节点 A 到节点 B，表示的是搜索股票 A 的投资者同时也搜索股票 B，即 B 在 A 的共同搜索列表中。图 4-2 显示的是原始的共同搜索网络。

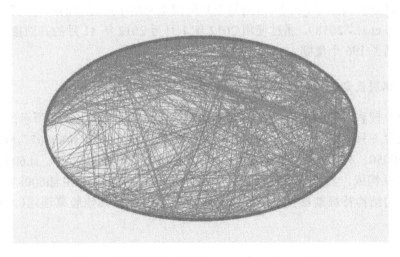

图 4-2　原始共同搜索网络（2012 年 1 月～11 月）

---

① 我们还使用了多个不同的时间段（例如，2013.7～2014.8，2016.1～2016.7）来形成共同搜索网络，在这些时间段内，股市并不存在大的波动。

可以发现，图 4-2 所示的原始的共同搜索网络是非常混沌的。基于该网络，我们的目标首先是探测其中蕴藏的子网络结构，其次是研究子网络中的个体是否存在有趣的行为模式（即收益联动）。因此，首先我们要进行的是子网络结构探查，分为如下两个阶段。

1. 集圈探测

在社交网络分析中，集圈或团反映网络的凝聚子群结构，集圈内的任一节点均与其他节点直接相连，因此一个集圈就代表着一个具有最大密度的子网络（de Nooy et al.，2018）。集圈的基本结构是一个完备三方组。换句话说，一个集圈是至少由三个节点组成的最大完全子网络。在本节中，股票作为网络中的节点，股票之间的共同搜索关系是网络中的有向边，边的权重则是在形成网络的时间段内，共同搜索关系出现的总天数。由于整个网络表示投资者对所有上市公司股票的共同搜索情况，因此其中可能会包含大量的集圈结构。为了保证数据的质量，我们为边的权重设置了阈值并过滤掉权重小于特定阈值的边。此处，我们过滤掉了权值小于 140（单位：天）的边[①]。此外，由于我们关注的是具有共同搜索关系的股票组合，组合中的任一股票都应与其他股票存在共同搜索关系，因此我们从网络中过滤掉单向边，仅考虑双向边，即边两端的任一股票都在另一个股票的共同搜索列表中。经过上述的数据预处理和数据过滤后，我们使用社交网络分析软件 Pajek 来检测整个共同搜索网络中所蕴含的所有的集圈结构（de Nooy et al.，2018）。通过使用 2012 年 1 月至 2012 年 11 月的共同搜索数据，最终得到了 196 个集圈。

2. 识别搜索簇

一个搜索簇即为所有完全连通的集圈。以图 4-3 为例，该图所示的搜索簇一共包含 6 只股票，由 3 个集圈构成：左上方的集圈由股票 sh600677、sz000901 和 sh600501 构成，中部的集圈由股票 sh600677、sh600501、sh600855 和 sh600879 构成，右上方的集圈由股票 sh600677、sh600343 和 sh600879 构成。搜索簇的结构特征能够保证搜索簇中的任一股票都与其他股票连通（即存在可达路径）。

---

① 我们尝试了设置不同的阈值来得到搜索簇，阈值的结果不影响我们最终观测到的收益联动模式。此处设置为 140 天的根据是，我们的原始共同搜索数据跨度约为 10 个月，因此将阈值设置为这段时长的 1/2 水平，即 10 个月×2 周×7 天。

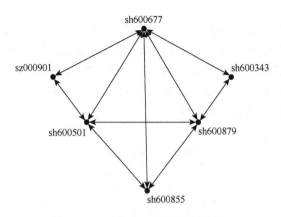

图 4-3　一个包含 6 只股票的搜索簇

　　根据在全网络中探查到的 196 个集圈结构，我们使用社交网络分析软件 NodeXL 来得到所有的搜索簇。最终，我们一共得到 35 个搜索簇，一共包含 109 只股票和 272 条双向边。在这 35 个搜索簇中，规模最大的搜索簇包含 16 只股票，规模最小的搜索簇只包含 3 只股票（即 1 个最小集圈结构）。图 4-4 为根据我们的方法识别出的 35 个搜索簇。

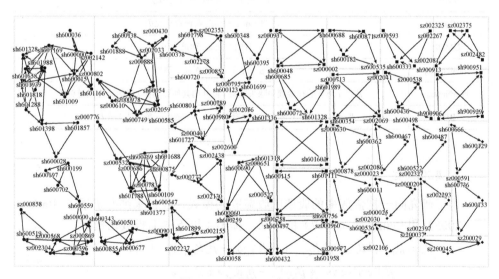

图 4-4　形成的 35 个搜索簇

4.1.3　搜索簇和股票收益率联动

　　基于识别出的搜索簇，本节的目标是研究同一个搜索簇中的股票是否呈现显著的收益率联动模式。金融市场中的联动效应主要是指不同资产的价格或收益之间存在正相关性（Greenwood，2008）。因此，我们提出了以下两个面板数据模型，模型中所包含的变量说明和定义见表 4-2。相关的交易数据（如收益、市值、交易量等）、新闻资讯数据、股票市场指数（即沪深 300 指数）收益数据、Fama-French 股票市场风险因子数据（Fama and French，1992）、Carhart 动量因子数据（Carhart，1997）来自国泰安 CSMAR 数据库。

表 4-2　变量说明和定义

变量名	变量定义
R_{it}	股票 i 在 t 时（单位：天）的考虑红利再投资的个股收益率
R_{C_t}	股票 i 所在的搜索簇中除股票 i 以外的其他股票在 t 时的总市值加权的日均收益率
R_{C_t-1}	滞后一期的搜索簇内其他股票（除 i 外）的总市值加权的日均收益率
$R_{\text{CSI300}t}$	沪深 300 指数成分股在 t 时的总市值加权的日均收益率
$R_{\text{CSI300}t-1}$	滞后一期的沪深 300 指数成分股的总市值加权的日均收益率
MKT_t	t 时的 Fama-French 市场风险溢价因子
SMB_t	t 时的 Fama-French 市值因子
HML_t	t 时的 Fama-French 账面市值比因子
UMD_t	t 时的 Carhart 动量因子
FocalNews_{it}	股票 i 在 t 时的新闻报道数
PeerNews_{it}	股票 i 所在的搜索簇中除去股票 i 以外的其他股票在 t 时的新闻报道总数
RD_t	股票 i 所在搜索簇在 t 时的股票收益率分散度（截面收益率标准差）

1. 基准模型

为了研究同一搜索簇中的股票的收益联动模式，我们采纳并扩展了 Barberis 等（2005）和 Leung 等（2017）的方法，提出了以下的面板数据模型：

$$R_{it} = \beta_0 + \beta_1 R_{C_t} + \beta_2 R_{C_t-1} + \beta_3 R_{\text{CSI300}t} + \beta_4 R_{\text{CSI300}t-1} + \beta_5 \text{FocalNews}_{it} \\ + \beta_6 \text{PeerNews}_{it} + \beta_7 \text{RD}_t + \beta_8 R_{C_t} \times \text{RD}_t + \varepsilon_{it} \tag{4-1}$$

在模型（4-1）中，对每一个属于搜索簇 C 中的股票 i，R_{it} 是股票 i 在第 t 天的收益率。R_{C_t} 是搜索簇 C 中除股票 i 以外的其他股票在第 t 天的总市值加权的日均收益率。因此系数 β_1 衡量股票 i 的收益是否及如何与其所在搜索簇中其他股票的收益同期相关，即 β_1 衡量收益联动的程度。考虑到投资者当前的搜索行为可能受到在线平台上提供的历史共同搜索信息的影响，我们还包含了滞后一期的搜

索簇收益率 $R_{C_t t-1}$ 来反映这种可能性。此外，为了控制市场环境对单个股票的影响，我们在模型中加入了沪深 300 指数（CSI 300）的同期收益率 $R_{CSI300t}$，因此系数 β_3 可以反映股票 i 与市场的收益联动水平。类似地，$R_{CSI300t-1}$ 是滞后一期的沪深 300 指数的收益率。FocalNews$_{it}$ 是股票 i 在最近 7 天（$t, t-1, \cdots, t-6$）经过自然对数转换后的新闻报道总数，PeerNews$_{it}$ 是搜索簇 C 中除股票 i 以外的其他股票在最近 7 天经过自然对数转换后的新闻报道总数。此外，RD$_t$ 表示股票 i 所在的搜索簇 C 中的所有股票在第 t 天时的收益率分散度（return dispersion）。通过计算同一个簇内的所有股票收益率的截面标准差[1]，RD$_t$ 衡量的是第 t 天时的搜索簇内股票收益率的离散程度。由于收益率分散度的大小反映同一时期的截面离散程度，因此可以从股票收益率层面衡量股票组合的多样性，能够反映组合中单个股票的收益率偏离组合平均收益的程度。此外，为了研究搜索簇的多样性是否以及如何与搜索簇内股票的收益联动程度相关，我们考虑收益率分散度对搜索簇平均收益率的调节作用（$R_{C_t t} \times$ RD$_t$）。此外，ε_{it} 是股票 i 在第 t 天的收益率的随机扰动项。

为了控制不可观测的个体异质性及组内异方差对估计结果的影响，我们使用包含面板校正标准误的面板回归模型（Greene, 2008），其中生成虚拟变量来同时控制 35 个搜索簇的异质性。这种方法与固定效应模型类似，其中我们既考虑了个股层面的异质性，也包含了搜索簇层面的异质性。我们使用 2012 年 12 月至 2013 年 2 月（共 56 个连续交易日）的股票交易数据（即个股收益率、市值）来估计模型。回想可知，我们使用的是 2012 年 1 月至 2012 年 11 月的数据来构建共同搜索网络，因此选择不同的时期做回归分析能够避免模型估计中可能出现的同时性偏差（simultaneity bias）。

2. 扩展模型

本节我们在基准模型的基础上进行一定的扩展，通过包含 Fama-French 的三因子模型（Fama and French, 1992）和 Carhart 动量因子（Carhart, 1997）来控制资产定价因子对个股收益的影响。

$$R_{it} = \beta_0 + \beta_1 R_{C_t t} + \beta_2 R_{C_t t-1} + \beta_3 \text{MKT}_t + \beta_4 \text{SMB}_t + \beta_5 \text{HML}_t + \beta_6 \text{UMD}_t$$
$$+ \beta_7 \text{FocalNews}_{it} + \beta_8 \text{PeerNews}_{it} + \beta_9 \text{RD}_t + \beta_{10} R_{C_t t} \times \text{RD}_t + \varepsilon_{it} \tag{4-2}$$

该模型中新包含的因子为资本资产定价模型中的四因子，分别是市场风险溢

---

[1] 假设 $\bar{R}_{Ct}$ 为股票 i 所在搜索簇 C 在第 t 天的平均收益率，则搜索簇 C 在第 t 天的收益率分散度

$$\text{RD}_t = \sqrt{\frac{\sum_{i=1}^{n} (R_{it} - \bar{R}_{Ct})^2}{n-1}}，\text{其中 } n \text{ 为搜索簇 } C \text{ 包含的股票个数。}$$

价因子（MKT_t）、市值因子（SMB_t）、账面市值比因子（HML_t）和 Carhart 动量因子（UMD_t）。类似地，我们使用具有面板校正标准误的面板回归模型来估计模型（4-2）。横截面变量和时间序列变量与基准模型相同。同样，我们创建虚拟变量来控制不同搜索簇之间的异质性。我们使用 Stata 13 来估计模型。图 4-5 显示了基准模型（4-1）和扩展模型（4-2）的估计结果，简洁起见省略了对虚拟变量的估计结果，但在回归中我们控制了不同搜索簇之间的异质性。

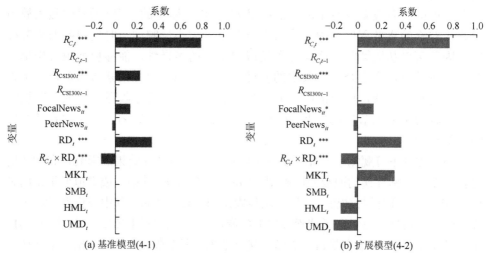

图 4-5　基准模型（4-1）和扩展模型（4-2）的估计结果

*** $p < 0.001$，* $p < 0.05$

　　根据图 4-5，搜索簇收益率 R_{C_t} 在模型（4-1）和模型（4-2）中的系数分别是 0.797 和 0.773，并且 p 值均小于 0.001。这说明股票与搜索簇内的其他股票存在显著的、正向的收益联动关系，即该股票的收益与搜索簇内的其他股票的收益呈现同涨同跌的趋势。此外还可以发现沪深 300 指数收益（$R_{CSI300t}$）的系数为 0.233 并在 0.1% 的水平下显著，这说明单个股票与股票市场也存在显著的收益联动模式。根据此结果还可以发现，RD_t 在两个模型中的系数也都显著大于 0，这说明具有更高收益率分散度的组合中的单个股票倾向于有更高的收益率。此外，我们还发现搜索簇收益和收益率分散度的交互项 $R_{C_t} \times RD_t$ 的系数显著小于 0。这说明收益率分散度对联动水平具有显著的负向调节效应，收益率分散度越高的搜索簇，搜索簇中的股票的收益联动水平则越低。换言之，搜索簇的股票收益越分散，则搜索簇内联动程度越弱，这说明股票组合的多样性增加时，组合中的联动相应更低，如果更高的联动水平意味着更高的投资风险，则该结果表明多样化的投资组合策略能够起到降低组合风险的作用。

我们对发现的收益联动模式背后的原因作如下解释：由于基于股票共同搜索形成的搜索簇反映投资者对股票的共同关注关系，因此关注某一搜索簇的投资者群体很可能对搜索簇中的股票存在关联性的偏好和需求，当关联性的偏好和需求与投资者群体在市场中的系统性关联交易（systematic correlated trading）相关时，这些股票组合的收益中就会存在一个共同的因子，使我们观察到收益联动的现象（Leung et al.，2017）。不过，需要强调的是，我们在该研究中并未假设或观察到任何交易行为，也就是说我们并没有假设搜索会导致真实的股市交易，因而我们的目的在于研究共同搜索与收益联动之间的相关性，而非因果关系，我们的重点是分析投资者的在线搜索是否可以反映或揭示资产之间有趣的行为模式和市场现象。

3. 稳健性检验

本节将进行一系列的鲁棒性检验或称稳健性检验（robustness check）来说明得到的实证结果的稳健性。主要的鲁棒性检验包括采用混合回归，利用其他时期形成网络，检验"一月"效应和"新年"效应，检验机构持股、交易板块、行业等因素的影响。

4.1.4　搜索动态性和收益率联动的动态变化

本节研究当搜索簇内的股票构成发生变化时，股票的收益率联动模式将如何改变。搜索簇的动态变化可以概括为三种不同情况：①股票新增（stock addition），股票加入新的搜索簇；②股票移除（stock removal），股票从原有搜索簇中被移除；③股票转移（stock switch），股票转移到不同的搜索簇中。为了研究搜索簇的变化和联动模式的变化的关系，我们将整个样本分为四个连续且不重叠的时期：t_1、t_2、t_3 和 t_4。在第一阶段 t_1，我们使用 4.1.2 节的方法建立共同搜索网络并识别出搜索簇的集合 $\{G\}$。在第二阶段 t_2，我们利用模型（4-1）和模型（4-2）进行回归估计。在第三阶段 t_3，我们用新的共同搜索数据识别出搜索簇集合 $\{H\}$，并在随后的 t_4 阶段重新估计模型系数。

因此，在情况①中，t_1 时不属于 $\{G\}$ 的股票在 t_3 时加入到 $\{H\}$ 中，因此我们预期该股票与新加入搜索簇中的股票将在加入之后呈现更强的收益率联动，即该股票与新加入搜索簇中的股票在 t_4 时的联动水平应当显著强于在 t_2 时的联动水平。在情况②中，t_1 时属于 $\{G\}$ 中的搜索簇中的股票在 t_3 时不再属于 $\{G\}$，因此我们预期，与情况①相反，在 t_3 时被移除的股票应当与原搜索簇中的股票在 t_2 时的联动更强，在 t_4 时的联动更弱。在情况③中，股票在 t_4 时属于 $\{G\}$ 中的某搜索簇，而在 t_3 时转移到 $\{H\}$ 中一个不同的搜索簇。这种股票转移的情况可以分解为一次移除（情况②）和一次加入（情况①）。因此我们预期，发生转移的股票与原搜索簇中的股票的联动水平在 t_2 时更强，与新搜索簇的联动水平则在 t_4 时更强。

1. 模型和假设

对①股票新增和②股票移除，我们使用以下的面板模型来分析搜索簇的变化和联动变化之间的关系，其中我们分别在 t_2 和 t_4 时进行了回归。

$$R_{it_2} = \beta_0^{t_2} + \beta_1^{t_2} R_{C_i t_2} + \beta_2^{t_2} R_{C_i t_2 - 1} + \beta_3^{t_2} R_{\text{CSI}300 t_2} + \beta_4^{t_2} R_{\text{CSI}300 t_2 - 1}$$
$$+ \beta_5^{t_2} \text{FocalNews}_{it_2} + \beta_6^{t_2} \text{PeerNews}_{it_2} + \beta_7^{t_2} \text{RD}_t + \beta_8^{t_2} R_{C_i t} \times \text{RD}_t + \varepsilon_{it_2} \tag{4-3}$$

$$R_{it_4} = \beta_0^{t_4} + \beta_1^{t_4} R_{C_i t_4} + \beta_2^{t_4} R_{C_i t_4 - 1} + \beta_3^{t_4} R_{\text{CSI}300 t_4} + \beta_4^{t_4} R_{\text{CSI}300 t_4 - 1}$$
$$+ \beta_5^{t_4} \text{FocalNews}_{it_4} + \beta_6^{t_4} \text{PeerNews}_{it_4} + \beta_7^{t_4} \text{RD}_t + \beta_8^{t_4} R_{C_i t} \times \text{RD}_t + \varepsilon_{it_4} \tag{4-4}$$

类似地，我们对以上模型进行了扩展，包含了 Fama-French 和 Carhart 的资本资产定价因子，并得到以下模型：

$$R_{it_2} = \beta_0^{t_2} + \beta_1^{t_2} R_{C_i t_2} + \beta_2^{t_2} R_{C_i t_2 - 1} + \beta_3^{t_2} \text{MKT}_{t_2} + \beta_4^{t_2} \text{SMB}_{t_2} + \beta_5^{t_2} \text{HML}_{t_2}$$
$$+ \beta_6^{t_2} \text{UMD}_{t_2} + \beta_7^{t_2} \text{FocalNews}_{it_2} + \beta_8^{t_2} \text{PeerNews}_{it_2} + \beta_9^{t_2} \text{RD}_t \tag{4-5}$$
$$+ \beta_{10}^{t_2} R_{C_i t} \times \text{RD}_t + \varepsilon_{it_2}$$

$$R_{it_4} = \beta_0^{t_4} + \beta_1^{t_4} R_{C_i t_4} + \beta_2^{t_4} R_{C_i t_4 - 1} + \beta_3^{t_4} \text{MKT}_{t_4} + \beta_4^{t_4} \text{SMB}_{t_4} + \beta_5^{t_4} \text{HML}_{t_4}$$
$$+ \beta_6^{t_4} \text{UMD}_{t_4} + \beta_7^{t_4} \text{FocalNews}_{it_4} + \beta_8^{t_4} \text{PeerNews}_{it_4} + \beta_9^{t_4} \text{RD}_t \tag{4-6}$$
$$+ \beta_{10}^{t_4} R_{C_i t} \times \text{RD}_t + \varepsilon_{it_4}$$

在上述模型中，R_{it_p} 是股票 i 在时间 t_p 时的收益率，$p = \{2, 4\}$；$R_{C_i t_p}$ 是搜索簇 C 中除股票 i 以外的其他股票在 t_p 时的总市值加权的日均收益率。我们用 ΔR_{Ct} 表示 $R_{C t_2}$ 和 $R_{C_i t_2}$ 的系数之差，因此在情况①中，如果股票 i 在 t_3 时加入搜索簇 C，则股票 i 与搜索簇 C 的联动水平应当在 t_4 时更强（强于 t_2 时），因此我们提出以下假设。

H4.1：在①股票新增的情况下，$\Delta R_{Ct} = \beta_1 t_4 - \beta_1 t_2$ 显著大于 0。

反之，如果股票 i 在 t_3 时从原搜索簇 C 中移除，则股票 i 与搜索簇 C 的联动水平应当在 t_2 时更强（强于 t_4 时），因此我们提出以下假设。

H4.2：在②股票移除的情况下，$\Delta R_{Ct} = \beta_1 t_4 - \beta_1 t_2$ 显著小于 0。

此外，我们通过以下模型来研究当股票从一个搜索簇转移到另一个搜索簇之后，该股票与这两个搜索簇的联动水平分别会如何变化。

$$R_{it_2} = \beta_0^{t_2} + \beta_1^{t_2} R_{G_i t_2} + \beta_2^{t_2} R_{G_i t_2 - 1} + \beta_3^{t_2} R_{H_i t_2} + \beta_4^{t_2} R_{H_i t_2 - 1} + \beta_5^{t_2} R_{\text{CSI}300 t_2}$$
$$+ \beta_6^{t_2} R_{\text{CSI}300 t_2 - 1} + \beta_7^{t_2} \text{FocalNews}_{it_2} + \beta_8^{t_2} \text{PeerNews}_{G_i t_2} + \varepsilon_{it_2} \tag{4-7}$$

$$R_{it_4} = \beta_0^{t_4} + \beta_1^{t_4} R_{G_it_4} + \beta_2^{t_4} R_{G_it_4-1} + \beta_3^{t_4} R_{H_it_4} + \beta_4^{t_4} R_{H_it_4-1} + \beta_5^{t_4} R_{\mathrm{CSI300}t_4}$$
$$+ \beta_6^{t_4} R_{\mathrm{CSI300}t_4-1} + \beta_7^{t_4} \mathrm{FocalNews}_{it_4} + \beta_8^{t_4} \mathrm{PeerNews}_{H_it_4} + \varepsilon_{it_4} \tag{4-8}$$

$$R_{it_2} = \beta_0^{t_2} + \beta_1^{t_2} R_{G_it_2} + \beta_2^{t_2} R_{G_it_2-1} + \beta_3^{t_2} R_{H_it_2} + \beta_4^{t_2} R_{H_it_2-1} + \beta_5^{t_2} \mathrm{MKT}_{t_2} + \beta_6^{t_2} \mathrm{SMB}_{t_2}$$
$$+ \beta_7^{t_2} \mathrm{HML}_{t_2} + \beta_8^{t_2} \mathrm{UMD}_{t_2} + \beta_9^{t_2} \mathrm{FocalNews}_{it_2} + \beta_{10}^{t_2} \mathrm{PeerNews}_{G_it_2} + \varepsilon_{it_2} \tag{4-9}$$

$$R_{it_4} = \beta_0^{t_4} + \beta_1^{t_4} R_{G_it_4} + \beta_2^{t_4} R_{G_it_4-1} + \beta_3^{t_4} R_{H_it_4} + \beta_4^{t_4} R_{H_it_4-1} + \beta_5^{t_4} \mathrm{MKT}_{t_4} + \beta_6^{t_4} \mathrm{SMB}_{t_4}$$
$$+ \beta_7^{t_4} \mathrm{HML}_{t_4} + \beta_8^{t_4} \mathrm{UMD}_{t_4} + \beta_9^{t_4} \mathrm{FocalNews}_{it_4} + \beta_{10}^{t_4} \mathrm{PeerNews}_{G_it_4} + \varepsilon_{it_4} \tag{4-10}$$

在以上模型中，$R_{G_it_p}$、$R_{H_it_p}$ 分别是搜索簇 G、搜索簇 H 中除股票 i 以外的其他股票在 t_p 时的总市值加权的日均收益率，$p = \{2, 4\}$。如果股票 i 在 t_3 时发生了搜索簇的转移，即从搜索簇 G 转移到搜索簇 H 中，则我们预期该股票与搜索簇 G 在 t_2 时有更强的联动，与搜索簇 H 则在 t_4 时有更强的联动。因此，我们提出了以下假设。

H4.3：在③股票转移的情况下，$\Delta R_{Gt} = \beta_1 t_4 - \beta_1 t_2$ 显著小于 0，且 $\Delta R_{Ht} = \beta_3 t_4 - \beta_3 t_2$ 显著大于 0。

2. 实证结果

在实证研究中，t_1 至 t_4 的时间段划分：t_1 为 2012 年 1 月～2012 年 4 月，t_2 为 2012 年 5 月～2012 年 7 月，t_3 为 2012 年 8 月～2012 年 11 月，t_4 为 2012 年 12 月～2013 年 2 月。其中，t_2 和 t_3 用于形成搜索簇，t_2 和 t_4 用于面板回归分析。通过在 t_1 和 t_3 时形成搜索簇，我们发现一共有 277 只股票经历了"新增"（情况①），219 只股票经历了"移除"（情况②），64 只股票经历了"转移"（情况③）。图 4-6～图 4-8 分别展示了模型对应于①、②、③这三种情况的估计结果。

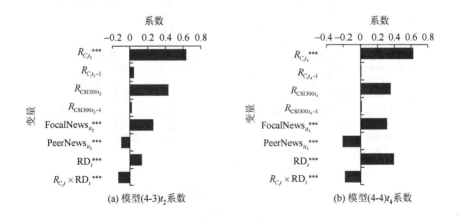

(a) 模型(4-3)t_2系数　　　　(b) 模型(4-4)t_4系数

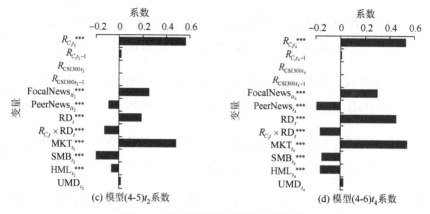

图 4-6 情况①股票新增的估计结果

*** $p < 0.001$

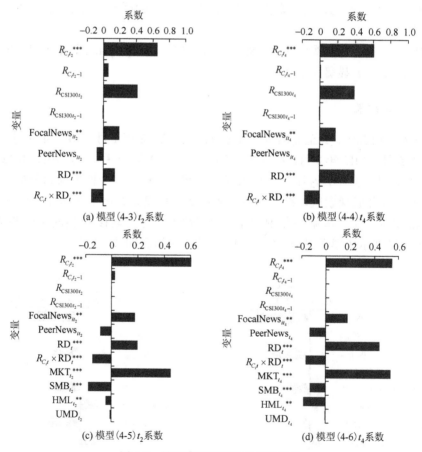

图 4-7 情况②股票移除的估计结果

*** $p < 0.001$，** $p < 0.01$

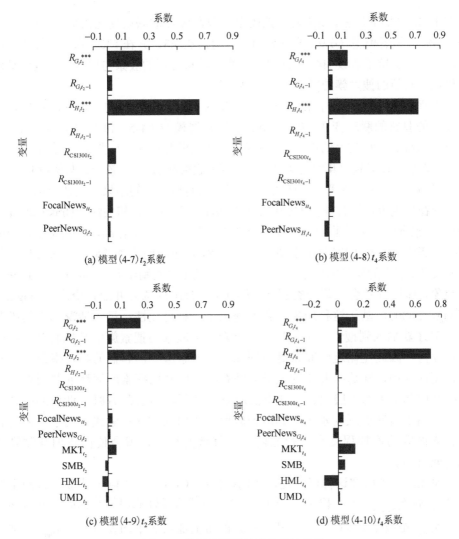

(a) 模型 (4-7) t_2 系数　　　(b) 模型 (4-8) t_4 系数

(c) 模型 (4-9) t_2 系数　　　(d) 模型 (4-10) t_4 系数

图 4-8　情况③股票转移的估计结果

*** $p < 0.001$

　　根据图 4-6～图 4-8，情况②和情况③中的结果与我们的预期一致。在情况②中，根据基准模型（4-3）和（4-4）的结果，可以计算出 ΔR_{Ct} 的值为−0.048，并在 5% 的水平下显著；根据扩展模型（4-5）和（4-6）的结果，ΔR_{Ct} 的值为−0.058，该值在 1% 的水平下显著。该结果表明，从搜索簇中移除的股票与原搜索簇在 t_2 时的联动水平显著强于 t_4 时的联动水平，因此支持假设 H4.2。在情况③中，对于从搜索簇 G 转移到搜索簇 H 的股票，其与搜索簇 G 的联动水平变化为−0.095[根据基准模型（4-7）和（4-8）]和−0.094[根据扩展模型（4-9）和（4-10）]，并且均在 1% 的水平下显著。发生转移的股票与搜索簇 H 的联动变化在基准模型（4-7）和（4-8）、扩展模型（4-9）和（4-10）下均为 0.063，并在 5% 的水平下显著。因此，该结果支持了假设 H4.3，即发生搜索簇转移之后的股票与原搜索簇的联动水平更低，与新的搜索簇的联动水平更高。

然而，根据情况①中的结果，在基准模型（4-3）和（4-4）下，新加入搜索簇中的股票的联动变化 ΔR_{Ct} 为 −0.01；在扩展模型（4-5）和（4-6）下，ΔR_{Ct} 为 −0.035。这两个值在 5% 的水平下均不显著。该结果表明新加入搜索簇中的股票并未在加入之后与搜索簇中其他股票呈现出更强的收益联动水平，该结果与假设 H4.1 不符。我们从行业收益率联动的角度来解释股票新增情况的结果。股票市场中一个普遍存在的现象是同行业内的股票的收益率具有很强的正相关性（Drake et al.，2017）。根据中国证券监督管理委员会 2012 年的行业分类标准，我们发现在形成的搜索簇中，48.6% 的股票都来源于同一行业，这也表明投资者倾向于关注同一行业的股票。前人的研究指出个体投资者中普遍存在"类别学习"（category learning）的现象，即投资者会在某一类别下（如行业）分配注意力并配置资产（Peng and Xiong, 2006）。基于这种现象，我们提出了一种可能性：虽然情况①中的股票在 t_3 时才新加入到搜索簇中，但是由于新增的股票与搜索簇中其他股票处在同一行业内，因此无论这些股票是否同在一个搜索簇中，它们的收益率都存在一定程度的联动，即这些股票的收益之间存在不由共同搜索所解释的共同部分，这些共同部分来源于股票在行业上的联系。进而，如果在 t_2 时行业内的联动水平明显高于 t_4 时的联动水平，则即使股票在 t_3 新加入搜索簇，由于加入搜索簇带来的联动增加程度小于行业内联动降低的程度，就会使得我们观测到的 ΔR_{Ct} 取值为负。

因此，为了研究这种可能性，我们在模型（4-3）～（4-6）中新加入两个变量 $R_{\mathrm{Ind}_i t_p}$ 和 $R_{\mathrm{Ind}_i t_p - 1}$，$p = \{2, 4\}$，来研究股票与其所属行业内的其他股票的联动程度。$R_{\mathrm{Ind}_i t_p}$ 是股票 i 所在行业内其他股票的市值加权的平均收益率，$R_{\mathrm{Ind}_i t_p - 1}$ 则是滞后一期的行业收益率。在加入这两个变量之后，我们重新进行了面板回归分析。结果与我们的预想一致：在基准模型（4-3）和（4-4）下，行业内的收益联动程度从 t_2 到 t_4 降低了 0.084；在扩展模型（4-5）和（4-6）下，行业内的收益联动程度降低了 0.085；且这两个值均在 1% 的水平下显著。因此，我们假设的可能性是存在的，即行业内的收益率联动显著降低在一定程度上抵消了股票加入搜索簇带来的联动增加的效果，故而我们观测到 ΔR_{Ct} 是很小的负值，而非假设 H4.1 中的显著大于 0。

综上，上述结果支持我们对搜索簇和收益率联动动态变化关系的预期，这表明随着搜索簇发生变化，股票的收益联动模式会发生相应变化。以上结果表明投资者的在线共同搜索可用于反映动态变化的资产考虑集，并且当资产组合的构成改变时，组合内的收益联动模式也会有所变化。该结果能够为资产组合管理提供一定的指导，股票收益联动的变化模式与变化的投资组合相关，并且联动强度的变化可以通过改变或调整投资组合内的资产来推测。因此，投资者可以通过新增、移除和转移资产来调整组合内的资产构成，以改变资产在特定组合中的收益联动模式。

4.1.5　搜索强度和收益联动的关系

在投资者对相关股票的共同搜索网络中，共同搜索强度能够反映投资者群体对股票之间共同关注的程度。对一个资产组合而言，当投资者对组合的共同关注程度越高时，投资者越有可能对组合中的资产存在较高的关联性需求，根据 Barberis 等（2005），投资者对资产的关联性需求可能会使得资产组合的收益中存在共同因子（common factor），这些共同因子会导致资产组合出现收益联动的模式。本节将进一步研究收益联动水平与共同搜索强度之间的关系。如果更高的共同搜索强度意味着更高的关联性需求的可能性，则可以预期共同搜索强度和联动水平存在正向的关系。换言之，与共同搜索强度较低的股票组合相比，共同搜索强度较高的股票组合倾向于具有更强的收益联动水平，因此我们提出 H4.4。

H4.4：搜索强度与搜索簇的股票收益联动水平呈正向关系。

对于每只股票，反映投资者对该股票搜索强度的直接测度是对该股票的搜索频次。然而受到数据的限制，我们无法获取单个股票的搜索频次。在共同搜索网络中，有向边的权重为共同搜索关系出现的次数，因此我们可以通过计算节点的入度指标，来近似地反映该股票与其他股票一同被搜索的程度。我们的方法包括以下几个步骤。首先，在双向的、边加权的共同搜索网络中，我们计算每个节点的入度值（即指向该节点的边的权重之和）作为反映投资者对该股票搜索强度的测量值。然后，我们根据每个股票的搜索强度值，计算搜索簇的搜索强度，该值为搜索簇内股票的等权重平均搜索强度值。其次，我们对前面生成的 35 个搜索簇按照平均搜索强度进行升序排序，并将所有的搜索簇分为三组：低搜索强度组（前 12 个搜索簇）、中搜索强度组（中间 12 个搜索簇）和高搜索强度组（后 11 个搜索簇）。

首先，我们在这三组搜索簇中进行了一个直观的对比，发现具有高搜索强度的搜索簇包含更多的股票节点、更多的边和更大的直径，并且大多数的股票都属于金融行业，可知投资者对金融行业的股票具有较高的关注度。其次，我们将经过自然对数转换后的个股搜索强度指标值放入 4.1.3 节的模型（4-1）和模型（4-2）中，并分别对这三个搜索强度组进行分组回归。估计的区间包含从 2012 年 12 月到 2013 年 2 月连续的 56 个交易日。图 4-9 和图 4-10 提供了估计结果。

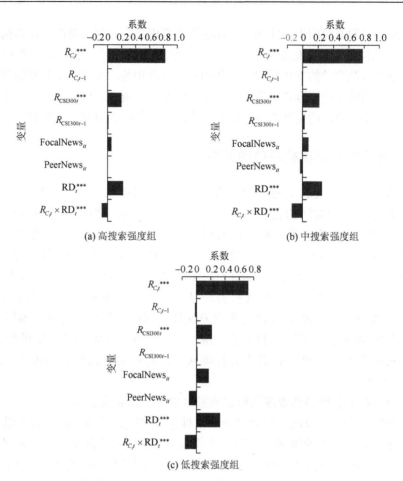

(a) 高搜索强度组　　　　　　　　(b) 中搜索强度组

(c) 低搜索强度组

图 4-9　搜索强度为高、中、低三组基准模型（4-1）的估计结果

*** $p < 0.001$

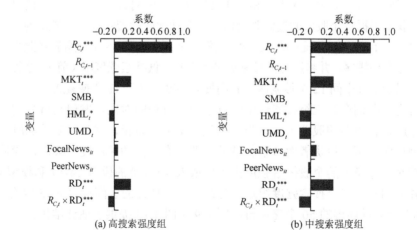

(a) 高搜索强度组　　　　　　　　(b) 中搜索强度组

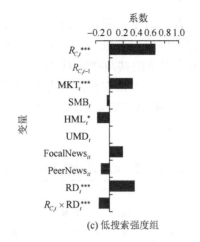

(c) 低搜索强度组

图 4-10 搜索强度为高、中、低三组扩展模型（4-2）的估计结果

*** $p<0.001$，* $p<0.05$

图 4-9 和图 4-10 分别显示基准模型（4-1）和扩展模型（4-2）的结果。首先可以发现，在所有三个搜索强度组（高、中、低）中，$R_{C,t}$ 的系数均在 0.1% 的水平下显著大于 0，这与我们在 4.1.3 节发现的股票收益率联动模式是一致的。具体可知，在基准模型（4-1）中，收益联动水平在高、中、低三个组中分别为 0.827，0.781 和 0.723；在扩展模型（4-2）中，收益联动水平在高、中、低三个组中分别为 0.824，0.761 和 0.664。

根据该结果，我们进一步检验了联动水平在这三个组中是否存在显著不同。结果表明，在 5% 的显著性水平下，高搜索强度组的股票的收益联动水平显著大于中搜索强度组，中搜索强度组的股票的收益联动水平显著大于低搜索强度组。该结果支持假设 H4.4，说明具有更高搜索强度的投资组合将呈现更强的收益联动水平。由于搜索行为受投资者关注的驱动，该结果也表明吸引更多投资者关注的股票组合通常会具有更强的收益联动水平。这个发现有助于投资者更好地管理投资组合：如果投资者期望通过持有内部收益关联性较低的资产组合来分散投资风险，则可以通过抛出一些广受关注的资产而持有一些冷门的资产来调整他们的投资组合，以达到降低投资组合风险的目的。

4.1.6 投资者搜索模式

在 4.1.3 节第 2 节中，原始的共同搜索网络密度很高，我们在识别搜索簇之前会过滤掉权重小于一定阈值的边来简化网络。由于边的权重反映投资者对股票之间共同关注的程度，因此为边的权重设置阈值能够研究具有不同投资者关注度的股票组合的特征。因此，在本节中，我们通过为共同搜索关系设置不同的过滤权重来比较不同的共同搜索网络，并进一步研究投资者的在线搜索模式所反映的资产组合的偏好和需求。以下的共同搜索网络均使用 2012 年 8 月至 2012 年 11 月共同搜索数据构建。通过将过滤权重设置为 28（即 4 个月×1 周×7 天）、56（即 4 个月×2 周×7 天）和 84（即 4 个月×3 周×7 天），我们生成了三个不同的共同搜索网络，如表 4-3 所示。

表 4-3　不同过滤权重下的共同搜索网络及个股搜索频次

过滤权重	搜索簇数目/个	股票数目/只			个股搜索频次/次		
		A 股	B 股	总数	最小值	平均值	最大值
28	61	988	76	1064	56	269.5569	1455
56	70	317	36	353	118	258.4618	780
84	20	72	8	80	174	274.5750	549

在表 4-3 中，个股搜索频次是每个股票的搜索频次的平均值。我们可以发现设置较大的过滤权重会减小共同搜索网络中包含的股票数目，并且 F 检验显示在三种阈值设置下的个股搜索频次的平均值之间没有显著差异。

1. 总体搜索模式

为了进一步了解投资者的资产偏好和在线搜索活动中的行为模式，这里采用了 Jaffe 和 Mahoney（1999）提出的方法。首先，针对研究期间所有在上海和深圳证券交易所上市的 A 股（共计 2447 只股票），我们根据每只股票在 2012 年 8 月至 2012 年 11 月的规模（即总市值）和账面市值比的月度平均值，对整个 A 股市场的股票按照这两个变量分别进行排序，生成规模十分位数（size deciles）和账面市值比五分位数（book-to-market ratio quintiles）。然后，我们识别搜索簇中包含的每只股票的规模十分位数和账面市值比五分位数，计算每个搜索簇中的股票的规模十分位数和账面市值比五分位数的市值加权平均值。表 4-4 显示了在三种不同权重设置下搜索簇的规模十分位数和账面市值比五分位数的描述性统计。

表 4-4　规模和账面市值比分位数在不同网络下的描述性统计

项目	规模十分位数			账面市值比五分位数		
过滤权重	28	56	84	28	56	84
均值	7.1824	7.4507	8.5578	2.8653	2.7422	2.7168
中位数	7.4447	7.9420	9.7990	2.7349	2.8109	2.4815
最大值	10	10	10	5	5	5

续表

项目	规模十分位数			账面市值比五分位数		
最小值	1.4528	1	3.1930	1	1	1
标准差	2.3041	2.3509	2.1176	1.2437	1.1458	1.4747

在表 4-4 中，规模十分位数和账面市值比五分位数的均值为网络中所有搜索簇的等权平均值。按照 Jaffe 和 Mahoney（1999）的方法，如果 A 股市场中各种规模的股票在搜索簇中平均分布，那么平均规模十分位数将为 5.5；另外，在我们的样本区间内，当计算所有 A 股股票的规模十分位数的市值加权平均值时，该值将为 9.195。但表 4-4 中第一行的结果表明，三种网络下的平均规模十分位数（分别为 7.1824、7.4507、8.5578）均无一例外地大于 5.5 且小于 9.195。这意味着投资者倾向于在线搜索规模大于等权重投资组合平均值，但规模小于市值加权投资组合平均值的股票。表 4-4 还表明，与具有较高账面市值比的价值类股票相比，投资者倾向于更多关注具有较低账面市值比的成长类股票，因为如果所有股票在搜索簇中分布均匀，则账面市值比五分位数的期望值应为 3，而这个值均高于我们在每个网络中得到的值（分别为 2.8653、2.7422、2.7168）。此外，尽管我们可以直接观察到较大的过滤权重对应于较大的规模十分位数平均值和较小的账面市值比五分位数平均值，但三组数据之间的 F 检验不支持观测到的差异是显著的。

2. 个股水平搜索模式

除了在具有不同过滤权重的三个网络中分析平均规模十分位数和账面市值比五分位数之外，本节我们将根据股票个体水平的特征进行更详细的比较。计算样本期内三个网络中包含的所有股票的换手率（turnover）、市值（market capitalization）、考虑现金红利再投资的个股收益（return）即收益率、账面市值比（book-to-market ratio）、收盘价（close price）、成交量（trading volume）和成交金额（money volume）的时间序列平均值。表 4-5 中的面板 A、B、C 列出了每个网络下这些个股特征的描述性统计数据。

表 4-5　个股特征在不同网络下的描述性统计

项目	换手率	市值/ （×10 亿元）	收益率	账面市值比	收盘价/ 元	成交量/ （×10^2 万元）	成交金额/ （×10^2 万元）
面板 A：过滤权重为 28 的网络下的统计量							
均值	1.2469%	13.45	−0.0874%	0.5196	10.09	4.79	43.02
中位数	0.8420%	2.22	−0.1008%	0.4620	7.77	2.51	21.10
最大值	12.2683%	1606.80	5.5118%	3.0889	237.04	72.49	1368.99

项目	换手率	市值/ (×10亿元)	收益率	账面市值比	收盘价/ 元	成交量/ (×10²万元)	成交金额/ (×10²万元)
最小值	0.0058%	0.19	−4.2169%	0.0009	0.23	0.06	0.03
标准差	1.3379%	82.18	0.3004%	0.3404	11.22	7.19	77.69
面板 B：过滤权重为 56 的网络下的统计量							
均值	1.1985%	30.07	−0.0663%	0.5153	12.24	6.23	61.53
中位数	0.8391%	2.87	−0.0882%	0.4314	8.58	3.04	31.14
最大值	8.7237%	1606.80	0.7138%	2.7126	237.04	72.49	649.95
最小值	0.0058%	0.19	−0.6312%	0.0024	0.33	0.06	0.03
标准差	1.2458%	138.80	0.2072%	0.3885	16.98	9.38	89.83
面板 C：过滤权重为 84 的网络下的统计量							
均值	0.7549%	78.03	−0.1084%	0.5449	17.44	9.33	102.50
中位数	0.4249%	14.75	−0.0955%	0.4488	10.94	5.80	83.39
最大值	5.7360%	1330.57	0.3985%	2.1094	122.28	48.77	649.95
最小值	0.0078%	0.63	−0.6312%	0.0024	2.05	0.16	0.49
标准差	0.9538%	214.52	0.1924%	0.4564	20.14	11.05	103.04
面板 D：个股特征均值的显著性检验							
过滤权重 28	1.2469%	13.45	−0.0874%	0.5196	10.09	4.79	43.02
过滤权重 56	1.1985%	30.07	−0.0663%	0.5153	12.24	6.23	61.53
过滤权重 84	0.7549%	78.03	−0.1084%	0.5449	17.44	9.33	102.50
F 统计量	9.65***	10.33***	2.52	33.79***	9.30***	3.29*	11.59**

*$p<0.05$, **$p<0.01$, ***$p<0.001$

我们还对这些个股特征在三个网络中的均值进行了 F 检验（表 4-5 中面板 D）。可以发现随着过滤权重的增加，换手率的平均值逐渐变小，而市值、收盘价、成交量和成交金额的均值越来越大。

我们还计算并检验了个股的搜索频次和上述股票特征变量（即换手率、市值、收益率、账面市值比、收盘价、成交量和成交金额）之间的 Pearson（皮尔逊）相关系数的显著性。可以发现，在 5%的显著性水平下，无一例外，搜索频次与换手率之间均存在显著的负相关关系，搜索频次与市值之间存在显著的正相关系数。该结果表明，在线投资者更偏好搜索具有较低流动性和较大市值特征的股票。我们发现由在线搜索反映出的投资者偏好与股市交易活动中所揭示的投资者偏好并非完全一致（Ng and Wu，2006）。可能的原因是，由于中国股市存在较严格的监管和尚不健全的信息披露（information disclosure）制度，因此个体或散户投资者通常面对比较严重的信息不对称性，个体投资者通常难以获得交易的内幕信息（insider information），因此会选择锚定和关注大市值的股票，这些股票更可能是国家控股的（state-owned）或大企业的股票，通常具有相对较低的波动性和更为健全的信息披露，投资者可能会通过参考这些股票的行情和市场表现来洞察市场中其他相关股票的情况，但在实际交易中却并非倾向于更多地交易这些股票。

3. 投资组合水平搜索模式

本节将从投资组合层面的特征来进一步探索投资者的在线搜索模式。首先，在三种不同的网络设置下，我们为搜索簇中包含的所有股票创建账面市值比五分位数，然后比较三种不同网络下的每个账面市值比五分位数内的平均换手率和市值。账面市值比反映上市公司的所有者权益总额占上市公司市值的比例。其次，按照 Jaffe 和 Mahoney（1999）的方法，将具有较低账面市值比（位于前两个账面市值比五分位数内）的股票视为成长类股票，将具有较高账面市值比（位于末尾两个账面市值比五分位数内）的股票视为价值类股票。

根据表 4-6 面板 A 可以发现，股票的搜索频次越高则搜索簇的平均换手率越低。面板 B 从市值的角度显示比较结果，我们可以发现对成长类股票和价值类股票来说，网络中的边的权重越大，分位数内的股票市值越大。面板 A、B 的结果与 4.1.6 节第 2 节中个体层面的结果一致，这些结果共同表明在线投资者倾向于搜索流动性相对较低但市值相对较大的股票。

表 4-6　投资组合（搜索簇）特征在不同网络下的描述性统计

过滤权重	成长类股票			价值类股票	
	五分位数 1	五分位数 2	五分位数 3	五分位数 4	五分位数 5
面板 A：不同网络下的投资组合在换手率上的比较					
28	1.2806	1.5555	1.4026	1.4289	0.6125
56	1.1990	1.4167	1.4487	1.5016	0.4264
84	0.8043	1.2733	1.1328	0.3631	0.2324
F 统计量	4.20*	3.25	2.82	18.80***	7.80**
	2.47			32.17***	
面板 B：不同网络下的投资组合在市值上的比较					
28	8.2473	7.6205	6.8896	21.4538	24.4044
56	13.9200	6.2614	15.8029	55.2503	59.1190
84	19.4179	9.6274	79.3092	128.7530	152.0080
F 统计量	16.20***	21.48***	4.36*	1.28	5.91*
	46.13***			10.16***	

续表

过滤权重	成长类股票			价值类股票	
	五分位数 1	五分位数 2	五分位数 3	五分位数 4	五分位数 5
面板 C：不同网络下的投资组合在账面市值比上的比较					
28	0.1574	0.3225	0.4648	0.6256	1.0271
56	0.1318	0.2842	0.4354	0.6258	1.1077
84	0.1015	0.2316	0.4503	0.6736	1.2499
F 统计量	7.47***			10.64 ***	

$*p<0.05$，$**p<0.01$，$***p<0.001$

此外，我们还对三个网络中的账面市值比进行了比较。同样，前两个五分位数中的股票合并为成长类股票，末尾两个五分位数中的股票为价值类股票。表 4-6 面板 C 显示了基于账面市值比角度的投资者搜索趋势。从面板 C 可以发现，在权重更高的网络中，成长类股票的账面市值比较低；而对于价值类股票而言，搜索频次更高的组合中账面市值比也相应更高。这一发现很有意思，表明随着搜索强度的增大，股市中的投资者表现出两种看似极端的搜索模式——投资者倾向于更多关注账面市值比相对较低的成长类股票和账面市值比相对较高的价值类股票。

4. 行业水平搜索模式

本节进一步从行业的角度来探讨投资者的搜索偏好。基于中国证券监督管理委员会的行业划分标准，大部分上市公司都属于制造业，因此我们选择制造业作为比较对象，因为它代表了投资者的在线搜索中涉及的主要行业。另外，我们倾向于将金融业作为另一个比较对象，因为如今中国作为一个快速发展的经济体，国内的个体或散户投资者更倾向于从金融市场的表现来窥探和把握整体市场的行情。此外，非理性的不知情投资者很容易受到来自金融行业的证券分析师、内部人士和机构投资者的影响。因此，在这种情况下，我们期望了解在线投资者对金融业股票的搜索行为。在三个网络中，我们分别计算了每个网络中制造业和金融业股票的搜索频次和百分比（表 4-7）。

表 4-7 行业特征在不同网络下的描述统计

行业	过滤权重	股票数量/只	行业所占百分比	网络百分比	个股平均搜索频次/次	平均规模十分位数	平均账面市值比五分位数
制造业	28	602	0.328	0.610	255.745	5.475	2.945
	56	186	0.101	0.589	254.260	6.184	2.768
	84	31	0.017	0.431	253.355	4.935	2.290

行业	过滤权重	股票数量/只	行业所占百分比	网络百分比	个股平均搜索频次/次	平均规模十分位数	平均账面市值比五分位数
	28	33	0.569	0.033	258.424	7.515	3.333
金融业	56	24	0.414	0.076	390.192	9.192	4.154
	84	19	0.328	0.264	337.421	7.947	4.105

在表 4-7 中，行业所占百分比是共同搜索网络中属于制造业或金融业的股票占整个 A 股市场所有制造业或金融业的上市公司股票的比例。网络百分比是共同搜索网络中属于制造业或金融业的股票占整个搜索网络中的股票的比例。我们还计算了制造业或金融业股票的个股平均搜索频次。此外，表 4-7 中还显示了制造业或金融业的股票的平均规模十分位数和平均账面市值比五分位数。随着权重（搜索频次）阈值的增加，网络中的股票总数减少，我们很自然地发现行业百分比呈下降趋势。尽管如此，我们仍然可以观察到网络百分比的变化趋势，即过滤权重增加时，我们观察到制造业股票的搜索比例（网络百分比）降低，但金融业股票的搜索比例（网络百分比）更高。这表明随着搜索强度的增加，网络构成发生改变，网络中将包含更大比例的金融业股票，而制造业股票所占的比例呈下降趋势。此外，我们可以从行业内个股平均搜索频次得知，在同一网络中，投资者倾向于更频繁地搜索金融业股票，而不是制造业股票。特别是在过滤权重为 56 的网络中，在样本期间内，投资者对金融业股票平均搜索 390.192 次，而制造业股票仅平均搜索 254.260 次。此外，与制造业股票相比，金融业股票的平均规模十分位数和平均账面市值比五分位数都要高很多。与 4.1.6 节中所有股票的平均账面市值比五分位数相比，可以发现投资者更倾向于搜索账面市值比相对较高的金融业股票，表明投资者更加关注金融业的价值类股票。总的来说，我们的结果表明，与制造业股票相比，投资者倾向于更多地搜索和关注金融股。在引起投资者关注的金融业股票中，投资者的在线搜索主要集中在具有较高账面市值比的价值类股票。

4.1.7　投资者羊群行为

研究表明，投资者群体（如共同基金经理、分析师）中存在羊群行为（Demirer and Kutan，2006）。与成熟、发达的金融市场相比，新兴市场更有可能存在羊群行为和羊群效应。大量研究表明中国股票市场中存在羊群效应（Chen et al.，2018）。股票市场中的羊群行为是一种从众行为，指个体投资者有意模仿他人行为并仅根据群体行动和市场共识做出决策（Bikhchandani and Sharma，2000）。在交易市场中，投资者的羊群行为在一定程度上受到了集体主义文化（the culture of collectivism）的影响，个体投资者通常不会独立地做出决策，而是倾向于参考他人的行为而做出决策。不过，与研究实际的股市交易活动中的羊群效应不同，财经门户网站上的在线搜索行为则为羊群效应的研究提供了一种新的情境。在我们的研究情境中，同样不能忽视羊群效应的影响，因为新浪财经平台上显示和提供的股票共同搜索列表有可能干扰投资者的搜索决策和搜索行为，诱使他们按照列表上呈现的股票信息进行搜索，即遵循网站用户的集体搜索行为而进行搜索，因而表现出了羊群行为。在这种情况下，搜索簇的形成原因可能是投资者的股票在线搜索行为存在羊群效应，故而搜索簇可能是内生形成的。为了说明我们基于用户的共同搜索行为发现的收益联动模式是一致的、有效的，本节将分析投资者的在线搜索行为是否存在羊群效应。

由于实证研究中鲜有对在线搜索行为的羊群效应的研究，并且缺乏对羊群效应的直接度量指标，因此我们将根据 Nofsinger 和 Sias（1999）提出的方法检验羊群效应。该方法需要设定两个参数——羊群行为间隔（herding interval）和投资者群体（investor group）。在我们的研究背景下，投资者群体是进行在线搜索的投资者的群体，他们在财经门户网站搜索感兴趣的股票信息并在网站上留下搜索历史等数字足迹。我们假设投资者群体主要为国内的个体投资者，这一方面是因为中国股票市场是由个体投资者主导的，机构投资者只占据很小一部分比例；另一方面是因为机构投资者一般都使用机构定制与专用的数据库和更复杂的信息平台，所以不太可能使用诸如新浪财经等公开的门户网站。因此，我们可以假设投资者的群体主要是个体投资者。遵循 Nofsinger 和 Sias（1999）的方法，我们的目的是检测共同搜索网络中新增的股票是不是羊群行为的结果。我们将数据集按照时间分成三个连续的部分：t_1、t_2 和 t_3。t_1 和 t_3 时间段分别用于形成搜索簇，均包含 90 天；t_2 时间段包含 123 天。因此，我们选择的检验羊群行为的间隔是从 t_1 到 t_3，在此期间我们得到了 377 个新加入搜索簇的股票。

该方法背后的基本原理是当投资者由于羊群效应而频繁搜索某股票时，该股票的搜索频次会显著增加。Nofsinger 和 Sias（1999）关注所有在纽约证券交易所上市的股票的机构持股情况和股票异常收益的关系。根据 Nofsinger 和 Sias（1999）的逻辑，如果从理论上假设投资者群体调整他们的搜索行为是为了响应股票价格的变动，我们便可以关注股票搜索强度的变化与异常收益之间的关系。我们的方法包括以下步骤。首先，我们构建了 5 个按照搜索强度分层的搜索强度组合。具体来说，我们根据 t_3 时每个股票的搜索频次进行升序排序，先得到 5 个按照搜索强度排序的股票组合。然后，基于个股搜索频次从 t_1 到 t_3 的变化幅度，将上一步得到的每个搜索强度组合中的股票进一步划分为 5 个按照搜索强度变化幅度排序的股票组合，从而一共产生了 25 个初始组合。之后，从 5 个搜索强度组合中分别挑出搜索强度变化幅度属于同一层的投资组合，将挑出来的子组合合并为一个投资组合，于是我们重新得到了 5 个按照搜索强度分层的、搜索强度变化幅度排序的投资组合。下一步我们计算得到 5 个投资组合的异常收益。

首先，在羊群行为间隔时间内，我们根据股票市值在时间序列上的均值对股票进行排序，并划分五分位数。接着，我们计算每只股票的周度化异常收益。该值为股票的原始收益减去该股票所在规模五分位数内的所有股票的截面平均收益。因此，每只股票在羊群行为间隔期间内的异常收益则是该期间内这只股票的周度化异常收益的累计值。羊群效应检验结果如表 4-8 所示。

表 4-8　羊群效应检验：按照搜索强度分层的搜索强度变化与异常收益的关系

项目	五分位数 1（最小）	五分位数 2	五分位数 3	五分位数 4	五分位数 5（最大）	F 统计值
搜索强度	0.2160	0.2081	0.2035	0.2228	0.2563	2.00
搜索强度变化	−1.8368	−0.0054	0.3908	0.5704	0.9196	85.05***
市值	6.8202	6.5685	6.3516	6.4332	6.4855	4.85**
异常收益	−0.0120	0.0002	−0.0136	0.0175	0.0083	0.41
t 统计量	（−0.578）	（0.009）	（−0.644）	（0.708）	（0.415）	

p<0.01，*p<0.001

在表 4-8 中，每个规模五分位数的"搜索强度"组合中的值为 t_3 时组合内所有股票的横截面平均值。"搜索强度变化"组合中的值是组合内所有股票的搜索频次从 t_1 到 t_3 的原始变化减去组内平均变化的横截面平均值。组合内市值的计算为：首先计算组合内的每个股票在羊群行为间隔期间的时间序列均值，再对组合内的所有股票求横截面平均值。表 4-8 中的异常收益显示的是按照搜索强度分层的、搜索强度变化幅度排序的投资组合的异常收益。通过异常收益的 F 统计值可以发现，这五个投资组合并不具有显著不同的异常收益。此外，通过每个组合的异常收益的 t 统计量也可以发现，任何一个组合都没有显著不等于 0 的异常收益。该结果表明：虽然我们按照搜索强度和搜索强度变化幅度的差异对股票进行了分组，但这些组合中的股票的异常收益不存在显著差异，这说明搜索强度的变化和在羊群行为间隔内测量的股票收益之间不存在强相关性。因此，根据 Nofsinger 和 Sias（1999）的方法，我们没有找到有关投资者羊群效应的有力证据，这意味着羊群行为和羊群效应不是形成搜索簇的重要影响因素；也说明我们基于共同搜索得到的股票收益联动模式是不受可能的羊群效应影响的，因而是稳健的。

根据以上的分析，尽管没有在投资者群体的在线搜索行为中发现羊群效应的有力证据，但仍值得讨论这一发现背后的可能原因。如前所述，搜索行为与市场中真实的交易行为是非常不同的。虽然羊群行为在股票交易中很常见，但在线上搜索行为中并不一定存在。可能的原因有两方面：第一，根据我们的实证环境，新浪财经上的股票搜索功能是以向访客提供信息为导向的，主要目的不在于促进用户之间的社交参与和交流，因此投资者对股票的搜索行为很少受到投资者之间的社会互动和交流的影响；第二，基于经济和投资风险视角，投资者的在线搜索行为无须承担成本和风险，而实际的股市交易却需要承担风险。因此，线上投资者毫无必要出于投机或规避风险的目的而放弃自己的主张和观点去盲目追随他人。尽管如此，一些外部因素或无法观测的因素仍有可能影响投资者的在线搜索行为。除了股价之外，可能还有其他无法观测和控制的非价格效应，这些效应也会促使投资者搜索特定的股票。

4.2　股票网络中信息冲击的溢出效应及传播模式

4.2.1　研究背景和问题提出

投资者关注这一构念在实证研究中的挑战是如何直接地衡量和测度投资者对特定资产的关注度。早期的研究通常使用间接的代理变量来测度投资者的关注度。这些代理变量包括：极端收益（extreme return）、异常交易量（unusual trading volume）、新闻报道（media coverage）、广告支出（advertising expenses）等（Barber and Odean，2008；Da et al.，2011）。然而，使用间接的代理变量可能会产生较大的测量误差（measurement error）。例如，使用新闻报道和新闻标题来测量投资者关注需要假设投资者确实阅读了有关该资产的新闻。此外，诸如极端收益和交易量等间接测度可能受到与投资者关注无关的其他因素的影响，这进一步使得这些测度无法准确地反映真实水平的投资者关注度。

近来，实证研究开始提出能直接测量投资者关注度的指标。Da 等（2011）是最早提出可以利用 Google 上对某资产的搜索量指数（search volume index，SVI）来直接衡量投资者关注度的研究之一。由于越来越多的互联网用户使用搜索引擎来搜索感兴趣的资产信息，因此 Google 捕获的搜索量能够反映互联网用户群体的真实搜索行为，并且当用户在搜索特定资产时，同时也是在关注着该资产。因此，与极端收益和新闻报道等间接测度指标不同，Google 的搜索量数据能够直接地反映投资者对资产的关注程度（Da et al.，2011）。随后，众多研究开始使用 Google SVI 来测度投资者关注（Vozlyublennaia，2014），并且这些研究一致认为 Google SVI 反映的更可能是个体投资者的关注度，而非机构投资者的关注度。虽然由于网络访问限制，对中国股市的研究无法使用 Google SVI，但有学者类似地使用了百度搜索引擎上的百度指数（Baidu index）来衡量中国股市中的个体投资者的关注度（Fang et al.，2014）。

然而，Google SVI 只能获取周数据，不提供日数据，故不适合研究较短时期内的投资者关注效应；百度指数虽然可以获取日搜索量数据，但是据了解，公开的百度指数只能提供少部分的上市公司的搜索数据，数据缺失较为严重。此外，考虑到投资者在线搜索股票信息的目的与投资决策制定有关，较之搜索引擎，我们使用了更为专业的财经门户网站等信息平台。同样，投资者在财经门户网站中的搜索也能够直接地反映投资者对资产的关注。此外，诸如股吧论坛等社交媒体平台上的用户生成内容（例如，发表的帖子，对帖子的阅读、评论等）更是直接地表达了投资者对某（些）资产的关注。

我们可以预期，如果一些资产具有信息冲击，那么冲击也可能沿着网络链接结构传播并影响其他的资产。然而，单个资产的信息冲击是否会影响其他资产，即信息冲击的溢出效应存在与否，尚未在实证研究中取得充足的证据。资产所具有的外部信息的数量或强度能够反映投资者群体对该资产的总体关注程度。前人的研究主要聚焦于信息的直接效应，即资产所获得的信息（即关注度）如何影响资产自身的结果（如收益）。Barber 和 Odean（2008）发现资产获得的投资者关注越高，则短期内的异常收益就越高。还有少量研究探索了资产和其所属行业得到投资者共同关注的程度如何影响该资产与其行业的收益联动水平（Drake et al.，2017）。然而，根据现有的文献，我们很难得知投资者对特定资产的关注是否会影响其他相关资产的收益，尤其是当这些资产之间不存在经济上的联系时（例如，不属于同一行业、同一供应链关系）。众多对现实世界进行网络化建模的应用研究表明，虽然网络中的个体所能产生的影响集中在比较小的网络范围内，但是个体的信息或行为所能传播和发挥影响的深度（depth）或距离（distance）仍然存在较大的差别（Carmi et al.，2017）。因此，研究投资者关注或信息在资产网络中的传播深度和距离是有意义的，这有助于探索潜在的冲击溢出效应的传播模式。与研究电子商务平台上的产品推荐或共同购买的产品网络类似（Carmi et al.，2017；Lin et al.，2017；Oestreicher-Singer and Sundararajan，2012），本书将基于投资者对股票的共同搜索关系建立股票网络，并研究网络中的信息冲击（投资者关注）对网络中个体的溢出效应，以及信息冲击在股票网络中的传播模式（传播时间和传播深度）。我们将具有信息冲击的股票定义为在整个市场中的某一时期具有极高投资者关注（即信息强度）的股票。具体地，我们提出以下两个研究问题。

网络中的信息冲击是否以及如何影响网络中邻近的其他股票？

网络中的个体是否以及如何对冲击做出不同的反应？

为了解决以上的研究问题，我们首先将基于投资者对股票的共同搜索关系，对整个股票市场进行网络建模，并在整个市场的范围内识别和确认具有信息冲击的股票个体。具体地，我们将结合吸引投资者关注的多个可能的信息源（如新闻、分析师报告、财务公告、股票帖子、帖子阅读量、帖子评论量），计算投资者对单个股票的综合关注度，并通过金融学中组合分析的方法，进一步考虑个体时间趋势和市场中的截面差异，确认不同时期在市场中具有信息冲击的股票。其次，我们将关注信息冲击在网络中可能的传播路径，位于冲击传播路径上的节点将构成处理组的股票，为了控制由股票特征（如市值、行业、市净率等）导致自我选择进入处理组的可能性，我们为处理组的个体匹配了具有相同或相似可观测特征的控制组个体，控制组股票在网络中不处于任何冲击传播路径上，因此能够最大限度地将观察到的溢出效应归因于信息冲击的影响。我们的识别策略（identification strategy）依据基于倾向得分匹配的双重差分模型，使用双重差分模型能够控制时间趋势和不随时间变化的不可观测变量的影响。由于我们的研究目标是信息冲击的传染效应或溢出效应，即某一股票受到的投资者关注是否及如何传染网络中其他邻近的股票。通过研究信息冲击在不同时期对网络中处于不同深度的股票的异常收益的影响，我们能够进一步探索溢出效应的模式。此外，由于个体存在异质性，因此具有不同特征的个体对冲击的"易感性"（susceptibility）可能不同，因此我们还对上述模型进行了扩展，以关注异质的处理效应（heterogeneous treatment effect）。

我们的结果表明，信息冲击在数字化资产网络中存在显著的溢出效应。投资者对单个资产的关注能够在网络中传播并溢出到网络中的其他节点，被传染的资产的价格会在短期内有上升的趋势，表现为在短期内处理组股票的异常收益会正向变动。此外，通过研究信息冲击的传播距离和发生时间，我们发现在网络中距离信息冲击较远的股票受到冲击影响的时间也相对更晚，这表明溢出效应的出现会随传播深度的增加而略有延迟；并且随着冲击发生时间的推移，溢出效应的程度呈现减弱的趋势。此外，我们还发现，股票特征对溢出效应具有显著的调节作用：大市值的股票及投资者看好的股票受到信息冲击的影响相对较小。

在本节的其余部分，我们将分别介绍信息冲击和冲击溢出效应的识别问题，并介绍数据和网络构建的方法，以及模型的主要估计结果和稳健性检验，最后将对本节进行总结和讨论。

4.2.2　研究设计

本节将详细介绍研究设计。首先，介绍在整个股票市场范围内确定具有信息冲击的股票的方法。其次，将模拟实验研究的方法，根据建立的网络结构和确定的外生冲击，识别研究的处理组和控制组个体，并提出处理效应模型来研究信息冲击对处理组个体的影响。

1. 股票网络中的信息冲击

投资者对不同股票的关注程度会有所不同，因此在股票网络中，并非所有的股票都具有相同程度的信息强度。根据我们的研究问题，首先识别网络中具有信息冲击的股票，即某一时刻在市场中具有很高的信息强度的股票，这些股票不仅根据自身的时间趋势在这一时刻具有较高的投资者关注度，并且同时期与市场中的其他股票相比也具有较高的投资者关注度。具体包括以下步骤。

第一步：根据投资者关注的多个可能来源，计算单个股票的综合关注度指标。

投资者关注和获取的信息并不是单一的，而是来源于不同媒介的、具有多样性和多元化的信息。因此，本节同时关注以下几个投资者信息获取的来源：来自传统媒体的信息，包括上市公司的新闻报道、分析师研究报告和财务公告信息；来自社交媒体的信息，包括投资者在论坛中发表的帖子、对相关帖子的阅读和评论信息。根据这些不同的信息，我们将生成一个综合的投资者关注度指标 $Attention_{i,t}$，表示股票 i 在 t 时所获得的投资者的综合关注度，反映了股票 i 在 t 时的信息强度。

研究表明，因子分析（factor analysis）是一项对多个相关变量进行维度约减的有效的统计技术（Johnson and Wichern，1982）。因子分析通过将每一个可观测的变量表示为若干潜变量（latent variable）的线性组合，来学习出具有较少数目的潜变量，以实现降维和数据约减的作用。背后的原理是通过剔除具有相关性的变量中的冗余和重复信息，来减少变量的个数。因此，与 Drake 等（2017）的做法相似，综合关注度指标 $Attention_{i,t}$ 根据以下变量的因子分析结果得出：$Read_{i,t}$（与股票 i 相关的帖子在 t 时的投资者阅读量）、$Comment_{i,t}$（与股票 i 相关的帖子在 t 时的投资者评论量）、$Post_{i,t}$（股票 i 在 t 时的相关帖子数）、$News_{i,t}$（股票 i 在 t 时的新闻报道数）、$Report_{i,t}$（股票 i 在 t 时的分析师报告数）和 $Announcement_{i,t}$（股票 i 在 t 时的财务公告数）。我们保留了因子分析结果中的第一个主因子，该因子具有最大的特征值，并且如图 4-11 所示，所有因子的特征值的碎石图表明图像拐点发生在第一个主因子之后，因此该因子能反映上述几个变量之间最大程度的信息变异。

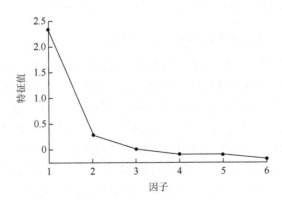

图 4-11　因子特征值碎石图

第二步：计算股票的超额关注度指标。

计算单个股票在特定时间的信息强度需要考虑股票在历史时间趋势上的信息强度并应剔除自身时间趋势的影响。因此，我们将通过计算股票在某一时间的原始信息强度与其时间趋势上的信息强度的差异程度来反映股票在这一时间的信息强度。因此，根据第一步中得到的综合关注度指标 $Attention_{i,t}$，我们还需得知股票 i 在 t 时的异常关注度或称超额关注度（excess attention）$ExcessAttention_{i,t}$。超额关注度能够反映股票 i 在 t 时的投资者关注度偏离其历史时间趋势的程度。我们按照 Da 等（2011）的方法计算股票 i 在 t 时的超额投资者关注度：

$$ExcessAttention_{i,t} = Attention_{i,t} - Median(Attention_{i,t-8} : Attention_{i,t-1}) \quad (4\text{-}11)$$

其中，Median(·)是对括号内的变量求中位数。

第三步：确定具有信息冲击的股票。

根据行为金融领域的经验结果，投资者的行为与上市公司的规模（即市值）密不可分。所以识别市场中具有信息冲击的股票的前提是要基于相近的市值来比较超额关注度的程度。我们采用金融学领域广泛使用的组合分析方法来对股票市值和超额关注度进行双重排序，并确定在可比市值下具有最高信息强度的股票。

因此，首先，我们对网络中的所有股票按照 t 时的市值进行升序排序，并将排序后的股票划分为 20 组，第 1 组的股票在市场中具有最低的市值，第 20 组的股票具有最高的市值；其次，在每一个市值分组内，我们进一步将股票按照超额关注度（$ExcessAttention_{i,t}$）进行升序排序，并划分为 20 组，第 1 组的股票为在该市值类别下，具有最低关注度或信息强度的股票，第 20 组的股票则具有最高的信息强度。根据以上两步，我们在 t 时一共得到了 400 组不同的股票组合，我们将这些组合标记为 G_{mn}^{t}，其中 $m,n=1,\cdots,20$；m 表示根据市值排序的组合，n 表示根据超额关注度排序的组合。综上，具有最高信息强度（即"强关注"）的股票组合 $\{G_{m20}^{t}\}$（$m=1,\cdots,20$）为网络中具有信息冲击的股票。

2. 股票网络中信息冲击的溢出效应的识别

我们的目的是研究当信息冲击沿着网络链接传播时，信息冲击如何影响网络中与该节点位置邻近的其他节点。为此，我们提出以下类似实验的研究设计以探索冲击的溢出效应。因此，实验组或处理组的股票是与有信息冲击的股票在网络中的位置邻近的股票（即位于信息冲击传播路径上的股票）。理想的对照组或控制组应当是同一组股票，但在网络中与信息冲击相距很远。因此，我们对这一组股票感兴趣的结果的变化就可以归因于这组股票在网络中的位置距信息冲击的距离。然而，理想的控制组是反事实的，因此我们通过可观测的特征为处理组中的股票寻找匹配的样本，故而控制组的个体是与处理组具有相似特征但是与有信息冲击的股票在网络中的位置不邻近（即不位于任何冲击传播路径上）的匹配样本，我们称匹配后的样本为匹配的控制组（matched control group）。

具体地，我们使用倾向得分匹配为处理组中的个体寻找匹配的个体。倾向得分这一概念由 Rosenbaum 和 Rubin（1983）提出，其描述的是在给定个体可观测变量（或称协变量）的情况下，个体接受处理的概率。

因此，基于倾向得分的匹配方法首先会根据个体的协变量估计一个二值选择模型，通常是一个 Probit 模型或 Logit 模型，根据该模型可以预测个体受到处理的概率，即倾向得分，然后根据倾向得分的大小从未控制组样本中选择出匹配样本。匹配的方法可以选择一对一匹配、k 邻近匹配、半径匹配或卡尺匹配（caliper matching）、核匹配等。根据匹配后的样本，我们提出以下的双重差分模型：

$$\text{AbnReturn}_{i,t} = \beta_0 + \beta_2 \text{Treat}_i^k + \beta_2 \text{Period}_{i,t} + \beta_3 \text{Treat}_i^k \times \text{Period}_{i,t} + \gamma X_{i,t} + u_t + \varepsilon_{i,t}$$

$$(4\text{-}12)$$

其中，$\text{AbnReturn}_{i,t}$ 是股票 i 在 t 时的异常收益；

$$\text{Treat}_i^k = \begin{cases} 1, & \text{若传播深度为}k\text{时股票}i\text{在处理组} \\ 0, & \text{其他} \end{cases}$$

$$\text{Period}_{i,t} = \begin{cases} 1, & \text{如果股票}i\text{处于}t\text{时} \\ 0, & \text{其他} \end{cases}$$

$$t = \begin{cases} t_1, & \text{冲击发生之后的第1周} \\ t_2, & \text{冲击发生之后的第2周} \\ t_3, & \text{冲击发生之后的第3周} \\ t_4, & \text{冲击发生之后的第4周} \end{cases}$$

$X_{i,t}$ 是股票 i 在 t 时的可观测变量（即协变量）；u_t 是时间固定效应，以反映即使没有受到冲击也可能存在的时间效应；$\varepsilon_{i,t}$ 是随机扰动项；交互项 $\text{Treat}_i^k \times \text{Period}_{i,t}$ 可以等价地写为 Treat_{it}^k（Angrist and Pischke，2008），表示当冲击传播深度为 k 时，股票 i 在 t 时在处理组（$\text{Treat}_i^k = 1$）或不在处理组（$\text{Treat}_i^k = 0$）。

因此，在模型（4-12）中，系数 β_3 的估计量 $\hat{\beta}_3$ 即为双重差分估计量（DID estimator），表示股票 i 在 t 时因为受到处理所带来的异常收益的变化。由于前人研究表明，外生冲击的影响范围相对有限（Carmi et al.，2017），因此在模型（4-12）中，我们将分别研究冲击传播深度 $k = \{1, 2, 3\}$ 时的冲击溢出效应。以图 4-12 为例，假设网络中的节点 A 是具有信息冲击的股票，则可以非常直观地发现，$\{B, C\}$ 是当冲击传播深度 k 等于 1 时的处理组中的股票。不过，当研究冲击传播深度 k 等于 2 或 3 时，我们假设冲击是沿最短路径进行传播的。为了得到溢出效应的清晰估计，如果从有冲击的节点到处理组的个体存在多条最短路径（例如，从 A 到 C 有两条路径，从 A 到 G 也有两条路径），或是路径中间的节点中存在具有信息冲击的节点，则我们将该个体从处理组剔除，不予考虑。因此，基于图 4-12，$\{D, E\}$

是冲击传播深度 k 为 2 时的处理组股票，$\{F,G\}$ 则是冲击传播深度 k 为 3 时的处理组股票。

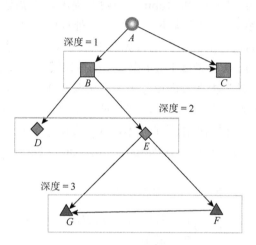

图 4-12　冲击传播深度

还需特别说明的是，由于我们想要研究纯粹的冲击溢出效应，如果处理组中的股票本身也具有信息冲击，则将其从处理组中移除，否则将难以说明观察到的效应是来自其他个体的溢出效应还是自身的直接效应（direct effect）。Carmi 等（2017）在处理该情况时也采用了类似的做法。如果处理组中的股票同时受到了来自多个股票的信息冲击，则将该股票从处理组中移除，只保留仅受到一个冲击的股票，因为多个冲击的交互作用可能会产生复杂的混淆因素（confounding factors），从而无法保证得到的结果是溢出效应的清晰估计（Zhu et al.，2020），因此我们的研究中不考虑多个冲击对个体的交互影响。

为了研究异质的处理效应，我们提出了以下扩展模型：

$$\text{AbnReturn}_{i,t} = \alpha + \beta \text{Treat}_{i,t} + \gamma X_{i,t} + \delta \text{Treat}_{i,t} \times X_{i,t} + u_i + v_t + \varepsilon_{i,t} \qquad (4\text{-}13)$$

其中，$\text{Treat}_{i,t}$ 是股票 i 在 t 时是否在处理组；δ 是 $\text{Treat}_{i,t}$ 与股票特征 $X_{i,t}$ 的交互项的系数，其估计量反映冲击的溢出效应是否以及如何随着股票特征的变化而变化。

4.2.3　数据和股票网络构建

1. 股票异常收益

我们感兴趣的结果是股票的异常收益。研究表明，股票的异常收益能够衡量和反映股票的市场表现（Luo et al.，2013；Vozlyublennaia，2014）。异常收益是股票的实际收益与期望收益之差，或称真实收益与基准收益之差，反映了股票的真实价格偏离其内在价值（市场期望）的程度（赵胜民和刘笑天，2017）。股票的期望收益或基准收益可以通过如下所示的 Fama-French 的五因子资产定价模型来计算：

$$
R_{it} - R_{ft} = \beta_{0i} + \beta_{1i}(R_{mt} - R_{ft}) + \beta_{2i}\mathrm{SMB}_t + \beta_{3i}\mathrm{HML}_t + \beta_{4i}\mathrm{RMW}_t \\
+ \beta_{5i}\mathrm{CMA}_t + e_{it}
\tag{4-14}
$$

其中，R_{it} 是股票 i 在第 t 天的原始（实际）收益；R_{ft} 是第 t 天的无风险因子；R_{mt} 是第 t 天的平均市场收益率，因此 $R_{mt} - R_{ft}$ 表示市场风险溢价因子；SMB_t、HML_t、RMW_t、CMA_t 分别表示日度化的市值因子、账面市值比因子、盈利能力因子和投资组合因子。

按照 Luo 等（2013）的方法，我们将窗口设置为目标日期 t 之前的 250 个连续的交易日，并使用滚动窗口递归估计（rolling-window and recursive estimation）的方法来估计模型（4-14）的系数 $\hat{\beta}_{0i}, \cdots, \hat{\beta}_{5i}$。系数的估计量可用于计算股票在市场中的期望收益。因此，股票 i 在 t 时的异常收益为

$$
\mathrm{AbnReturn}_{it} = (R_{it} - R_{ft}) - \left[\hat{\beta}_{0i} + \hat{\beta}_{1i}(R_{mt} - R_{ft}) + \hat{\beta}_{2i}\mathrm{SMB}_t + \hat{\beta}_{3i}\mathrm{HML}_t \right. \\
\left. + \hat{\beta}_{4i}\mathrm{RMW}_t + \hat{\beta}_{5i}\mathrm{CMA}_t \right]
\tag{4-15}
$$

根据式（4-15），我们计算了市场中全部 A 股股票在 2016 年全年的日度化异常收益，每只股票的周度化累积异常收益（cumulative abnormal return）则为周内的日度化异常收益之和。

2. 股票网络和其他数据

同样，我们使用新浪财经上投资者对股票的共同搜索数据来构建股票的共同搜索网络。由于网络结构会随时间动态变化，因此我们在连续的时间段内构建了多个股票网络以捕获网络结构的潜在变化。具体而言，我们利用投资者在 2016 年全年对市场中所有 A 股股票的每周的共同搜索数据，构建了 52 个周度化的股票共同搜索网络。网络特征的描述性统计见表 4-9。

表 4-9　网络特征的描述性统计

网络属性	网络数目	均值	标准差	最小值	最大值
节点数	52	2 759	3.113	2 758	2 775
有向边数目	52	19 135	1 428	18 854	26 966
密度	52	0.002 51	0.000 18	0.002 48	0.003 50
强连通组元数	52	881.100	4.564	858	882
平均集聚系数	52	0.169	0.008	0.167	0.211
平均最短路径长度	52	4.172	0.075	3.757	4.187

在每一个网络中，我们还计算了反映网络中个体的结构特征的变量，包括节点的入度、接近中心性、中介中心性和 PageRank 中心性（PageRank centrality）。我们使用 Python 3 的 NetworkX 包来计算上述的网络属性值。此外，使用的股票市场交易数据和市场资讯数据（新闻、分析师报告、财务公告）来源于国泰安 CSMAR 数据库，东方财富网股吧论坛中的股票帖子数、投资者对帖子的阅读数和评论数来自中国研究数据服务平台。

4.2.4　研究结果

1. 主要结果

使用倾向得分匹配的前提之一是处理组个体和控制组个体的倾向得分应当具有共同的取值范围，即倾向得分的取值范围需要满足"重叠假设"（overlap assumption），因此，以传播深度 $k = 1$ 为例，在图 4-13 中我们分别绘制了处理组和控制组的倾向得分的核密度曲线，可以发现两条曲线具有比较大的重叠范围，因此说明我们的数据比较符合重叠假设。

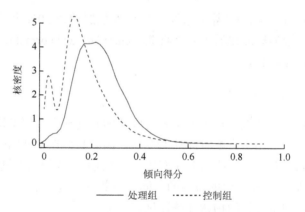

图 4-13　倾向得分的共同取值范围

核函数（kernel）为 epanechnikov，带宽（bandwidth）为 0.0117

我们使用最邻近匹配为处理组中的每个个体找到倾向得分最接近的匹配个体。同时，我们将卡尺距离设置为 0.001，也就是只限于在卡尺距离内寻找最邻近的样本，这样进一步保证了我们匹配到的样本与处理组个体的相似性。根据匹配的控制组样本，我们对模型（4-12）在冲击传播深度 $k = \{1, 2, 3\}$ 时分别进行面板数据的固定效应估计和混合最小二乘估计。模型中主要变量的描述性统计见表 4-10，其中的协变量（市值、交易量、换手率、市净率、新闻报道数量、分析师报告数量、财务公告数量、入度、接近中心性、中介中心性、PageRank 中心性、行业、交易板块）也是计算倾向得分时使用的协变量。

表 4-10　主要变量的描述性统计

变量	观测值数目	均值	标准差	最小值	最大值
异常收益	121 746	2.67×10^{-5}	0.041	-0.406	0.546
处理：t_1	121 746	0.163	0.369	0	1
处理：t_2	121 746	0.157	0.364	0	1
处理：t_3	121 746	0.151	0.359	0	1
处理：t_4	121 746	0.145	0.352	0	1
协变量					
市值	121 746	15.74	0.990	13.11	21.24
交易量	121 746	19.690	1.111	12.790	24.860
换手率	121 746	1.893	0.758	0.004	5.575
市净率	120 929	1.553	0.567	0.385	9.544
新闻报道数量	121 746	0.156	0.393	0	4.443
分析师报告数量	121 746	0.180	0.442	0	3.497
财务公告数量	121 746	0.777	0.856	0	4.875
入度	113 956	0.205	0.168	0	1.403
接近中心性	113 956	2.334	0.818	0	3.186
中介中心性	113 956	0.105	0.155	0	1.785
PageRank 中心性	113 956	0.035	0.032	0.011	0.240
行业（类别变量）					
交易板块（类别变量）					

图 4-14 显示了在不同的冲击传播深度下，个体在信息冲击发生之后的第一周（t_1）、第二周（t_2）、第三周（t_3）和第四周（t_4）所受到的影响。

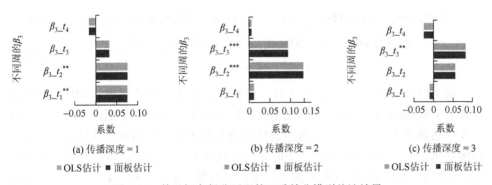

图 4-14　基于倾向得分匹配的双重差分模型估计结果

*** $p<0.001$，** $p<0.01$

　　根据图 4-14 我们发现，当传播深度为 1 时，冲击对网络中直接相邻的股票会在冲击发生之后的第一周（t_1）和第二周（t_2）具有显著的溢出效应，具体表现为处理组中的个体因为受到强信息冲击而在短期内会有更高的异常收益，然而溢出效应会随着时间衰减，t_3 时的影响虽然仍大于 0，但已不再显著，在 t_4 时则已是负向的效应。进一步，当研究传播深度分别为 2 和 3 时，可以发现与传播深度为 1 时相比，冲击的溢出效应因为传播距离的增加会有时间上的延迟。具体来讲，当处理组中的个体与产生冲击的股票的距离为 2 时，冲击发生后的第一周个体尚未受到显著影响，但是在第二周和第三周，个体均会有显著更高的异常收益，并且在第四周观测到的效应又逐渐消失。同理可以发现，当深度为 3 时，此时冲击的溢出效应存在的时间则更短，仅在 t_3 的时候显著。综上可以发现，冲击对网络中个体的影响是相对短暂的，并且这种溢出效应会随着时间和距离的增加而衰减。

2. 异质的处理效应

　　由于个体存在异质性，在扩展模型中，我们主要关注具有不同特征的个体是否会受到异质性的处理效应。在反映个体自身特征的协变量中，我们主要关注了股票的市值和投资者对股票的情感。我们基于股票"牛气值"的投资者情绪指数（Antweiler and Frank，2004）来计算股票 i 在 t 时的投资者情绪 $\text{Sentiment}_{i,t}$，依据该值的计算过程，如果 $\text{Sentiment}_{i,t} > 0$，则投资者总体而言对该股票持积极态度，反之则持消极态度，并且 $|\text{Sentiment}_{i,t}|$ 越大，意味着情感极性越大。同样，我们利用来自东方财富网股吧论坛的股票帖子信息计算 $\text{Sentiment}_{i,t}$。股票 i 在 t 时的总市值 $\text{MV}_{i,t}$ 经过了对数转换。因此，基于模型（4-2），我们得到了以下几个扩展模型，其中模型（4-18）同时包含了两个交互项。

$$\text{AbnReturn}_{i,t} = \alpha + \beta \text{Treat}_{i,t} + \gamma X_{i,t} + \delta \text{Treat}_{i,t} \times \text{MV}_{i,t} + u_t + \varepsilon_{i,t} \qquad (4\text{-}16)$$

$$\text{AbnReturn}_{i,t} = \alpha + \beta \text{Treat}_{i,t} + \gamma X_{i,t} + \lambda \text{Treat}_{i,t} \times \text{Sentiment}_{i,t} + u_t + \varepsilon_{i,t} \qquad (4\text{-}17)$$

$$\begin{aligned} \text{AbnReturn}_{i,t} = &\alpha + \beta \text{Treat}_{i,t} + \gamma X_{i,t} + \delta \text{Treat}_{i,t} \times \text{MV}_{i,t} \\ &+ \lambda \text{Treat}_{i,t} \times \text{Sentiment}_{i,t} + u_t + \varepsilon_{i,t} \end{aligned} \qquad (4\text{-}18)$$

　　以上模型的估计结果见图 4-15，可知，在加入了包含市值（$\text{MV}_{i,t}$）、消费者情绪（$\text{Sentiment}_{i,t}$）的交互项之后，在冲击发生的第一周之后，双重差分估计量 $\hat{\beta}$ 仍然显著大于 0，表明信息冲击仍然会有显著的溢出效应，并且溢出效应的持续时间相对短暂。δ 和 λ 的估计量进一步反映了股票的市值特征和投资者情绪特征对信息冲击的溢出效应的调节作用。在模型（4-16）和（4-18）中，δ 的值分别为 –0.096 和 –0.089，并且均在 0.1% 的水平下显著，这表明处理组的股票市值越大，股票受到的信息冲击的影响就越小；类似地，可以发现在模型（4-17）和

（4-18）中，λ 的值也是小于 0 的，这说明 $Sentiment_{i,t}$ 越高，即投资者对该股票的态度越积极（投资者越看好该股票）时，该股票受到冲击的影响就越小。综上，我们的结果说明处理组中的股票个体尽管在网络中与信息冲击的距离相同，但是股票自身的特征能够调节冲击造成的影响：具有较大市值的股票以及投资者看好的股票受到冲击的影响相对较小。

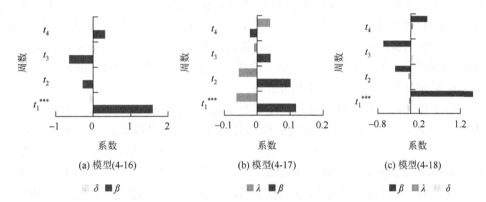

图 4-15　基于倾向得分匹配的双重差分模型估计结果：异质的处理效应

传播深度 = 1；一对一匹配（卡尺距离 = 0.001）；*** $p<0.001$

4.2.5　其他分析

我们对得到的信息冲击的溢出效应的结果进行稳健性检验，其结果与主要结果一致。此外，我们同样识别出了市场中具有"弱关注"的股票，发现这种"弱"冲击不再对网络中的其他个体产生影响。

4.3　共同关注网络中的信息流和信息扩散及其对股票收益预测的影响

4.3.1　研究背景和问题提出

在本节中，我们将提出一个新的综合指标——特征关注度中心性（eigen attention centrality，EAC），来反映共同关注网络中的个体随时间变化的个体关注度（信息强度）和基于网络结构的共同关注（信息流）。我们将提出的 EAC 指标用于股票市场中，以评估该指标的有效性并研究其对股票收益预测的效应。

EAC 在构念上与反映节点在网络结构上的重要性的指标特征向量中心性类

似。与其他中心性指标相比，特征向量中心性能更好地反映节点在网络中的重要程度，因为该指标在计算一个节点的中心性时，会同时考虑其邻居节点的中心性。特征向量中心性在现实世界的应用中普遍存在，如 Google 用来进行网页评级的 PageRank 算法就是特征向量中心性的一个变体。在本节中，我们也使用和特征向量中心性类似的论据，即网络中获得更多个体关注和共同关注的节点更倾向于具有更多的信息流和信息传递，并且可以通过 EAC 指标来反映信息流的效果。具体来讲，EAC 能够表示共同关注网络中具有不同重要程度的个体（即节点）所获得的直接的信息强度和该个体基于网络连接而从其他节点处获得的信息流。我们将 EAC 指标应用于股票市场以反映单个股票所获得的总体的信息流，并研究不同类型的信息流对股票收益可预测性的影响。

由于投资者在特定时间通常关注多个不同的股票（Drake et al.，2017），因此不同股票之间的共同关注关系能够作为信息从一个股票传递到另一个股票的渠道。通常，股票的共同搜索能够反映投资者对股票的共同关注关系。这是因为当投资者同时搜索两个股票时，他们也在同时关注着这两个股票。如果来源于其他股票的信息是相关的，我们可以预期由共同搜索和共同关注产生的股票之间的信息流能够帮助降低股票价格的不确定性，使得股价的可预测性降低。

然而，个体或散户投资者通常存在诸多认知偏差，即使在简单的情境下也无法表现得非常理性。因此，Barber 和 Odean（2008）认为，如果一个股票获得了很高的投资者关注，投资者对该股票具有更高的购买倾向，所以更多的信息会造成投资者的过度反应，使得股价在短期内上升。但是，有研究表明更多的投资者关注并非一定意味着更多的净买入；尤其是当投资者对已持有的股票的关注度增加时，投资者很可能是在寻找合适的卖出时机，因此信息的增加也可能刺激投资者抛售他们持有的股票。因此，信息的增加可能会使不知情的交易者同时增加对股票的买入和卖出行为（Vozlyublennaia，2014）。

不同类型的信息可以以不同的速度在不同的媒介和渠道中传递与扩散，信息流和信息扩散能够产生一定的金融市场现象和结果（Vlastakis and Markellos，2012）。在该情境下，前人的研究主要评估了：①单个股票的收益如何与投资者网络中的信息扩散有关（Ozsoylev et al.，2014）；②信息在不同的金融市场进行传播的渠道（Fama and French，1989）；③诸如社交媒体等面向消费者的信息传播媒介中的信息流（Luo et al.，2013）。其中只有很少一部分研究聚焦于单个金融资产之间的信息流和信息扩散（Drake et al.，2017；Leung et al.，2017），并且均关注市场层面（market-level）或组别层面（group-level）的结果，而非个体层面的结果。Agarwal 等（2017）研究了基于共同搜索的供应链股票内部的信息扩散以及同一供应链上的股票之间的收益交叉预测，然而并未研究基于完整的共同关注网络的信息流和信息扩散对单个股票价格效率的影响。此外，上述的研究均未比较个体关注强度和源于共同关注的信息流对股票收益可预测性的相对影响。

因此，为了填补以上空白并对已有研究进行扩展，本章提出用 EAC 指标来建模和表示网络中的总体信息流，并提出以下研究问题。

EAC 所表示的个体在网络中获得的总体信息流对股票收益的可预测性有怎样的效应？

个体自身的信息强度和来源于网络中其他个体的信息流是否有不同的影响？

基于传统媒体和社交媒体的信息流是否有不同的影响？

本节利用一个大型中文财经门户网站上的共同搜索数据来构建共同关注网络。我们关注整个 A 股市场，即在上海和深圳证券交易所上市的所有 A 股股票①。中国股票市场是典型的个体或散户投资者主导的市场。我们将整个 A 股市场建模成基于股票共同搜索的一个有向的、加权的网络。其中，单个股票作为网络中的节点，有向边表示股票之间的共同搜索关系，能够建模不同股票之间信息流通的渠道。节点的权重表示单个股票的关注度或信息强度，有向边的权重反映相连的股票之间的信息流或信息扩散的程度。EAC 指标利用了四种不同来源的信息：①阅读量——有关单个股票的帖子被用户阅读的次数；②评论量——有关单个股票的帖子被用户评论的次数；③新闻量——有关单个股票的新闻文章的数目；④分析师报告数——有关单个股票的分析师报告的数目。更高的 EAC 意味着个体在网络中占据更中心的位置，拥有更多来源于网络中其他个体的信息流或更高的自身的信息强度，或两者兼具。

基于生成的 EAC 指标，本书进一步研究了 EAC 对股票收益可预测性的影响。通过分析整个 A 股市场中共计 2768 只股票②，结果表明 EAC 能够预测股票异常收益的方向和程度，并且 EAC 越高，股票未来异常收益的幅度越低，这意味着具有更高 EAC 的股票具有更快的价格发现，价格更有效率（即股票价格反应新信息的能力更强）。我们还发现这种价格效率主要归因于网络中的信息流而非该个体自身的信息强度。该个体自身的信息增加使得异常收益的程度加大，因此本书的结果表明共同关注和个体关注对股票收益有不同的影响。即使在控制了信息扩散的常见影响因素（如行业、地理位置、大众媒体、机构持股等）之后，我们仍能得到一致的结果，这意味着 EAC 的效应是稳健的，它能反映出已知的信息扩散因素无法解释的部分。我们还发现基于个体自身和共同关注的信息流的作用主要来源于社交媒体，而非传统媒体。据我们所知，Leung 等（2017）是最早关注不同来源信息的相对影响的研究之一。最后，根据 EAC 对股票收益预测的实证结果，我们为投资者提供了一个交易策略：当 EAC 处于较

---

① 截至 2016 年底，上海和深证证券交易所共计 3034 只上市公司股票。

② 因为停牌或其他原因造成的数据缺失，部分股票从样本中被移除。

低水平时，构建一个买入有正向情感并卖出有负向情感的股票组合，能够为投资者带来显著高于 0 的超额收益。

4.3.2　研究设计

研究设计的核心是描述和介绍 EAC，我们将其定义为：在一个节点具有不同信息强度且节点之间存在不同程度的信息流通的网络中，用以反映节点在网络中的综合信息流的指标。如 4.3.1 节所述，EAC 在构念上类似于特征向量中心性，与度中心性关于节点同质的假设有所不同，EAC 利用节点自身关注度和基于网络的共同关注来衡量单个节点的重要性。本节首先介绍 EAC 的概念，然后描述计算 EAC 的数学模型和过程。

1. EAC 的概念

考虑一个节点和边双加权的网络：$G = \{N, E, W_N, W_E\}$，其中 N 是节点集合，E 是有向边的集合，W_N 是节点权重集合，W_E 是边的权重集合。以股票网络为例，则 N 表示股票集合，E 表示对这些股票的共同搜索：从股票 j 到股票 i 的有向边表示用户在搜索股票 j 的时候，会共同搜索股票 i。W_N 表示股票自身关注度的强度，W_E 表示股票之间的共同关注的程度，反映了网络中相连的两个股票之间信息扩散的程度。计算 EAC 的关键是计算股票的自身关注度和股票之间的共同关注。

1）信息强度：股票自身的关注度

在行为金融学领域，投资者关注有限的认知资源，反映了投资者获取和处理资产相关信息的程度（Hirshleifer and Teoh，2003）。关注度可以通过投资者获取某股票信息的数量来反映。在金融学领域，诸如新闻、分析师报告和财务公告等基于传统媒体的数据（Barber and Odean，2008；Drake et al.，2017）被用于测量投资者对资产的关注程度。然而，学术研究和行业实践日益发现投资行为是一种社会活动，并且投资者越来越依赖新兴的社交媒体平台（如股吧论坛、社交网络）来获取和共享信息（Antweiler and Frank，2004）。为了同时考虑传统媒体和社交媒体等多种来源和类型的信息，本节同时使用以下几个关注度的代理变量来生成一个综合的关注度指数。①与单个股票相关的帖子被用户阅读的次数；②与单个股票相关的帖子被用户评论的次数；③单个股票的新闻报道数；④单个股票的分析师报告数。我们的目标是基于以上变量生成投资者对单只股票的综合关注度指标。与 4.2 节的做法一致，为了通过剔除冗余信息实现维度约减，我们使用因子分析技术对上述四个关注度变量学习出潜因子，并保留第一个主因子，该因子具有最大的特征值，并且所有因子的特征值的碎石图表明图像拐点发生在第一个主因子之后，因此该因子能反映上述四个关注度变量之间的最大程度的信息变异。

2）信息扩散：基于共同关注的股票网络

由于有限的关注度和异质的投资偏好，投资者在同一时期倾向于搜索有限个股票，对多个股票的共同搜索可能是依次进行的[①]，因此股票的共同搜索关系是非对称的，即投资者搜索股票 A 的同时可能还会搜索股票 B，但是搜索 B 的同时却不一定共同搜索 A。对每一只股票而言，诸如雅虎财经和新浪财经等投资门户网站能够显示投资者最经常共同搜索的股票，这为学者识别和研究股票的共同搜索关系提供了机会（Agarwal et al.，2017；Leung et al.，2017）。然而，这些网站并未揭示共同搜索的强度，因此本书将通过分析投资者对不同资产的关注度指标来推测股票之间的共同关注程度。

2. EAC 的计算

如前所述，$G = \{N, E, W_N, W_E\}$ 表示一个节点和边双加权的有向网络。假设我们在 K 个不同的时期构建了 K 个这样的网络[②]，每个网络构建的时期都有固定的 T 天。n 表示网络中节点的个数，因此 G^k（$k = 1, \cdots, K$）是第 k 个由 n 个节点构成的网络。G^k 中从节点 j 到节点 i 的有向边（以下均表示为 $j \rightarrow i$）的权重为 a_{ij}^k（$a_{ij}^k \in W_E^k$）。通过为每个节点生成一条指向自己的边，我们能够将节点 i 的权重写为 a_{ii}^k（$a_{ii}^k \in W_N^k$）。因此，网络 G^k 的邻接矩阵可以写为

$$A^k = (a_{ij}^k) = \begin{bmatrix} a_{11}^k & \cdots & a_{1n}^k \\ \vdots & & \vdots \\ a_{n1}^k & \cdots & a_{nn}^k \end{bmatrix} \tag{4-19}$$

其中，$a_{ij}^k \in W_E^k$ 对 $\forall i, j, i \neq j$ 成立，且 $a_{ii}^k \in W_N^k$。因此，邻接矩阵 A^k 的主对角线元素（$a_{11}^k, a_{22}^k, \cdots, a_{nn}^k$）即为 n 个节点的权重。

节点权重计算：单只股票自身的关注度。

由于市值水平不同的股票在市场中的相对影响不同，因此我们对股票 i 计算其在形成网络的 T 天内的市值加权的平均关注度：

$$\text{Attention}_i^k = \frac{\sum_{t=1}^{T} \text{MktCap}_{i,t} \times \text{Attention}_{i,t}}{\sum_{t=1}^{T} \text{MktCap}_{i,t}} \tag{4-20}$$

---

① 例如，当投资者搜索股票 j 时，他们可能会选择再搜索股票 j；但是搜索股票 j 的投资者可能不再选择搜索股票 i。

② 由于网络的拓扑结构和市场的信息环境都随时间变化，因此分析在不同时期形成的网络能够捕捉这些变化。

其中，$\text{Attention}_{i,t}$是股票i在第t天的综合关注度指数[①]；$\text{MktCap}_{i,t}$是股票i在第t天经过自然对数转化后的总市值，$t=1,\cdots,T$。

有向边权重计算：共同关注股票之间的信息扩散。

我们通过计算股票之间的共同关注的程度来反映网络中的信息流。虽然能够通过直接测度投资者共同搜索的强度来反映共同关注的程度，但是在实证研究中，该信息无法从线上平台直接获取（Agarwal et al., 2017; Leung et al., 2017; Lin et al., 2017）。因此，为了量化共同关注的程度，我们使用 Drake 等（2017）的方法来测度投资者对一个股票的关注度（即信息强度）在多大程度上与另一个股票的关注度相关。对网络中每一条在固定的T天内形成的边$j \to i$，我们进行如下的单变量最小二乘回归：

$$\text{Attention}_{i,t} = \beta_0 + \beta_{ij}\text{Attention}_{j,t} + \varepsilon_{i,t} \tag{4-21}$$

我们计算回归方程（4-21）的决定系数或称可决系数，即R_{ij}^2，并用该决定系数来表示边$j \to i$的权重，即我们令$a_{ij}^k = R_{ij}^2$。由于R_{ij}^2反映了股票i的关注度可以用股票j的关注度来解释的程度，因此更大的R_{ij}^2意味着$j \to i$的共同关注的程度越大，所以边的权重的大小反映了股票在网络中信息扩散的程度。

EAC 计算：双加权网络的特征向量中心性。

基于上述对节点权重和有向边权重的描述，我们将网络G^k的邻接矩阵A^k重新写为

$$a_{ij}^k = \begin{cases} \text{Attention}_i^k, & i = j \\ R_{ij}^2, & i \neq j \text{ 且 } j \to i \\ 0, & \text{其他} \end{cases} \tag{4-22}$$

令x_i^k为节点i在网络G^k中的特征向量中心性，则根据特征向量的定义：

$$x_i^k = \frac{1}{\lambda^k} \sum_{j=1}^n a_{ij}^k x_j^k \tag{4-23}$$

等式（4-23）可以改写：

$$A^k x^k = \lambda^k x^k \tag{4-24}$$

其中，$x^k = [x_1^k, \cdots, x_n^k]$，$A^k \in R^{n \times n}$。根据 Perron-Frobenius（佩龙-弗罗贝尼乌斯）理论[②]可以求得矩阵A^k的最大特征值λ^k，与λ^k对应的特征向量x^k的元素都是非负的。因此，x^k的第i个元素，即x_i^k，将为节点i在网络G^k中的特征向量中心性的值。我们将股票i在网络G^k中的 EAC 的值写为

$$\text{EAC}_i^k = x_i^k \tag{4-25}$$

[①] 我们对该综合关注度指标进行了最小-最大归一化（min-max normalization），使得取值处于 0 到 1 之间。

[②] 该理论认为具有非负元素的方阵会有一个最大的特征值，该特征值对应的特征向量的元素全部都大于 0。

是一个只包含 12 个股票的简化的共同关注网络[①]，每个股票的 EAC 值显示在股票代码的下方。其中节点大小与节点权重成比例，反映了股票自身的关注度强度。图中边的厚度反映边的权重，表示存在共同关注关系的两只股票之间的信息流。用实线表示的边是单向边，虚线表示的边是双向边，双向边两端的股票互相在对方的共同搜索列表里。

从图 4-16 中可以发现，股票"600000.SH"在网络中占据着非常中心的位置，该节点在一定程度上起到了结构洞的作用：如果没有该股票，信息将无法在上半部分网络和下半部分网络中的股票间流通。我们发现，具有来自"600000.SH"的入链的股票也具有相对较高的 EAC。其中，"600036.SH"和"600322.SH"的节点权重相近，并且都有两条入链。不同的是，"600036.SH"有一条来自"600000.SH"的入链，因此"600036.SH"的 EAC 值明显高于"600322.SH"的 EAC 值。该结果与特征向量中心性的思想是一致的：如果一个节点的边来自网络中重要的节点，该节点也倾向于有更高的重要性。

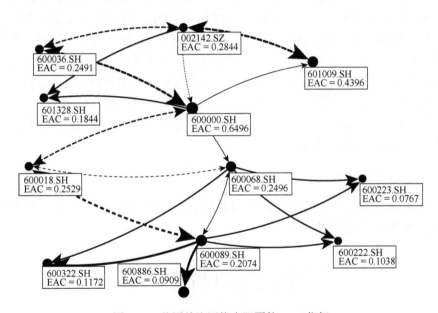

图 4-16　共同关注网络中股票的 EAC 指标

---

① 对应的上市公司名称为：浦发银行（600000.SH），南京银行（601009.SH），宁波银行（002142.SZ），上港集团（600018.SH），葛洲坝（600068.SH），招商银行（600036.SH），特变电工（600089.SH），交通银行（601328.SH），天房发展（600322.SH，该股票代码现已变更为津投城开），太龙药业（600222.SH），国投电力（600886.SH），鲁商置业（600223.SH，该股票代码现已变更为福瑞达）。

4.3.3 数据和网络构建

1. 数据收集

本节使用的共同搜索数据同样来自新浪财经。我们使用 Perl 语言写的网络爬虫程序，抓取了所有 A 股股票在 2015 年 6 月 1 日～2016 年 7 月 8 日每天的共同搜索数据列表。

我们从国泰安 CSMAR 数据库获取了 2015 年 6 月 1 日～2016 年 7 月 8 日每天的新闻数据和分析师报告数据，与股票相关的特征（如收益率、市值、交易量、换手率、市净率），行业收益率和 Fama-French 股票市场风险因子数据。与股票帖子相关的阅读数和评论数来源于东方财富网的股吧论坛。

东方财富网是中国最受欢迎的金融门户网站之一，它的在线股吧论坛（http://guba.eastmoney.com/）里面有大量关于股票的帖子。与新浪财经股吧论坛相比，东方财富网股吧论坛更为活跃，其拥有更大的用户基础和更多的用户生成内容。我们利用每日平均发帖量的统计数据，比较了新浪财经和东方财富网股吧论坛的受欢迎程度。以中国银行（601988.SH）为例，东方财富网股吧论坛中的帖子数量几乎是新浪财经的三倍。新浪财经更适合投资者搜索和获取与股票投资相关的行情信息，而东方财富网股吧是投资者进行社交活动的热门平台。

我们收集了 2015 年 6 月 1 日～2016 年 7 月 8 日所有股票的帖子及投资者对这些帖子每天的阅读量和评论量。

2. 共同搜索网络

基于新浪财经上股票的共同搜索数据，我们使用如图 4-17 所示的滑动窗口方法来构建共同搜索网络。

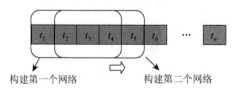

图 4-17　滑动窗口方法

滑动窗口方法能够捕获网络结构随时间的动态变化。如图 4-17 所示，窗口大小（window size）设定为固定的四周，窗口的移动步长（sliding size）为一周，即窗口每次向前滑动一周。具体来说，我们首先用最初四周的共同搜索数据形成第一个网络，接着，我们将窗口向前滑动一周，并用更新后的四周的共同搜索数据形成第二个网络；以此类推，直到我们构建出样本期内的最后一个网络。在 2015 年 6 月 1 日～2016 年 7 月 3 日这段时间内，使用图 4-17 的滑动窗口方法，我们一共形成了 54 个共同搜索网络。对这些网络进行简单的统计分析，表 4-11 列出了关键的网络指标。

表 4-11　网络结构特征统计表

网络属性	均值	标准差	最小值	最大值
相连节点数/个	2 699.74	106.43	2 480	2 860
连接组元数/个	1.055 6	0.229 1	1	2
连接组元内最大边数/条	37 456.13	6 353.86	19 115	47 016
直径	6.629 6	0.519 8	6	8
平均测地距离	3.027 3	0.151 5	2.868 6	3.564 8
图密度	0.005 1	0.000 8	0.002 6	0.006 0
增加节点数/个	27.58	26.93	0	139
删除节点数/个	21.02	15.79	0	83
增加率	1.027%	0.989%	0	4.957%
删除率	0.777%	0.572%	0	2.960%

在表 4-11 中，平均增加（删除）率表示共同搜索网络中新增（删减）的股票比例。一方面，可以发现这两个比例都相对较低，这意味着这些共同搜索网络在节点构成上没有太大的变动。另一方面，可以发现连接组元内最大边数波动较大，这说明虽然网络中包含的股票数量几乎没有变动，但是这些股票之间的共同搜索关系变化较大，这也反映出作为信息流通渠道的网络连接在不同网络中有所不同，而我们使用滑动窗口方法能够捕获这种变动。此外，这些网络的平均图密度非常低，仅有 0.0051，这意味着网络是较为稀疏的。我们还发现几乎所有网络都只有一个连接组元，并且通过网络直径可以看出一个节点可以通过 6～8 步的距离到达另一个节点，这与"小世界"的网络特征一致。此外，我们还分析了网络中节点的入度分布和出度分布。结果表明节点入度分布服从幂律定理，节点出度更倾向于随机分布。完整的节点度分布的相关分析见附录 2。

4.3.4　EAC 对股票收益可预测性的影响

为说明 EAC 能够有效地表示股票受到的投资者关注的强度和股票在共同关注网络中的信息流，本节我们提出了实证模型，通过研究 EAC 与股票收益可预测性的关系，来研究 EAC 在股市情境下的效应。

1. 计量模型

我们关注的结果是股票的异常收益（Luo et al., 2013; Vozlyublennaia, 2014）。特别地，在本节中我们计算股票从 2015 年 6 月到 2016 年 7 月每周的累积异常收益（即一周中的日度化异常收益之和）。

统计推断（statistical inference）是金融学领域中研究资产收益预测的一种主流方法，其通过关注回归模型中变量的 t 统计量来检验预测变量的显著性（Campbell and Yogo, 2006）。因此在本节我们提出计量模型来研究 EAC 对股票收益可预测性的影响。研究表明，收益可预测性通常是一个短期现象（short-term phenomenon）而非长期现象，因为长期市场经过充分的调整之后，能够达到比较有效的状态（Torous et al., 2004）。因此我们关注周度化的股票收益，并研究过去四周的 EAC 是否能够预测当周的异常收益。表 4-12 提供了模型中所使用的变量名称和定义。

表 4-12 变量名称和定义

变量名	变量定义
$AbnReturn_{it}$	股票 i 在第 t 周的异常收益
$EAC_{i,t-4:t-1}$	股票 i 在第 $t-4$ 周到第 $t-1$ 周的特征关注度中心值
$Attention_{i,t-4:t-1}$	股票 i 在第 $t-4$ 周到第 $t-1$ 周的自身综合关注度
$\overline{AbnRetPeers}_{i,t-4:t-1}$	股票 i 的邻居节点股票在第 $t-4$ 周到第 $t-1$ 周的市值加权的平均异常收益
$Sentiment_{i,t-4:t-1}$	股票 i 在第 $t-4$ 周到第 $t-1$ 周的投资者情绪指数
$\overline{Return}_{i,t-4:t-1}$	股票 i 在第 $t-4$ 周到第 $t-1$ 周的平均收益率
$IndReturn_{i,t-4:t-1}$	股票 i 所在行业内的股票在第 $t-4$ 周到第 $t-1$ 周的平均收益率
$\overline{MktCap}_{i,t-4:t-1}$	股票 i 在第 $t-4$ 周到第 $t-1$ 周的平均总市值
$\overline{Volume}_{i,t-4:t-1}$	股票 i 在第 $t-4$ 周到第 $t-1$ 周的平均成交金额
$Turnover_{i,t-4:t-1}$	股票 i 在第 $t-4$ 周到第 $t-1$ 周的平均换手率
$\overline{P2B}_{i,t-4:t-1}$	股票 i 在第 $t-4$ 周到第 $t-1$ 周的平均市净率

我们的目的是研究历史的 EAC 是否对当前的异常收益具有显著的预测效力。为了排除其他可能的因素对模型结果的解释，我们在模型中包含了市值、成交金额等控制变量。此外，由于前人研究发现具有有限注意力的个体或散户投资者通

常会倾向于在市场、部门或行业层面配置信息，而非直接处理单个资产层面的信息（Peng and Xiong，2006），因此我们在模型中包含了行业的收益率来控制行业带来的影响。此外，研究表明投资者情绪能显著影响股票的表现（Antweiler and Frank，2004）。因此，在模型中我们控制了 Antweiler 和 Frank（2004）提出的基于股市"牛气值"的投资者情绪指数；同样我们利用东方财富网上的股票帖子的情感极性计算投资者对股票的情感态度。此外，由于邻居节点的股票很可能与我们关注的股票节点呈现显著的收益联动模式，因此根据收益动量效应（momentum effect），邻居节点股票的历史收益可用于预测所关注节点的收益。为了剔除这种可能性，我们计算了邻居节点股票的市值加权的历史平均收益率，并将该变量加入模型以控制收益联动可能带来的影响。模型中所使用的变量的描述性统计见表 4-13。

表 4-13　变量描述性统计

变量	观测值数目	均值	标准差	最小值	最大值
AbnReturn_{it}	90 864	−0.024	7.080	−53.330	53.320
$\text{EAC}_{i,t-4:t-1}$	90 864	0.006	0.020	0	0.435
$\text{Attention}_{i,t-4:t-1}$	90 864	0.491	0.271	0.087	3.387
$\overline{\text{AbnRetPeers}}_{i,t-4:t-1}$	90 864	−0.015	0.317	−3.798	2.874
$\text{Sentiment}_{i,t-4:t-1}$	90 864	0.751	1.759	−4.756	6.706
$\overline{\text{Return}}_{i,t-4:t-1}$	90 864	−0.483	5.623	−24	54
$\overline{\text{IndReturn}}_{i,t-4:t-1}$	90 864	−0.791	3.909	−16.780	13.680
$\overline{\text{MktCap}}_{i,t-4:t-1}$	90 864	22.700	0.901	19.860	28.000
$\overline{\text{Volume}}_{i,t-4:t-1}$	90 864	17.960	1.004	10.220	23.010
$\overline{\text{Turnover}}_{i,t-4:t-1}$	90 864	2.695	0.745	0.011	5.425
$\overline{\text{P2B}}_{i,t-4:t-1}$	90 864	6.818	0.056	0	8.789

2. 估计结果

我们一共生成了 54 个共同搜索网络。对每一只股票，每次当时间窗口向前移动一周时，我们计算该股票在新形成的网络中的 EAC 和该股票的其他控制变量，因此该股票就新增一个观测值。由此，我们形成了截面变量为单只股票、时间序

列变量为周的面板数据。我们使用 Fama-MacBeth 的两步回归策略来更准确地控制截面变量之间的相关性（Fama and MacBeth，1973），并使用 Newey-West 调整标准误来控制时间序列上的一阶自相关（Newey and West，1987），以此来更加准确地估计模型系数。我们使用 2015 年 6 月至 2016 年 7 月之间的数据来估计模型。在模型 I 中，我们使用股票异常收益的原始值（$AbnReturn_{it}$），由于该值等于股票实际收益与其市场期望收益之差，因此取值是可正可负的。故而，在模型 II 中，我们使用了股票异常收益的绝对值（$|AbnReturn_{it}|$）作为因变量。异常收益的绝对值能够反映股票实际收益偏离其市场期望的程度，因此可用于研究 EAC 对改变股票异常收益大小所起的作用。在模型中，我们还加入了股票自身的关注度（即节点信息强度）变量。因此，在加入股票自身关注度之后，EAC 的直接效应体现为网络中来自其他股票的信息流对所研究股票的影响。模型的估计结果见图 4-18。

根据图 4-18 的估计结果，我们发现在模型 I 中 $EAC_{i,\,t-4:t-1}$ 的系数为−5.457，且该值在 0.01 的显著性水平下显著，这意味着 $EAC_{i,\,t-4:t-1}$ 的值每增加 1%，$AbnReturn_{it}$ 的值就会下降 5.457%。在模型 II 中我们研究的是 $EAC_{i,\,t-4:t-1}$ 对 $|AbnReturn_{it}|$ 的影响，可以发现 $EAC_{i,\,t-4:t-1}$ 的系数在 0.001 的显著性水平下是显著为负的，$EAC_{i,\,t-4:t-1}$ 每增加 1%，未来一周异常收益的绝对大小就会降低 4.39%。该结果表明，EAC 更高时，股票未来异常收益的幅度更小。这意味着具有更高 EAC 的股票会从网络中获得更多的信息流和更快的信息扩散，因此，该股票的投资者能够对信息迅速做出反应，故而更多有关该股票的信息被包含进股票价格中，使得股票的异常收益幅度减小，提升了股票价格的效率（即股票价格反映新信息的能力）。

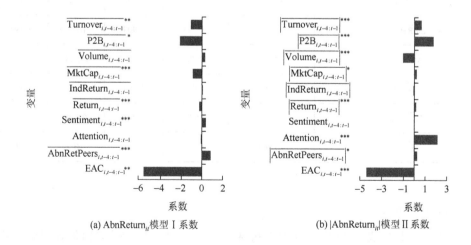

(a) $AbnReturn_{it}$ 模型 I 系数　　　(b) $|AbnReturn_{it}|$ 模型 II 系数

图 4-18　模型估计结果

$*** \ p<0.001$，$** \ p<0.01$，$* \ p<0.05$

我们还发现，模型 II 中 $Attention_{i,\,t-4:t-1}$ 的系数在 0.001 的水平下显著为正，这意味着更高的自身关注度会预测更大程度的未来异常收益。然而，$Attention_{i,\,t-4:t-1}$ 在模型 I 中的系数是不显著的，根据这两个模型中的结果可以发现，股票自身的直接关注度只能预测异常收益的幅度，并不能预测异常收益的方向，这说明具有更高投资者关注度的股票既可能存在更多的购买，也可能产生更多的抛售。我们进一步发现，当我们只关注自身投资者关注度（不考虑 EAC）对收益可预测性的影响时，其结果与图 4-18 中呈现的结果一致。在不控制股票个体的直接关注度的情况下，我们重新估计了 EAC 在股票异常收益预测中的效应，在该情况下，EAC 能同时反映网络中的信息流和股票自身的信息强度。

根据图 4-19 中的结果，我们发现 $EAC_{i,\,t-4:t-1}$ 对 $AbnReturn_{it}$ 和 $|AbnReturn_{it}|$ 的系数均在 0.01 的水平下显著，这与图 4-18 中的估计结果是一致的。因此，结合表 4-13 的估计结果，我们发现无论是否同时控制投资者对股票个体的直接关注度，我们提出的 EAC 指标均能够用于评估股票收益的可预测性。

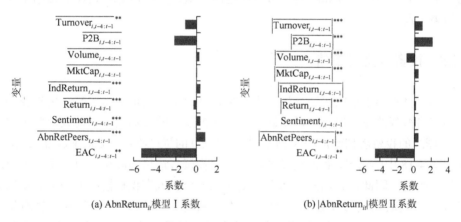

图 4-19　模型估计结果：不控制自身关注度时

$*** p<0.001,\ ** p<0.01$

回到图 4-18 中，我们发现 $\overline{AbnRetPeers}_{i,\,t-4:t-1}$ 的系数在模型 I 中显著大于 0，这说明股票 i 与其邻居节点的股票存在显著的收益联动关系，这与 Leung 等（2017）发现的"与一个股票共同搜索的其他股票能有助于预测该股票的收益率"这一结果一致。另一个有趣的发现是，在模型 I 中，投资者情绪（$Sentiment_{i,\,t-4:t-1}$）与股票未来异常收益的关系是正向的，这意味着投资者看好的股票有正向的价格压力，而且投资者的情感态度越积极（即 $Sentiment_{i,\,t-4:t-1}$ 的值越大），该股票的未来收益就越高。我们还发现在模型 I 中，价格的动量效应（$\overline{Return}_{i,t-4:t-1}$）是负的，即过去四周的平均收益率对未来一周的收益率的预测是负向的。这说明在我们样本区间内，中国股市存在短期收益反转（short-term return reversal）现象。造成收益反转的可能原因是投资者对信息、潮流（fads）、谣言（rumors）等的过度反应，或投资者存在认知上的偏差（Da et al.，2014）。收益反转也可能与股票流动性（liquidity）有关，当股票的短期需求曲线有下降趋势或供给曲线是增加的，或两者兼具时，股票的价格压力增加，因此可能产生短期的收益反转（Da et al.，2014）。一个例子是不知情交易引起的股价下跌可以被流动性提供者利用，导致随后的价格反转以补偿提供流动性的投资者。我们还发现在模型 I 中，股票市值（ $\overline{\mathrm{MktCap}_{i,t-4:t-1}}$ ）和异常收益之间的关系是负的，这说明小市值的股票倾向于有更高的短期超额收益。

3. 稳健性检验

我们不再使用因子分析的方法来得到四个关注度变量的综合指标，而是简单地计算这四个变量经过标准化转换之后的算术平均值，得到平均关注度指标，并用该平均关注度指标计算网络中节点和边的权重，并得到新的 EAC。该结果与主要结果一致。

4.3.5　投资者交易策略

本节将利用本章的实证分析结果为投资者提出和制定交易策略，根据我们的交易策略得到的股票组合可以帮助投资者获得显著的超额收益。前人研究表明积极（消极）的投资者情绪能用于预测更高（更低）的资产收益（Tetlock et al.，2008）。根据图 4-18 中的结果，我们也发现具有正向投资者情绪的股票可以产生显著更高的异常收益。因此，我们的目标之一是建立一个买入有积极情绪的股票并卖出有消极情绪的股票的投资组合。另一个主要目标是在此交易策略中有效地使用EAC。由于 EAC 可以反映信息流的强度和信息扩散的速度，更高的 EAC 意味着股票价格能更迅速地反映市场信息，即更高的价格效率。因此，我们预期，与具有较高 EAC 水平的投资组合相比，处于较低 EAC 水平下的投资组合可以获得显著更高的超额收益。

1. 投资策略的描述

综上，根据 EAC 和投资者情绪的双向排序（two-way sorts）来得到投资组合。首先，将所有股票按照其过去一个月的 EAC 值进行升序排序。根据排序后的股票，提出两种划分方法：第一种是将所有股票按照 EAC 值分为三组（tertiles）——低EAC 股票（T1）、中 EAC 股票（T2）和高 EAC 股票（T3）；第二种是将所有股票按照 EAC 值分为五组（quintiles）——最低 EAC（Q1）至最高 EAC（Q5）。其次，每个三组和五组内的股票根据其过去一个月的投资者情绪进一步分为三组：具有正面情绪的股票、具有负面情绪的股票和具有中性情绪的股票。然后，计算在每一种投资者情绪划分下的股票组合的周度化收益的市值加权平均值。进而，在每个基于 EAC 排序得到的三组和五组下，构建一个投资组合——买入具有正面情绪的股票和卖出具有负面情绪的股票。这一"买入-卖出"组合的收益为正面情绪股票的收益减去负面情绪股票的收益。以上的投资组合每当形成之后会保持一周，随后使用 4.3.3 节所示的滑动窗口方法重新构建和形成。

基于以上操作，得到如下的时间序列模型：

$$R_t = \alpha + \beta_1(R_{mt} - R_{ft}) + \beta_{2i}\text{SMB}_t + \beta_{3i}\text{HML}_t + \beta_{4i}\text{RMW}_t + \beta_{5i}\text{CMA}_t + e_t \quad (4\text{-}26)$$

其中，R_t 是根据我们提出的投资策略得到的"买入-卖出"的投资组合在第 t 周的收益；$\beta_1, \cdots, \beta_5$ 分别是 Fama-French 五因子的系数；α 是常数项。如果 α 的估计量 $\hat{\alpha}$ 显著，则说明该投资组合中的收益存在不能被 Fama-French 风险因子解释的部分，这部分的收益是该投资组合的超额收益。进一步地，如果 $\hat{\alpha}$ 显著大于 0，则说明存在显著大于 0 的超额收益。我们使用自回归条件异方差（autoregressive conditional heteroscedasticity，ARCH）模型对以上模型进行估计。

2. 样本内交易策略的结果

根据上文提出的交易策略，首先我们使用样本内的数据（即 2015 年 7 月～2016 年 6 月的数据）估计投资组合的回报，结果见图 4-20。

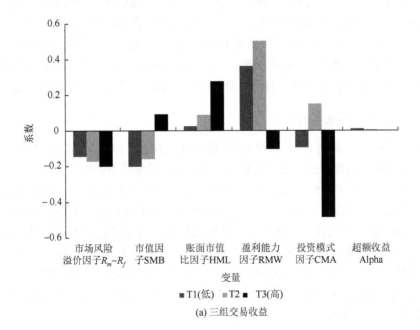

(a) 三组交易收益

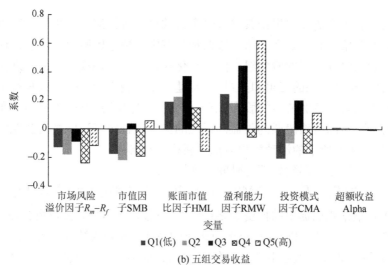

(b) 五组交易收益

图 4-20　交易策略：基于 EAC 和投资者情绪双重排序的投资组合收益的多变量回归结果

可以发现，在 EAC 处于较低水平时（T1，T2，Q1，Q2），投资组合存在显著大于 0 的超额收益。例如，当 EAC 处于 Q1 时，根据我们的交易策略生成的投资组合可以产生 89 个基点的超额回报。这表明投资组合存在显著高于 0 的超额回报，并且这些超额回报不能用常见的市场风险因素（即市场风险溢价因子、市值因子、账面市值比因子、盈利能力因子、投资模式因子）解释，然而可以通过我们提出的 EAC指标来解释。这一结果表明，在较低 EAC 的情况下，投资者投资由买入具有正面情绪的股票并卖出具有负面情绪的股票所构成的投资组合可以获得显著为正的超额收益。我们还发现，在 EAC 处于较高水平的情况下（如 Q5），投资组合将产生负的回报。这一发现进一步支持了我们的研究结果，即 EAC 越高越可能发生收益反转，这是因为信息的迅速扩散加速了股价反映新信息的速度，从而产生短期的收益反转。

3. 样本外交易策略的结果

为了进一步说明前面提出的交易策略的有用性，本节我们用样本外（out-of-sample）的数据来重新计算 EAC，并生成交易策略中的投资组合。具体来说，我们使用了 2017 年的样本数据来制定交易策略。首先按照 4.3.2 节中的方法，我们利用 2017 年的共同搜索数据形成了 49 个双加权的共同搜索网络。然后，我们根据网络中股票的阅读量、评论量、新闻报道数和分析师报告数这四项信息生成关注度的综合指标，并重新计算网络中每个股票节点的 EAC。同样，我们根据 EAC 和投资者情绪进行了双重排序，得到了"买入-卖出"的投资组合，并通过拟合 Fama-French 五因子模型重新估算了投资组合的超额收益。样本外交易策略的估计结果见图 4-21。

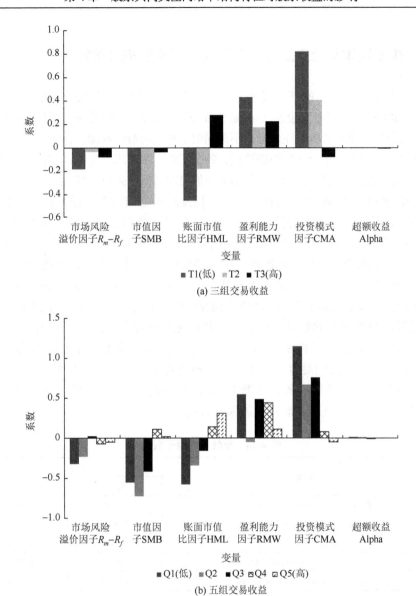

(a) 三组交易收益

(b) 五组交易收益

图 4-21　样本外交易策略的估计结果

根据图 4-21 中的结果，我们发现在较低 EAC 的情况下（T1，T2，Q1），买入正面情绪的股票并卖出负面情绪的股票的交易策略可以带来显著大于 0 的超额收益。在较高 EAC 的情况下（Q5），投资组合也可能产生显著小于 0 的收益。这些结果与图 4-18 中的样本内估计结果一致，表明我们的交易策略是有效且稳健的。根据我们提出的交易策略，投资者可以在较低 EAC 的水平下通过调整投资组合得到超额回报。

4.3.6　传统媒体与社交媒体对股票收益预测的相对重要性

由于社交媒体技术的蓬勃发展,学术界和工业界都在目睹着一场从行为金融(behavioral finance)到社交金融(social finance)的变革,同时也见证了投资者信息需求的日益增长。投资者所关注的信息不再局限于传统的财经新闻、行业研究报告或分析师报告,社交媒体平台(如股吧论坛、社交网络)中的用户生成内容也成为投资者获取资产信息的重要来源。因此,在本节我们将对比研究来自传统媒体和社交媒体的信息对股票收益可预测性的影响是否不同,以及两种媒介的信息流的相对有效性。

因此,基于我们收集的数据,社交媒体信息主要包含投资者在线上股票论坛(即东方财富网股吧)中对相关股票帖子内容的阅读量和评论量。我们研究的传统媒体主要是指线下(offline)媒体,包含股票分析师对上市公司的研究报告和上市公司的财务公告信息。此处需要说明的是,关于上市公司的新闻报道既可能是来自财经门户或社交媒体等互联网网站的网络新闻,也可能是刊登于报纸、杂志、宣传册等印刷媒体上的纸质新闻。由于我们无法获知每个新闻报道的具体来源,因此对新闻的划分并不直观。为了正式地得到社交媒体信息和传统媒体信息这两个类别,同理,我们对以上五个变量(投资者阅读量、投资者评论量、新闻报道数、分析师报告数和财务公告数)的时间序列进行因子分析,并从中提取两个主因子。表 4-14 显示了旋转后的因子载荷。

表 4-14　旋转后的因子载荷

变量	因子载荷	
	因子 1	因子 2
投资者阅读量(investor reads)	0.6375	0.0426
投资者评论量(investor comments)	0.6433	0.0026
新闻报道数(news coverage)	0.1449	0.0271
分析师报告数(analyst reports)	0.0571	0.2823
财务公告数(financial announcements)	0.0639	0.2802

根据表 4-14 旋转后的因子载荷可知,这两个因子的载荷均大于 0,因子 1 在投资者阅读量和评论量这两个变量上的载荷均明显高于其他三个变量,所以因子 1 主要解释的是投资者的阅读量和评论量,因此,我们提取出因子 1,并将其定义为社交媒体信息。同样,根据载荷信息,因子 2 主要解释了分析师报告数和财务公告数,因此我们将因子 2 定义为传统媒体信息。另外,与我们的预期一致,两个因子都无法很好地解释新闻报道数,因为新闻报道既包含来自社交媒体的新闻,也包括来自传统媒体的新闻。

　　基于提取出的两个公因子，我们分别计算了基于社交媒体和基于传统媒体的两个关注度指标：Attention(社交媒体)和 Attention(传统媒体)。并分别根据这两个关注度指标，重新生成了节点和边双加权的网络，计算出基于社交媒体和基于传统媒体 EAC：EAC(社交媒体)和 EAC(传统媒体)。图 4-22 给出了关注度对股票收益的估计结果，呈现了两个 EAC 指标对股票收益预测的估计结果。

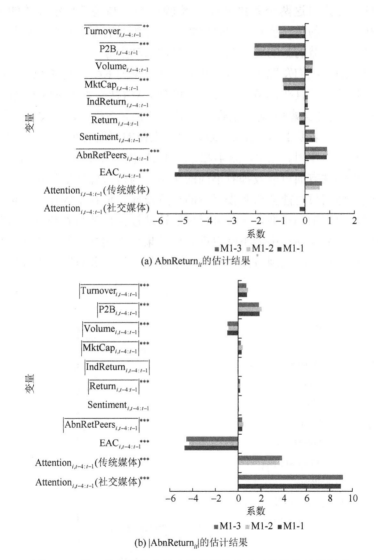

(a) AbnReturn$_{it}$的估计结果

(b) |AbnReturn$_{it}$|的估计结果

图 4-22　基于传统媒体和社交媒体的关注度对股票收益的影响

M1-1 为只包含 Attention(社交媒体)这个变量的模型，M1-2 为只包含 Attention(传统媒体)这个变量的模型，
M1-3 为同时包含两个变量的模型
*** $p<0.001$，** $p<0.01$

　　从图 4-22 中，我们发现基于社交媒体和基于传统媒体的关注度指标都可以预测股票异常收益的幅度[图 4-22（b）]，并且关注度越高，股票异常收益的幅度越大。同样，两种不同类型的关注度并不能预测股票收益的方向[图 4-22（a）]。这与我们在图 4-18 中的发现一致。模型中同时包含了来自两种不同媒体的关注度变量，可以发现 Attention(社交媒体)前的系数为 9.161，Attention(传统媒体)前的系数为 3.831，并且对这两个系数进行 t 检验可知，与基于传统媒体的关注度相比，基于社交媒体的关注度对异常收益幅度的预测具有显著更强的效果，这意味着关注度对股票收益的影响更可能由社交媒体活动主导。

　　根据图 4-23，我们发现只有基于社交媒体信息的 EAC，即 EAC(社交媒体)才能预测异常收益，并且在模型中，当同时包含 EAC(社交媒体)和 EAC(传统媒体）时，也只有 EAC(社交媒体)对股票收益有显著的预测效应。这些发现与图 4-18 中的主要结果一致，表明 EAC 越高，股票异常收益的幅度会越小，意味着 EAC 具有促进价格发现的作用。综上，图 4-22、图 4-23 中的结果进一步表明社交媒体在改变收益可预测性方面可能发挥着不同的作用。与传统媒体信息相比，更多公司层面的社交媒体信息可能会引起投资者的过度反应，但社交媒体信息可以更迅速地在整个市场中传播和扩散，并且可以更快速地被市场参与者获取和吸收，从而降低了投资者在交易活动中的不确定性。该结果还表明社交媒体等数字平台在促进信息扩散和加速价格发现方面发挥信息中介的作用，并有助于提高股票市场的效率。

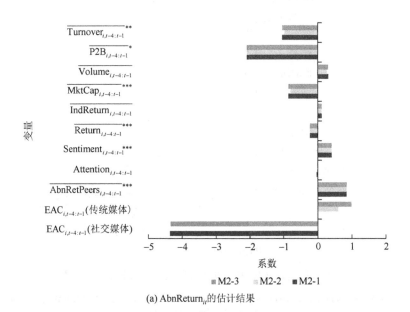

(a) AbnReturn$_{it}$的估计结果

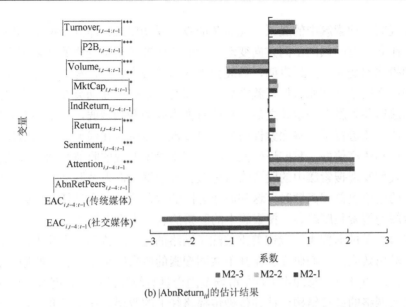

(b) $|\text{AbnReturn}_{it}|$ 的估计结果

图 4-23　基于传统媒体和社交媒体的 EAC 对股票收益的影响

M2-1 为只包含 EAC(社交媒体)这个变量的模型，M2-2 为只包含 EAC(传统媒体)这个变量的模型，
M2-3 为同时包含两个变量的模型
*** $p<0.001$，** $p<0.01$，* $p<0.05$

4.4　本章研究小结

在 4.4.1 节，我们将首先对本章包含的三个研究及研究发现进行总结和讨论；在 4.4.2 节，我们将总结和阐述本章的创新点和研究贡献；在 4.4.3 节，我们将阐述本章的发现对管理实践的指导意义；4.4.4 节将讨论和分析本章研究中存在的局限性并提出未来的改进方向。

4.4.1　研究结论

我们根据投资者在新浪财经门户网站上对股票的共同搜索行为，构建了股票的共同搜索网络，以反映投资者对股票的共同关注关系。我们完成了两大研究目标：一是探索用户数字足迹的关联性所能反映的结果、现象及其经济意义；二是研究网络结构和网络中的信息的作用和价值。同时，我们也回答了在章首提出的三个研究问题。

在 4.1 节的研究中，我们关注了网络的社群（子网络）特征；通过分析投资者对股票的共同搜索关系，我们识别出了若干不重叠的搜索子网络（即搜索簇）。

我们发现同一搜索簇中的股票呈现显著的收益联动模式，即同一搜索簇中的股票的收益在同一时间倾向于同方向变动。我们还研究了动态变化的搜索簇会呈现何种联动模式的变化。结果表明，当股票加入新的搜索簇后，与新的搜索簇的联动会变强；当股票离开原有搜索簇之后，与原有搜索簇的联动会变弱；当股票从原有搜索簇转移到新的搜索簇之后，与原有搜索簇的联动减弱，与新的搜索簇联动增强。我们还进行了一些探索性研究，以发现由投资者在线搜索行为所反映出的搜索模式和资产偏好。我们还研究了其他因素对所发现的收益联动模式的影响。例如，我们发现搜索簇中的股票收益分散程度能够负向调节联动的程度，即当搜索簇中的股票收益越离散时，这些股票之间的收益联动就会越低。此外，投资者对搜索簇的搜索强度越高，搜索簇中的股票的联动水平也越高。

在 4.2 节的研究中，我们着重关注了网络的链接结构和外生冲击在网络中的传播和溢出效应。我们研究了在基于共同搜索的股票网络中，若一些股票在特定时间在市场中具有信息冲击（即在市场范围内具有较高的信息强度），冲击是否会根据股票网络的链接结构传播并传染传播路径上的股票。在该研究中，我们关注网络中信息冲击的溢出效应，以及溢出效应随冲击发生时间和传播深度的变化模式。我们模拟了类似实验的场景，在网络中与冲击位置邻近的股票（即处在冲击传播路径上的股票）为实验组或控制组的股票，处理组是依据股票的可观测特征按照倾向得分匹配方法得到的匹配样本。我们研究了当冲击的传播深度分别为 1、2、3 时，处理组股票的异常收益在冲击发生的一周、两周、三周、四周之后所受到的影响。我们采用了双重差分模型来消除个体时间趋势和不随时间变化的不可观测变量的影响。结果表明，信息冲击对处理组的个体会有显著正向的溢出效应，即冲击发生后，与冲击位置邻近的股票会在短期内具有正向的价格压力。此外，我们探讨了冲击在时间和距离上的传播模式。结果表明信息冲击的影响会随着传播距离的增加而产生延迟，在网络中距离冲击较远的个体受到影响的时间也相对较晚，这表明信息在网络中是逐渐传播的（Hong and Stein, 1999），投资者需要一定的时间来获取和消化相关的信息。并且，我们还发现冲击的溢出效应会随时间推移而减退，这说明有限理性的投资者会在短期内对冲击过度反应，但随着时间增加消费者能够调整自己的行为，因此收益的持续性逐渐消失。

在 4.3 节的研究中，我们关注网络结构的中心性特征以及网络中的信息流情况。我们首先定义了双加权的共同关注网络，其中节点的权重反映个体自身的信息强度，有向边的权重反映个体之间信息扩散的程度。我们提出了一个能够衡量个体在网络中的总体信息流水平的综合指标——EAC。EAC 指标能够同时反映个体的信息强度和个体从网络中其他节点获得的信息流；EAC 值越大，表明个体在网络中的总体信息流和信息扩散的水平越高。我们将 EAC 用于预测股票的异常收益，发现 EAC 能同时预测股票异常收益的方向和幅度。我们的结果表明，更高水平的信息流和信息扩散能促进股票的价格发现，降低了股票收益的可预测性。总体来说，该研究充分关注和探讨了在基于共同关注关系的网络中，个体在网络中的信息流和信息扩散的水平对个体可能产生的影响。我们不仅发现了自身信息强度和网络中的信息流的影响不同，也说明不同来源的信息对股票收益的影响不同。

4.4.2　研究贡献

总的来说，本章具有以下几个方面的研究贡献。

第一，补充和扩展了信息领域有关用户数字足迹等用户生成内容的研究。特别地，我们关注用户数字足迹所反映的共同关注关系并利用用户的在线共同搜索建立了数字化网络。在数字化网络中，我们研究了用户的数字足迹和用户生成内容所能反映的个体之间有趣的行为模式和市场现象，并揭示了用户数字足迹的经济影响。前人的研究主要基于产品共同购买或共同浏览的关系分析消费者对产品的关联性偏好、识别产品的考虑集并预测产品销量（Dhar et al.，2014；Lin et al.，2017；Oestreicher-Singer and Sundararajan，2012），本章则在金融投资的情境下，利用信息技术平台上的共同搜索来反映投资者对相关资产的共同关注关系，并研究和分析了：①资产组合之间的收益联动模式；②资产网络中外生冲击的传播和溢出效应；③资产网络中的信息流和信息扩散的情况。因此，本章的研究对已有文献关于用户数字足迹之间关联性的研究进行了充分扩展。

第二，扩展了信息系统领域在金融资产投资情境下的研究。特别地，我们研究了用户的线上共同搜索行为和社交媒体参与对股票市场的影响。这是第一个在新兴股票市场的背景下对投资者的电子足迹和用户生成内容所能反映的有趣的行为模式和市场现象（即收益联动），以及这些内容所产生的经济影响与商业价值的研究。此外，我们还探索了基于个体投资者的在线搜索所反映出的搜索模式和资产偏好，这有利于研究人员和从业者进一步研究和了解个体投资者的心理并揭示中国股市背景下潜在的投资者偏好。

第三，通过对股票市场进行网络化建模，本章充分利用和分析了网络的连接关系和结构特征。在三个研究中，我们分别考虑了网络的社群特征（基于凝聚子群结构的最大连通子网络）、连接性和路径（最短路径）以及中心性特征。前人对网络结构及其作用的探索主要集中在电子商务平台上的产品推荐网络或共同购买网络（Dhar et al.，2014；Lin et al.，2017；Oestreicher-Singer and Sundararajan，2012）；在金融投资情境下，对资产网络的结构以及网络结构的作用和影响却并没有进行充分的分析。因此，本章能够填补此处的研究空白。

第四，本章不仅利用和分析了资产网络的结构特征，而且进一步考虑了网络结构在信息流通和信息扩散中所扮演的重要作用。我们对网络中的节点和边同时进行加权，以反映网络中的信息流的情况；并且研究了网络中的信息流和信息扩散对网络中的个体产生的影响。我们提出了一个能够同时反映个体自身的信息强度（直接信息）和个体在网络中的信息流（信息扩散）的综合指标（即EAC），该指标可用于预测股票的收益。并且我们发现，该指标越大，则股票未来收益的可预测性越低，意味着个体在网络中获得更多的信息流和更快的信息扩散会加速该个体的价格发现。此外，该指标不仅在股票市场中是有用的，我们还阐述了该指标具有很好的泛化能力，可推广到多个情境（如产品网络、社交网络）。

第五，本章从多个角度研究了网络中的信息的影响和价值，为"网络中的信息"和"基于网络的推断"方面的研究做出了贡献。我们不仅分析了网络中与特定个体相关的信息流如何对该个体自身产生影响（研究三），并且还研究了信息的溢出效应（研究二），即一个个体的信息冲击如何影响网络中的其他个体，并且我们探索了信息冲击带来的影响与信息冲击在网络中传播的距离的关系。

4.4.3　实践意义

本章研究内容的发现对于指导金融投资和变革信息中介两个方面具有重要的实际意义和实践价值。

首先，本章的发现能够为相关从业者和市场参与者提供有关股票投资和资产管理方面的实践指导。

第一，本章研究发现投资者的线上共同搜索行为形成的数字足迹，在一定条件下可以成为投资者的群体智慧（Chen et al.，2014），帮助投资者预测资产的收益。在第一个研究中，我们虽然没有关注股票的收益预测，但是我们的研究发现搜索簇中的单个股票的收益与搜索簇中的其他股票的平均收益在同一时期呈现显著的正向关联；因此依据该结果可以推断，根据搜索簇的划分所设定的股票之间的社群关系，我们可以为同一社群（即搜索簇）内的股票组合提出一种动量交易策略——利用搜索簇中其他股票的历史平均收益可以预测搜索簇中该股票的未来收益。在第二个研究中，我们发现在基于共同搜索的股票网络中，一些股票会在市场范围内受到异常高的投资者关注（信息强度），由这些股票产生的信息冲击会依据基于共同搜索的网络关系进行传播，并影响传播路径上的股票。这意味着投资者可以依据市场中的信息量和股票之间的共同搜索关系来推断相关股票的价格趋势。不过，在预测资产收益的方向变动时，投资者需要区分关注度的直接效应和溢出效应。因为我们的结果发现当一个股票自身的信息强度增加时，该股票所获得的信息量并不能直接用于预测资产收益的方向变动，此时还需要考虑投资者对资产持有的情感态度——如果投资者看好该股票，那么更多的利好信息能够预测该股票未来收益的上升；反之利空信息越多，已持有该股票的投资者倾向于更多地抛售该股票，所以该股票未来的预期收益会下降。在第三个研究中，我们通过研究股票网络中的信息流和信息扩散来考虑特定股票在整个市场中的总体信息流水平。我们提出了一个综合的指标 EAC，来反映个股的信息流情况，更是直接研究并说明了该指标在预测股票异常收益上的有用性。我们发现在网络中更高水平的信息流会加速股票的价格发现，因此收益的可预测性降低，所以在低 EAC 的水平下，股票价格反映新信息的速率相对缓慢，因此投资者可以通过动量策略从缓慢变化的股价中获益。

第二，本章研究为投资者制定和提供了能够获益的交易策略，根据该交易策略得到的投资组合，能够为投资者带来超额回报。具体地，我们研究发现当股票的 EAC 处于较低水平时，买入有正向情感和卖出有负向情感的股票得到的投资组合能够产生显著大于 0 的超额收益。该交易策略还可以从其他方面为从业者提供投资组合管理方面的指导。例如，由于股票市场中的信息传播轨迹通常难以直接观测，因此机构分析师可以基于我们的方法构建股票的 EAC 指数，并对该指数进行实时监测和追踪，这有助于投资者识别不同股票之间的信息流的强度和信息传播的速度。此外，投资经理可以根据我们的交易策略设计新的股票或基金组合，并根据 EAC 指标来动态管理投资组合。此外，一个非常有趣的可能性是，如果可以使用真实的点击流数据并且可以在毫秒级甚至更短的时间内创建股票网络，我们的发现将有助于开发新的高频交易算法。

其次，本章除了能在股票投资和资产管理方面提供实践指导外，我们的发现对于提升和变革信息中介服务也存在重要的实际意义。信息中介的主要职责是收集、发布和维护信息并向客户提供信息、满足消费者的信息需求。在本章的发现中，我们强调了信息或信息流的重要作用。一方面，我们发现线上平台的用户数字足迹具有重要的经济意义。我们利用投资者对股票的共同搜索构建了数字化资产网络，在此基础上，我们发现了股票收益联动模式、网络中信息冲击的溢出效应和网络中的信息流对资产收益的影响。这些结果表明诸如资产网络、产品网络等数字化网络不仅是用户真实行为的反映，而且利用和分析这些可见的网络联系能够创造经济价值。用户以获取信息为目的在线上平台进行相关搜索，最终用户的搜索记录等数字足迹又能作为新信息促进我们对现实世界的理解和认知，并帮助我们发现有趣的市场结果和金融现象，这个过程实现了从信息获取到知识、财富创造的转变。另一方面，信息中介平台或机构可以充分利用信息的多元性、丰富性以提升平台的商业价值和经济影响。我们的研究发现，不同来源、不同类型的信息能够共同作用并影响资产的收益，我们还发现相比于传统媒体的信息，社交媒体的信息具有更加显著的影响，因此，信息中介平台不仅可以通过集成多元化的信息，综合反映产品或资产的信息状况；也可以按照信息来源、传播介质、情感极性等分类标准，为产品或资产设置和提供不同类别的信息指标，并利用这些指标来监测或预测产品与资产的需求及市场表现。

4.4.4　研究局限和展望

虽然本章研究提供了值得关注的发现，并且在理论和实践方面都做出了一定的贡献，但是仍存在以下几点局限性，未来的研究可以基于这些局限或不足进行完善和扩展。

首先，我们研究数字化资产网络的基础是投资者对资产的在线共同搜索。然而，现实中可能还存在其他可以用于构建数字化资产网络的关系。例如，社交媒体平台（如股吧论坛、微博、博客）的用户与证券分析师可能会在特定时期分析和推荐一些股票组合。类似于电子商务网站的产品推荐网络，我们也可以构建股票等资产的推荐网络。不过，与共同搜索网络不同，推荐网络不再是根据客观的用户搜索等数字足迹建立的，而是包含了投资者对资产的主观判断和情绪，因此股票推荐网络中的信息流很可能包含投资者私有的信息。虽然投资者没有在社交平台直接披露自己所持有的私有信息，但是根据股票的推荐关系，我们或许有机会反映和分离出潜在的私有信息，并研究私有信息的信息流和信息扩散对股票收益等结果的影响。

其次，投资者的共同搜索反映了投资者对资产的共同关注，然而现实中可能存在其他能够引起投资者对资产共同关注的因素。例如，投资者可能会在股吧论坛等社交平台同时评论或同时关注（类似于微博上对其他用户的关注）一些资产。又或者，投资者可能会有"风格投资"（style investing）的行为，一些"风格化"或"程式化"的事实（stylized facts）反映了投资者倾向于共同关注属于同一"风格"的股票。不幸的是，我们很难公开访问实际的股市交易数据，尤其是投资者交易行为的数据。未来可以进一步探索和研究其他形式的共同关注关系，并对资产进行网络化建模和表示，并研究网络结构和网络中的信息的经济影响。

最后，本章主要关注和研究了网络的社群特征（凝聚子群结构）、网络链接和路径以及网络的中心性特征，未来还应该探索和研究网络结构的其他属性可能产生的影响。例如，网络闭包（network closure）结构可能会对网络中的个体产生影响。一方面，网络闭包的结构能够通过加强个体之间的学习与合作、促进个体之间的约束和制裁从而提升信任（trustworthiness）或增强社会规范（social norms），并起到提升个体社会资本（social capital）的作用。另一方面，具有闭包结构的网络也可能不会为个体带来附加的价值，因为网络中的代理或结构洞被认为是联系网络中的一方与另一方的关键纽带，扮演结构洞角色的个体通常会有更高水平的社会资本和价值，而呈现闭包结构的网络中通常缺乏结构洞，因此网络闭包也可能对网络中的个体有负面影响。因此，今后还可以研究数字化资产网络中的闭包结构如何影响网络中资产的收益。

参 考 文 献

陈强. 2014. 高级计量经济学及 Stata 应用. 2 版. 北京：高等教育出版社.

赵胜民，刘笑天. 2017. 公司特质风险、估值水平与股票收益：基于分位数 Fama-MacBeth 回归模型的实证分析. 华东经济管理，31（9）：35-44.

Agarwal A，Leung A C M，Konana P，et al. 2017. Cosearch attention and stock return predictability in supply chains. Information Systems Research，28（2）：265-288.

Allen F，Babus A. 2009. Networks in finance//Kleindorfer P R，Wind Y，Gunther R E. The Network Challenge: Strategy, Profit，and Risk in an Interlinked World. Philadelphia: Wharton School Publishing: 367.

Angrist J D，Pischke J S. 2008. Mostly Harmless Econometrics: An Empiricist's Companion. Princeton: Princeton University Press.

Antweiler W，Frank M Z. 2004. Is all that talk just noise? The information content of internet stock message boards. The Journal of Finance，59（3）：1259-1294.

Barber B M，Odean T. 2008. All that glitters: the effect of attention and news on the buying behavior of individual and institutional investors. The Review of Financial Studies，21（2）：785-818.

Barberis N，Shleifer A，Wurgler J. 2005. Comovement. Journal of Financial Economics，75（2）：283-317.

Bautin G A，Kalyagin V A，Koldanov A，et al. 2013. Simple measure of similarity for the market graph construction. Computational Management Science，10（2）：105-124.

Bikhchandani S，Sharma S. 2000. Herd behavior in financial markets. IMF Staff Papers，47（3）：279-310.

Campbell J Y，Yogo M. 2006. Efficient tests of stock return predictability. Journal of Financial Economics，81（1）：27-60.

Carhart M M. 1997. On persistence in mutual fund performance. The Journal of Finance，52（1）：57-82.

Carmi E，Oestreicher-Singer G，Stettner U，et al. 2017. Is oprah contagious? The depth of diffusion of demand shocks in a product network. MIS Quarterly，41（1）：207-221.

Chan K，Hameed A，Tong W. 2000. Profitability of momentum strategies in the international equity markets. Journal of Financial and Quantitative Analysis，35（2）：153-172.

Chen H，De P，Hu Y J，et al. 2014. Wisdom of crowds: the value of stock opinions transmitted through social media. The Review of Financial Studies，27（5）：1367-1403.

Chen Q W，Hua X P，Jiang Y. 2018. Contrarian strategy and herding behaviour in the Chinese stock market. The European Journal of Finance，24（16）：1552-1568.

Chevalier J A，Mayzlin D. 2006. The effect of word of mouth on sales: online book reviews. Journal of Marketing Research，43（3）：345-354.

Choi H，Varian H. 2012. Predicting the present with Google trends. Economic Record，88：2-9.

Christakis N A，Fowler J H. 2007. The spread of obesity in a large social network over 32 years. New England Journal of Medicine，357（4）：370-379.

Cutler D M，Poterba J M，Summers L H. 1991. Speculative dynamics. The Review of Economic Studies，58（3）：529-546.

Da Z，Engelberg J，Gao P J. 2011. In search of attention. The Journal of Finance，66（5）：1461-1499.

Da Z，Liu Q Q，Schaumburg E. 2014. A closer look at the short-term return reversal. Management Science，60（3）：658-674.

de Bondt W F, Thaler R. 1985. Does the stock market overreact？. The Journal of Finance, 40（3）: 793-805.

de Nooy W, Mrvar A, Batagelj V. 2018. Exploratory Social Network Analysis with Pajek: Revised and Expanded Edition for Updated Software. Cambridge: Cambridge University Press.

Demirer R, Kutan A M. 2006. Does herding behavior exist in Chinese stock markets？. Journal of International Financial Markets, Institutions and Money, 16（2）: 123-142.

Dhar V, Geva T, Oestreicher-Singer G, et al. 2014. Prediction in economic networks. Information Systems Research, 25（2）: 264-284.

Drake M S, Jennings J, Roulstone D T, et al. 2017. The comovement of investor attention. Management Science, 63（9）: 2847-2867.

Fama E F, French K R. 1989. Business conditions and expected returns on stocks and bonds. Journal of Financial Economics, 25（1）: 23-49.

Fama E F, French K R. 1992. The cross-section of expected stock returns. The Journal of Finance, 47（2）: 427-465.

Fama E F, MacBeth J D. 1973. Risk, return, and equilibrium: empirical tests. Journal of Political Economy, 81（3）: 607-636.

Fang L H, Peress J, Zheng L. 2014. Does media coverage of stocks affect mutual funds' trading and performance？. The Review of Financial Studies, 27（12）: 3441-3466.

Ghose A, Ipeirotis P G. 2011. Estimating the helpfulness and economic impact of product reviews: mining text and reviewer characteristics. IEEE Transactions on Knowledge and Data Engineering, 23（10）: 1498-1512.

Ginsberg J, Mohebbi M H, Patel R S, et al. 2009. Detecting influenza epidemics using search engine query data. Nature, 457（7232）: 1012-1014.

Greene W H. 2008. Econometric Analysis. Upper Saddle River: Pearson-Prentice Hall.

Greenwood R. 2008. Excess comovement of stock returns: evidence from cross-sectional variation in nikkei 225 weights. The Review of Financial Studies, 21（3）: 1153-1186.

Gu B, Konana P, Chen H W M. 2012. Identifying consumer consideration set at the purchase time from aggregate purchase data in online retailing. Decision Support Systems, 53（3）: 625-633.

Hirshleifer D, Teoh S H. 2003. Limited attention, information disclosure, and financial reporting. Journal of Accounting and Economics, 36（1/2/3）: 337-386.

Hong H, Stein J C. 1999. A unified theory of underreaction, momentum trading, and overreaction in asset markets. The Journal of Finance, 54（6）: 2143-2184.

Hu D N, Zhao J L, Hua Z M, et al. 2012. Network-based modeling and analysis of systemic risk in banking systems. MIS Quarterly, 36（4）: 1269-1291.

Huang W Q, Zhuang X T, Yao S. 2009. A network analysis of the Chinese stock market. Physica A: Statistical Mechanics and its Applications, 388（14）: 2956-2964.

Jaffe J F, Mahoney J M. 1999. The performance of investment newsletters. Journal of Financial Economics, 53（2）: 289-307.

Jegadeesh N, Titman S. 1993. Returns to buying winners and selling losers: implications for stock market efficiency. The Journal of Finance, 48（1）: 65-91.

Johnson R A, Wichern D W. 1982. Applied Multivariate Statistical Analysis. Upper Saddle River: Prentice Hall.

Lee C F, Chen G M, Rui O M. 2001. Stock returns and volatility on China's stock markets. Journal of Financial Research, 24（4）: 523-543.

Lee T Y, Bradlow E T. 2011. Automated marketing research using online customer reviews. Journal of Marketing

Research, 48（5）: 881-894.

Leung M, Agarwal A, Konana P, et al. 2017. Network analysis of search dynamics: the case of stock habitats. Management Science, 63（8）: 2667-2687.

Lin Z J, Goh K Y, Heng C S. 2017. The demand effects of product recommendation networks: an empirical analysis of network diversity and stability. MIS Quarterly, 41（2）: 397-426.

Luo X M, Zhang J, Duan W J. 2013. Social media and firm equity value. Information Systems Research, 24（1）: 146-163.

Materassi D, Innocenti G. 2009. Unveiling the connectivity structure of financial networks via high-frequency analysis. Physica A: Statistical Mechanics and its Applications, 388（18）: 3866-3878.

Newey W K, West K D. 1987. Hypothesis testing with efficient method of moments estimation. International Economic Review, 28（3）: 777-787.

Ng L L, Wu F. 2006. Revealed stock preferences of individual investors: evidence from Chinese equity markets. Pacific-Basin Finance Journal, 14（2）: 175-192.

Nofsinger J R, Sias R W. 1999. Herding and feedback trading by institutional and individual investors. The Journal of Finance, 54（6）: 2263-2295.

Oestreicher-Singer G, Sundararajan A. 2012. Recommendation networks and the long tail of electronic commerce. MIS Quarterly, 36（1）: 65-83.

Ozsoylev H N, Walden J, Yavuz M D, et al. 2014. Investor networks in the stock market. The Review of Financial Studies, 27（5）: 1323-1366.

Peng L, Xiong W. 2006. Investor attention, overconfidence and category learning. Journal of Financial Economics, 80（3）: 563-602.

Ringel D M, Skiera B. 2014. Understanding competition using big consumer search data. Hawaii: 47th Hawaii International Conference on System Sciences.

Rosenbaum P R, Rubin D B. 1983. The central role of the propensity score in observational studies for causal effects. Biometrika, 70（1）: 41-55.

Tetlock P C, Saar-Tsechansky M, Macskassy S. 2008. More than words: quantifying language to measure firms' fundamentals. The Journal of Finance, 63（3）: 1437-1467.

Theil H. 1953. Repeated least squares applied to complete equation systems. Hague: Central Planning Bureau.

Torous W, Valkanov R, Yan S. 2004. On predicting stock returns with nearly integrated explanatory variables. The Journal of Business, 77（4）: 937-966.

Vlastakis N, Markellos R N. 2012. Information demand and stock market volatility. Journal of Banking & Finance, 36（6）: 1808-1821.

Vozlyublennaia N. 2014. Investor attention, index performance, and return predictability. Journal of Banking & Finance, 41: 17-35.

Xiang Z, Gretzel U. 2010. Role of social media in online travel information search. Tourism Management, 31（2）: 179-188.

Zhang W, Shen D H, Zhang Y J, et al. 2013. Open source information, investor attention, and asset pricing. Economic Modelling, 33: 613-619.

Zhu K, Walker D, Muchnik L. 2020. Content growth and attention contagion in information networks: addressing information poverty on Wikipedia. Information Systems Research, 31（2）: 491-509.

第5章 社交网络游戏中同伴影响效应的估计：利用机器学习方法

在过去的几十年里，互联网迅速发展，已经成为我们生活中不可缺少的一部分。与此同时，网络游戏产业也依托互联网的发展而不断壮大。自2009年拳头游戏发布《英雄联盟》（League of Legends）以来，网络游戏不仅成为一种娱乐方式，也成为一种趋势（Kim et al.，2015）。据统计，2022年全球网络游戏行业的收入高达238.1亿美元[①]，而我国的网络游戏玩家人数也超过了6亿人，这意味着网络游戏已经非常普及。

在网络游戏中，玩家可以互相成为游戏好友，也可以和其他玩家组队刷副本（player versus environment，PVE），因此网络游戏可以被看作一个社交网络。网络游戏公司非常关注网络游戏中的同伴影响效应，这是因为网络游戏公司可以根据网络游戏玩家的决策受同伴活动影响的程度而制定相应的策略。例如，如果玩家的决定在很大程度上基于同伴影响，运营方可以给好友数量多的玩家提供额外的奖励，以激励他们的好友购买游戏道具。然而，估计同伴影响的效应是非常困难的，因为同伴影响常常与同质性混杂在一起，也就是说，网络游戏玩家可能会倾向于做出与他们朋友相同的行为，只是因为他们之间有相似之处。

在社交网络中，朋友的属性和行为比较相似是普遍现象。例如，喜欢吸烟（或喝酒）的人在社交网络环境中通常有同样喜欢吸烟（或喝酒）的朋友（Christakis and Fowler，2008）。对此目前有两种合理的解释：第一种解释是，在社交网络中，个体可以直接影响他的朋友，使得朋友的社会属性和行为倾向于相似，这种效应被称为同伴影响（社会影响或社会传染）；另一种解释是，在社交网络中，个体倾向于与自己相似的人交往，因为与相似的人交流会使得个体本身感到舒适（Centola et al.，2007），这被称为同质性。同伴影响对消费者决策和营销等许多方面有着深远的影响，包括新IT技术的使用（Aral et al.，2009）、电子商务（Stephen and Toubia，2010）、新药物的使用（Nair et al.，2010）等。

研究者致力于寻找准确估计同伴影响效应的方法，他们设计了随机实验或建

---

① Online video game market revenue worldwide from 2018 to 2028, https://www.statista.com/statistics/240987/global-online-games-revenue/[2023-10-27]。

立数学模型来控制潜在的同质性，以获得更准确的同伴影响效果。然而，随机实验不能利用宝贵的二手数据，而数学模型复杂度高且耗时。Fujimoto 和 Valente（2012）发现，不同的社交网络结构可以影响好友关系的形成，也就是说，潜在的同质性可能来自网络结构的相似性。Davin（2015）发现，通过增加一个由节点结构信息产生的潜在空间坐标可以减少估计偏差，这为我们的研究带来了启发。自从卷积神经网络在图像识别领域取得重大成功后，机器学习或深度学习近年来发展迅速，在各个研究领域发挥了重要作用。作为机器学习领域的一个分支，嵌入式表征是学习网络中节点低维表示的重要方法，它可以捕捉和保留网络结构信息。因此，在本章中，我们使用嵌入式表征的方法来获得每个节点的低维表征，并将其作为代理变量来准确估计同伴的影响效应。本章提出一种新的方法，在回归中使用节点嵌入作为代理变量来减少同伴影响的估计偏差，并设计了一个模拟实验来验证我们提出的方法的有效性，之后进行了实证研究，指出网络游戏的社交网络中存在同伴影响。

1. 同伴影响效应的估计

为了确定同伴影响的程度，有的研究者设计随机实验，以控制潜在的同质性。Aral 等（2009）研究了 Yahoo Go 的使用是因为同质性还是同伴影响。他们将用户分为对照组和实验组进行比较。然而，随机实验法并没有利用宝贵的二手数据，即大量的节点属性数据。因此，其他研究者试图构建数学模型来准确估计同伴影响效应。Ma 等（2015）建立了一个兼容的分层贝叶斯模型来评估社交网络环境下同伴影响对消费者购买决策的影响。然而，这些方法有一些缺点。例如，这些模型往往很复杂，需要花费大量的时间来获得估计值。Fujimoto 和 Valente（2012）发现，不同的社交网络结构也会影响朋友关系的形成。Davin（2015）基于隐空间模型引入了反映连接形成过程的代理变量来控制潜在的同质性。受此启发，我们认为使用反映节点结构信息的网络嵌入可能有助于估计同伴影响的更准确效果。

2. 网络嵌入算法

网络嵌入算法旨在学习潜在的、低维的网络节点表征，同时保留网络拓扑结构、节点内容和其他侧面信息。一旦学会了新的节点的嵌入式表征，我们可以很容易地将其应用于传统的基于向量的机器学习算法。这就避免了使用直接应用于原始网络的复杂算法的必要性（Zhang et al.，2020）。网络嵌入算法主要有三类：基于矩阵分解的算法、基于随机游走的算法和基于深度学习的算法。基于矩阵分解的算法对代表节点之间连接的矩阵进行因式分解。这些矩阵包括邻接矩阵、节点转换概率矩阵等，我们可以通过特征值分解、奇异值分解和其他适当的方法来分解矩阵，其中代表性的方法有图分解（Ahmed et al.，2013）、全局结构信息图表示（GraRep）（Cao et al.，2015）等。这些方法的局限性在于，矩阵分解的时间复杂度和空间复杂度都很高，很难扩大规模。基于随机游走的算法受到word2vec 算法在词嵌入学习中的巨大成功的启发，其关键创新点是，如果节点在网络上的短随机游走中共同出现，那么它们可能有类似的嵌入式表征，而这些方法试图将节点的上下文共同出现的概率最大化，如 DeepWalk（Perozzi et al.，2014）和 node2vec（Grover and Leskovec，2016）。此类方法的局限性在于寻找最佳采样策略是很困难的。

最近，深度学习的热潮促使研究人员将基于深度学习的方法应用于网络嵌入算法。深度自动编码器由于能够对数据中的非线性结构进行建模而被大量使用。SDNE（Wang et al.，2016）是这类方法中最具代表性的方法。然而，其计算成本通常很高，而且缺乏可解释性。在本书中，我们从每一类方法中分别选择一种最佳的方法，即 GraRep、node2vec 和 SDNE 来帮助估计同伴影响效应。

5.1　基于嵌入式网络表征的同伴影响效应估计模型的构建

5.1.1　网络表示

我们首先描述网络的概念。本章研究的社交网络是一个无向网络，定义为 $G = (V, E)$，其中 $V = v_1, \cdots, v_n$ 代表 N 个节点，$E = e_{ij}^n$（$i, j = 1$）代表网络的边。节点之间的连接由邻接矩阵 A 来表示。如果 v_i 和 v_j 有连接，$A_{ij} = 1$，否则 $A_{ij} = 1$。因此，邻接矩阵是一个对称矩阵。

5.1.2　网络嵌入算法

1. GraRep

GraRep 算法认为，拥有共同的 k（$k \geqslant 1$）级邻居的网络节点之间应该有相似的隐性嵌入。它首先定义了节点过渡概率矩阵 $S = D^{-1}A$，其中 A 是邻接矩阵，D 是 A 的度矩阵，k 步过渡概率矩阵为 S^k。对于每个 k（$1 \leqslant k \leqslant K$），它通过最小化 $\left\| X^k - Y_s^k Y_t^{kT} \right\|_F^2$ 来保留 k 阶接近性，其中 X^k 来自 S^k。GraRep 使用奇异值分解对 X^k 进行因子化，得到节点 v_s、Y_s^k 及其嵌入。最后，它将所有的 Y_s^k 连接起来，形成 Y_s，这就是节点 v_s 最终的嵌入式表征。

2. node2vec

node2vec 通过在固定长度的随机游走中最大化后续节点的出现概率来保留节点之间的高阶接近性。node2vec 设计了一种灵活的邻域抽样策略，即偏差随机行走，对两种搜索算法，即广度优先搜索和深度优先搜索，赋予不同的比重来同时保留节点的结构对等性和趋同性，如图 5-1 所示。按照 skip-gram 框架，node2vec 通过优化给定节点 v_i 的上下文的出现概率来学习节点 v_i 的表示方法 $f(v_i)$。

$$\max_{f} \sum_{v_i \in V} \ln P(N(v_i) \mid f(v_i)) \tag{5-1}$$

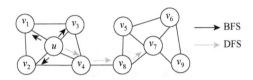

图 5-1　node2vec 的搜索策略

资料来源：Grover 和 Leskovec（2016）

3. SDNE

SDNE 是一种基于深度学习的方法，使用半监督的深度自动编码器模型来捕捉网络结构中的非线性信息。在无监督的部分，它构建了一个自动编码器，旨在重构节点的局部结构。设 A 表示网络的邻接矩阵，设 x_i（S 的第 i 行）、$\hat{x}_i$ 分别为自动编码器的输入和输出，重建损失表示为式（5-2），其中 b_i 是一个惩罚向量，对邻接矩阵中过多的零元素进行惩罚。

$$\mathscr{L}_{\mathrm{re}} = \sum_{i=1}^{N} \left\| (\hat{x}_i - x_i) \odot b_i \right\|_2^2 \tag{5-2}$$

监督部分使用拉普拉斯特征映射（Belkin and Niyogi，2001），使两个链接节点更加相似。让 $y_i^{(K)}$ 作为节点 v_i 的嵌入，那么相似性损失为

$$\mathscr{L}_{\mathrm{sim}} = \sum_{i,j=1}^{n} A_{ij} \left\| y_i^{(K)} - y_j^{(K)} \right\|_2^2 \tag{5-3}$$

因此，总体损失函数如式（5-4）所示，其中 $\mathscr{L}_{\mathrm{reg}}$ 是正则化项，(α, υ) 是超参数向量，然后可以用随机梯度下降算法来优化它。SDNE 的总体框架如图 5-2 所示。

$$\mathscr{L} = \mathscr{L}_{\mathrm{re}} + \alpha \mathscr{L}_{\mathrm{sim}} + \upsilon \mathscr{L}_{\mathrm{reg}} \tag{5-4}$$

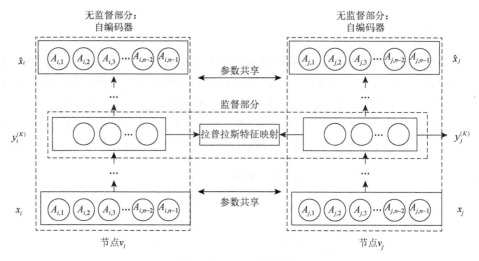

图 5-2　SDNE 结构框架

资料来源：Wang 等（2016）

5.1.3　同伴影响估计模型构建

如上所述，社会影响的效果可以通过使用 OLS 回归来估计（Davin，2015）。假设一个社交网络中有 N 个人，那么，第 i 个人在时间 t 的因变量 $Y_{i,t}$ 可以被表示为

$$Y_{i,t} = \beta_0 + \beta_1 Y_{i,t-1} + \beta_{\text{peer}} \text{peer}_{i,t-1} + \beta_X X_{i,t-1} + \beta_Z Z_{i,t-1} + \varepsilon_{it} \qquad (5\text{-}5)$$

其中，$Y_{i,t-1}$ 是结果变量的滞后项；$\text{peer}_{i,t-1}$ 是 i 在时间 $t-1$ 所经历的同伴影响，相当于 $\dfrac{\sum_j A_{ij} Y_{j,t-1}}{\sum_j A_{ij}}$（Shalizi and Thomas，2011）；$X_{i,t-1}$ 是 i 在时间 $t-1$ 的观察特征或人口统计学的向量；$Z_{i,t-1}$ 是 i 在时间 $t-1$ 的社交网络结构特征的嵌入式表征向量；$(\beta_0, \beta_1, \beta_{\text{peer}}, \beta_X, \beta_Z)$ 是系数向量，每个值反映了相应变量对结果变量的影响程度；ε_{it} 是误差项。

假设真实的同伴影响效应是 β_{peer}，由不含嵌入项的式（5-5）估计得到的同伴影响效应是 β'_{peer}，由含有嵌入项的式（5-5）估计得到的同伴影响效应是 β''_{peer}。那么，如果 $\left| \beta''_{\text{peer}} - \beta_{\text{peer}} \right| < \left| \beta'_{\text{peer}} - \beta_{\text{peer}} \right|$ 且 $\left| \beta''_{\text{peer}} - \beta_{\text{peer}} \right|$ 足够小，我们就可以得出结论，使用节点嵌入作为代理变量可以控制一些潜在的同质性，并估计出更准确的同伴影响的效果。

5.2　证明模型有效性的模拟实验

为了验证使用节点嵌入式表征作为代理变量的有效性，我们设计了一个模拟实验。我们首先进行了数据生成过程，其次运行节点嵌入算法以获得节点嵌入数据，最后建立并估计回归方程以验证上述假设。

5.2.1　数据生成过程

我们按照 Shalizi 和 Thomas（2011）提出的步骤来生成网络和相关变量。

（1）假设存在一个包括 N 个个体的稳定社交网络。每个个体 i 有固定的观察特征 $X_i \in R^m$ 和固定的非观察特征 $Z_i \in R^d$。这里 X_i 或 Z_i 中的每个分量都是正态分布。

（2）网络的形成。根据同质性的定义，相似的人倾向于成为朋友。因此，我们使用 Hoff 等（2002）提出的隐空间模型来表示连接两个节点的概率：

$$P(A_{ij}=1)=\frac{\exp(\alpha_0-\alpha_1|X_i-X_j|-\alpha_2|Z_i-Z_j|)}{1+\exp(\alpha_0-\alpha_1|X_i-X_j|-\alpha_2|Z_i-Z_j|)} \tag{5-6}$$

其中，$|X_i-X_j|$ 和 $|Z_i-Z_j|$ 可由欧氏距离计算得到，分别代表个体 i 和个体 j 在观察特征空间和非观察特征空间的相似度；$(\alpha_0,\alpha_1,\alpha_2)$ 是超参数向量，用于控制 $|X_i-X_j|$ 和 $|Z_i-Z_j|$ 的重要性。

（3）同质性将影响结果变量，所以结果变量的生成是一个迭代的过程。我们随机初始化结果变量 $Y_{i,0}$，其满足正态分布，并用式（5-7）来计算结果变量在时间 t 的值。

$$Y_{it}=\beta_0+\beta_1 Y_{i,t-1}+\beta_2\frac{\sum_j A_{ij}Y_{j,t-1}}{\sum_j A_{ij}}+\beta_3 X_i+\beta_4 Z_i+\varepsilon_{it} \tag{5-7}$$

5.2.2　模拟过程

首先，我们考虑一个由 100 个人组成的社交网络。接下来，我们假设 $X_i \in R^3$ 和 $Z_i \in R^3$，X_i 和 Z_i 的每个分量都遵循 $N(0,1)$，$Y_{i,0} \sim N(0,0.25)$ 和 $\varepsilon_{it} \sim N(0,0.25)$。然后我们将参数值设置为：$\alpha=\{\alpha_1,\alpha_2,\alpha_3\}=0,3,3$；$\{\beta_0,\beta_1,\beta_2\}=0.5,1.0,0.4$；$\beta_X=0.4,0.2,0.3$；$\beta_Z=0.5,0.6,0.2$。

我们使用上述的数据生成过程来生成两阶段的结果变量数据。接下来使用 GraRep、node2vec 和 SDNE 算法，分别得到 n 维嵌入。最后，使用无嵌入或不同的嵌入来运行回归模型，得到同伴影响的估计效果。在每次模拟中，将嵌入的维度设置为 4、6、8 和 10，并运行 1000 次独立的模拟，以得到一个稳健的结果。

5.2.3　系数恢复

使用式（5-8）和式（5-9）这两个回归模型。

（1）无嵌入模型

$$Y_{i,t} = b_0 + b_1 Y_{i,t-1} + b_2 \frac{\sum\limits_{j} A_{ij} Y_{j,t-1}}{\sum\limits_{j} A_{ij}} + \sum\limits_{k}^{3} b'_{x,k} x_i^k + \varepsilon_{it} \tag{5-8}$$

（2）网络嵌入模型

$$Y_{it} = b'_0 + b'_1 Y_{i,t-1} + b'_2 \frac{\sum\limits_{j} A_{ij} Y_{j,t-1}}{\sum\limits_{j} A_{ij}} + \sum\limits_{k}^{3} b'_{x,k} x_i^k + \sum\limits_{k}^{n} b'_{z,k} z_i^k + \varepsilon_{it} \tag{5-9}$$

假设 b_2 和 b'_2 分别是上述两个模型的估计效果。如果 $|b'_2 - \beta_2| < |b_2 - \beta_2|$ 和 $|b'_2 - \beta_2|$ 足够小，就可以得出结论，使用节点嵌入式表征作为代理变量可以控制潜在的同质性，估计同伴影响的效果更准确。

5.2.4　模拟结果

我们感兴趣的主要是每个回归模型对同伴影响效应的估计偏差。偏差的计算方法是在 1000 次运行中，估计系数和真实系数之间的平均绝对偏差。结果显示在图 5-3 中。在图 5-3 中，横轴代表嵌入式表征的维度，纵轴代表估计 β_2 的平均绝对偏差。每个维度的条形图从左到右分别代表我们在使用无嵌入、GraRep 嵌入、node2vec 嵌入和 SDNE 嵌入时的估计偏差。从图 5-3 中可以看到，当不使用嵌入式表征时，估计偏差约为 0.6。很明显，在回归模型中使用节点嵌入式表征作为代理变量时，估计偏差明显减少。例如，当使用任意算法添加一个 4 维嵌入式表征时，估计偏差减少了 80%。同时，用网络嵌入估计的大多数估计偏差只占同伴影响的实际效果的 1/4，这意味着偏差足够小。此外还可以发现，从整体上看，偏差随着维度的增加而下降，node2vec 的表现最好。

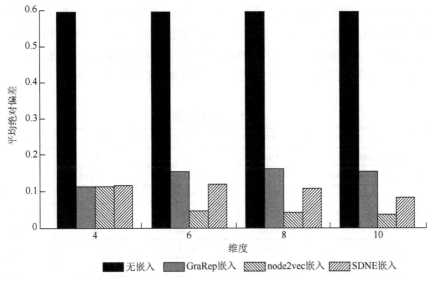

图 5-3　估计偏差绝对值的比较

综上所述，我们发现，在回归模型中使用节点嵌入式表征作为代理变量，可以大大减少对同伴影响的估计偏差，嵌入式表征的解释能力会随着嵌入维度在适当范围内的增加而上升。在这三种网络嵌入算法中，node2vec 算法的性能最好。

5.3　社交网络游戏中同伴影响效应估计的实证研究

5.2 节的模拟实验已经验证了我们的方法的可行性。本节使用真实的网络游戏数据来探讨在网络游戏社交网络中，个人的活动是否会显著影响其朋友的活动。

5.3.1　数据集描述

本节的数据集来自一个中国的网络游戏。该数据集不仅记录了 13 377 792 名玩家的性别、身高、学历等属性，还记录了 2011 年 1 月 1 日至 2011 年 3 月 31 日每日的游戏行为数据，包括登录频率（Login frequency）、游戏币消耗量平均值（Gamecoinspending_mean）、游戏币奖励量平均值（Gamecoinreward_mean）、游戏币兑换量平均值（Gamecoinexchange_mean）、天数（Tenure）、性别（Gender）、同伴的数量（Degree）。该数据集还记录了每日的朋友关系，即这两个玩家之间游戏好友关系的状况。因此，我们可以利用这些关系来创建每天的网络游戏朋友关系网络，并将登录频率作为一种同伴活动。由于数据集的完整性不高，我们选择从 1 月 10 日到 1 月 16 日的一周完整数据进行研究。也就是说，我们用前六个时间点的数据来预测最后一个时间点的登录频率。由于网络嵌入算法的限制，我们无法利用所有玩家的信息。因此，我们根据在本周中的每个朋友关系网络中都出现过的玩家来创建网络。最后，我们得到了共包含 2573 名玩家的网络，数据汇总在表 5-1 中。

表 5-1　数据总结

变量	平均数	标准差	最小值	最大值
Login frequency	3.68	2.79	0	34
Gamecoinspending_mean	−33 497.98	122 981.19	−7 129 135.67	0
Gamecoinreward_mean	3 043.10	5 460.63	0	200 000
Gamecoinexchange_mean	24 543.45	83 946.47	0	3 754 438.52
Tenure	150.98	53.10	46	308
Gender	0.38	0.49	0	1
Degree	37.46	36.84	1	566

5.3.2　模型和估计

我们采用登录频率作为相关的因变量来探讨网络游戏社交网络中是否存在同伴影响，使用以下的回归方程来预测登录频率。

$$Y_{i,t} = \beta_0 + \beta_1 Y_{i,t-1} + \beta_2 \text{peer}_{i,t-1} + \beta_{s3} X_{i,t-1} + \beta_{s4} \text{NE}_{i,t-1} + \varepsilon_{it} \tag{5-10}$$

其中，$Y_{i,t}$ 是玩家 i 在时间 t 的登录频率；$\text{peer}_{i,t-1} = \dfrac{\sum_j A_{ij,t-1} Y_{j,t-1}}{\sum_j A_{ij,t-1}}$ 是玩家 i 所有朋友的平均滞后登录频率，$A_{ij,t-1}$ 是时间 $t-1$ 的朋友关系网络的邻接矩阵；$X_{i,t-1}$ 是玩家 i 在时间 $t-1$ 的观察特征，其中包括时间不变的协变量（即性别和时间变量特征），以及游戏币消耗量、游戏币奖励量、游戏币兑换量、游玩总时长和度（好友数）；$\text{NE}_{i,t-1}$ 是玩家 i 在时间 $t-1$ 的朋友关系网络嵌入；ε_{it} 是独立误差项。

关于估计，首先我们采用 8 维 node2vec 算法来生成嵌入式表征，因为它在模拟部分表现最优。然后，我们使用朋友关系网络来做 OLS 回归。

5.3.3　实验结果

图 5-4 显示了无嵌入模型和嵌入模型两种模型的回归结果，其中不乏一些有趣的发现。首先，性别的影响在两个模型中都是不显著的，这意味着一个人的性别对他/她的登录频率没有显著影响。其次，游玩总时长的影响是显著的负值，这

意味着玩一个游戏的时间越长，登录频率就越低。再次，Gamecoinspending_mean、Gamecoinreward_mean、Gamecoinexchange_mean 在两个模型中的显著系数表明，如果一个人在游戏中花费（奖励或交换）更多，他会更频繁地登录。最后，两个模型中程度的显著影响与我们的直觉相符，即如果玩家有越来越多的朋友，他们会更频繁地登录游戏。此外，同伴影响的效果是我们最关心的。鉴于其他变量的系数在两个模型中几乎具有相同的大小和意义，同伴影响的效果在无嵌入模型中不明显，而在嵌入模型中却很明显，并且我们发现在嵌入模型中所有的嵌入成分都是显著的。因此，我们认为在无嵌入模型中，玩家之间仍然存在一些潜在的同质性，与同伴影响项相关，而在嵌入模型中，嵌入式表征控制了一部分潜在的同质性。综上所述，通过网络游戏数据，我们发现网络游戏社交网络中确实存在同伴影响，在回归中使用节点嵌入式表征作为代理变量可以帮助减少估计误差。

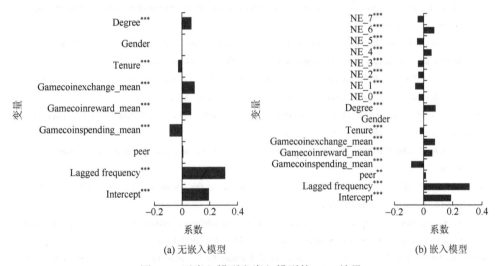

图 5-4　无嵌入模型和嵌入模型的 OLS 结果

Lagged frequency 是 $t-1$ 时的登录频率，为了去除结果变量的自回归性的影响；Intercept 是回归的截距；NE_0～NE_7 分别表示 node2vec 学习得到的网络嵌入的八个不同维度

*** 99%置信区间内显著，** 95%置信区间内显著

5.4　本章研究小结

本章通过在回归中使用节点嵌入式表征作为另一个代理变量，减少了对同伴影响估计的偏差。研究首先推导了模型框架并验证了我们方法的有效性，然后应用该方法研究网络游戏社交网络中是否存在同伴影响，发现如果一个玩家的好友的登录频率高，他就会更多地登录游戏。此外，本章还证明了在回归中

使用节点嵌入式表征作为代理变量可以控制潜在的同质性，并估计出更准确的同伴影响的效果。

本章研究也存在一些局限性。首先，我们只是用 OLS 来估计同伴影响的效果，而数据集为面板数据，但无须过分关心这个问题，因为我们更关心是否可以使用节点嵌入式表征来减少偏差。其次，由机器学习算法产生的节点嵌入对回归缺乏解释力。因此，可以期待未来能够研究更高效的网络嵌入算法或更强大的解释代理变量。

参 考 文 献

Ahmed A，Shervashidze N，Narayanamurthy S，et al. 2013. Distributed large-scale natural graph factorization. Rio de Janeiro：22nd International Conference on World Wide Web.

Aral S，Muchnik L，Sundararajan A，et al. 2009. Distinguishing influence-based contagion from homophily-driven diffusion in dynamic networks. Proceedings of the National Academy of Sciences of the United States of America，106（51）：21544-21549.

Belkin M，Niyogi P. 2001. Laplacian eigenmaps and spectral techniques for embedding and clustering. Vancouver：14th International Conference on Neural Information Processing Systems：Natural and Synthetic.

Cao S S，Lu W，Xu Q K. 2015. GraRep：Learning graph representations with global structural information. Melbourne：24th ACM International on Conference on Information and Knowledge Management.

Centola D，González-Avella J C，Eguiluz V M，et al. 2007. Homophily，cultural drift，and the co-evolution of cultural groups. Journal of Conflict Resolution，51（6）：905-929.

Christakis N A，Fowler J H. 2008. The collective dynamics of smoking in a large social network. New England Journal of Medicine，358（21）：2249-2258.

Davin J. 2015. Essays on the social consumer：peer influence in the adoption and engagement of digitalgoods. Cambridge：Harvard Business School.

Fujimoto K，Valente T W. 2012. Social network influences on adolescent substance use：disentangling structural equivalence from cohesion. Social Science & Medicine，74（12）：1952-1960.

Grover A，Leskovec J. 2016. Node2vec：scalable feature learning for networks. San Francisco：22nd ACM SIGKDD International Conference on Knowledge Discovery and Data Mining.

Hoff P D，Raftery A E，Handcock M S. 2002. Latent space approaches to social network analysis. Journal of the American Statistical Association，97（460）：1090-1098.

Kim S J，Choi Y K，Kim K H，et al. 2015. Country of origin and brand image influences on perceptions of online game quality. Journal of Consumer Behaviour，14（6）：389-398.

Ma L Y，Krishnan R，Montgomery A L. 2015. Latent homophily or social influence？An empirical analysis of purchase within a social network. Management Science，61（2）：454-473.

Nair H S，Manchanda P，Bhatia T. 2010. Asymmetric social interactions in physician prescription behavior：the role of opinion leaders. Journal of Marketing Research，47（5）：883-895.

Perozzi B，Al-Rfou R，Skiena S. 2014. Deepwalk：online learning of social representations. New York：20th ACM SIGKDD International Conference on Knowledge Discovery and Data Mining.

Shalizi C R，Thomas A C. 2011. Homophily and contagion are generically confounded in observational social network studies. Sociological Methods & Research，40（2）：211-239.

Stephen A T，Toubia O. 2010. Deriving value from social commerce networks. Journal of Marketing Research，47（2）：215-228.

Wang D X，Cui P，Zhu W W. 2016. Structural deep network embedding. San Francisco：22nd ACM SIGKDD International Conference on Knowledge Discovery and Data Mining.

Zhang D K，Yin J，Zhu X Q，et al. 2020. Network representation learning：a survey. IEEE Transactions on Big Data，6（1）：3-28.

第 6 章　社交网络中的社会资本与信息披露

　　过去的二十年里，互联网发生了翻天覆地的变化，给人们生活带来了极大改变。一开始，人们在网络平台上可以发布静态信息，使用文本和图像进行辅助设计。在这个阶段，数据和信息都是静态的，信息的接收者和创建者之间没有交互，大部分页面都仅提供可读形式的支持。随着互联网的发展，终端用户、服务提供者、不同组织之间展开了更多的合作，他们能够贡献自己的信息，并且转用他人贡献的信息，极大丰富了协作方之间的分配内容。在这个时代，社区和社交形式开始产生，终端用户可以通过互联网查看、创建和编辑内容，可以与他人共享信息，可以和好友即时联系，社交网络的应用逐渐广泛。

　　社交网络萌芽于 20 世纪 90 年代末，兴起于 21 世纪初。1997 年，一个叫作 SixDegrees 的网站诞生，被普遍视为第一个在线社交网络，在这个网站上，人们可以发送信息并联系他人。之后，越来越多的社交网络和相关应用出现，好友列表、留言板块、日志功能是早期社交网络的基本功能。2002 年，一个叫作 Friendster 的在线约会网站发布，在短短一年多的时间内迅速累积了 30 万名用户。随着用户规模的扩大，网站遇到了层出不穷的问题，如技术支持问题、虚假档案问题、用户风险和信任问题等。一系列问题降低了用户体验，Friendster 慢慢走向衰落。2003 年开始，越来越多的社交网络开始涌现。广为人知的 Myspace 加入了社交网络生态图谱竞争，迅速流行了起来。同时，一些细分化社交网络也开始涌现，如专注职业发展的 LinkedIn、专注图片分享的 Flickr、专注视频领域的 YouTube 等。2004 年，Facebook 创立，它提供了全面且丰富的功能，时至今日，它仍是最流行的社交网络平台之一。2006 年，全球各国都发展出了本国内占主导地位的社交网络工具，如韩国的 Cyworld、美国的 Windows Live Spaces、日本的 MIXI、中国的 QQ 等。

　　发展到今天，我国的社交网络平台多种多样，不同的社交平台有相似性，但又从各方各面改变了人们的生活。根据中国互联网络信息中心的统计，直至 2018 年 12 月，中国的即时通信用户规模达到 79 172 万人，而微博的用户规模达到 35 057 万人。

　　总而言之，在线社交网络平台层出不穷，功能不断被创新，被广泛地应用在各个领域。这些基于互联网的社交网络平台促进了大量的在线社交行为，改变了人类的日常互动形式。现实世界的社会关系被迁移到了虚拟世界，将人们聚集到了同一个网络空间，形成了众多在线社区。社交关系从现实向数字维度的转变，让所有参与者能够进行多种多样的信息披露，能够促进不同文化间的对话，并且能够让用户在平台上构建自己的社会资本（Ellison et al.，2010）。

本章基于社会资本理论，聚焦于社交网络中的披露行为，研究了社交网络中的用户自我披露行为、个体持续使用行为以及公益筹款项目的筹款行为。当解释各种亲社会行为时，社会资本理论被广泛应用（Wasko and Faraj，2005）。随着网络时代的迅速发展，网络逐渐从话题架构转变成个人架构，社交网络应运而生。社交网络的特性让越来越多的用户可以进行信息披露和社交互动行为，创建自己的社会资本。

在本章中，我们希望回答以下三个问题：①社会资本与人格特质如何交互影响个体在社交网络上的自我披露行为；②他人披露与感知社会资本如何影响社交网络持续使用意愿；③个体如何利用自身社会资本与披露叙述风格在社交网络中提升公益筹款完成度。

总而言之，本章以社会资本理论为基础、以社交网络中的信息披露为聚焦对象，研究了社交网络中的自我披露行为、持续使用行为、公益项目筹款行为，将社交网络中的行为由浅入深、层层递进地进行了系统性的研究，并围绕信息披露话题对信息披露的动机、相互作用、信息披露的风格都进行了相关探讨。三个针对不同行为的子研究，均有良好的理论贡献和现实意义。自我披露行为研究拓展了社交网络中社会资本与自我披露相关研究的场景和维度，同时引入外向性，对前人自我披露行为研究的相异结论提供了深化解释，阐明了外向性高的人更重视社交网络的社会价值，进而增加披露诚实度。持续使用行为研究深化了期望确认和感知有用性的因素解释，从社会交换的角度出发，说明了用户能够通过彼此诚实的自我披露感知到个体的社会资本，进而增强自身持续使用的行为模式。而公益项目筹款行为研究通过需求迫切性的引入，成功地对前人研究中信息披露风格与筹款表现关系的相异结论进行了补充和解释。从现实层面而言，这三个研究能够为社交网络平台的运营、用户使用社交网络的观念、筹款人利用社交网络进行公益筹款的策略选择带来有效的洞见和建议。

研究方法方面，本章在公益项目筹款行为研究中，爬取了真实数据，在领域内较早地利用文本挖掘与图片挖掘工具对海量的文本和图片进行分析，充分利用了发展迅速的数据分析方法并将其融入本学科的研究体系中，能够为后续研究提供灵感和参考。研究角度总结如表 6-1 所示。

表 6-1　研究角度总结

研究	研究对象	影响因素	研究目标	社会资本	披露行为
研究一	社交网络用户	社会资本、个性	自我披露的数量与诚实度	个体的社会资本（社会互动、信任、互惠互利、共同叙述）	个体自我披露的数量与诚实度

研究	研究对象	影响因素	研究目标	社会资本	披露行为
研究二	社交网络用户	他人披露诚实度确认、感知社会资本、使用满意度	社交网络持续使用意愿	个体感知的社会资本（社交互动、信任、共同叙述）	他人披露的诚实度是否达到个体期望的确认
研究三	社交网络中的公益筹款项目	项目社会资本、项目披露叙述风格	社交网络公益项目筹款表现	筹款项目的社会资本（中心度、社交互动、声誉）	筹款项目的信息披露叙述风格（信息丰富度、积极性、图片颜值）

6.1　社会资本与人格特质对自我披露行为的影响

随着互联网的迅速发展，社交网络不断兴起，自我披露行为的门槛变低，人们在网络中进行自我披露的行为逐渐增多。很多学者开始关注用户在社交网络平台进行自我披露的动机，大部分的自我披露研究，都聚焦于用户档案或个人资料页的自我披露，而非互动行为中的自我披露情况。

人们谈论自己生活或自愿向他人透露个人信息的行为，通常被称为自我披露（Wheeless and Grotz，1976）。本节希望能够了解影响人们进行社交网络自我披露行为动机的因素。在众多探索社交网络自我披露行为动机的研究中，我们可以将影响因素分为两类：社会因素和个体心理因素（Trepte and Reinecke，2013）。在社会因素方面，社会资本理论提出了一个完整的社会因素衡量体系，被广泛地应用在关注个体互动关系的领域，可以用来解释各种亲社会行为（Chow and Chan，2008），在信息共享领域被大量应用。在个体心理因素方面，外向性被多次研究和验证，是与社交网络行为关系最密切的人格特质。但是，前人研究中，对外向性与自我披露行为的关系有相反结论，有研究发现外向性会显著正向影响自我披露行为（Peter et al.，2005），也有研究发现他们之间存在显著负向关系（Moore and McElroy，2012）。在本节里，我们选取了自我披露的数量与自我披露的诚实度作为自我披露行为的考量维度因素。自我披露的数量能够有效衡量用户的投入大小；而自我披露的诚实度是衡量披露质量的一个重要因素。通过理论梳理，我们假设社会资本理论会直接影响自我披露行为，而外向性则会对社会资本因素与自我披露行为之间的关系有调节作用。

基于提出的研究模型，我们开发了量表，并利用问卷调查的方式进行了实证检验。结果显示，社交互动与自我披露行为的数量存在着明显正向关系，信任与自我披露行为没有显著关联；互惠互利与自我披露的诚实度有显著的正向关系，而与自我披露的数量没有显著关系；共同叙述对自我披露的数量有正向影响，但对自我披露诚实度没有显著影响；外向性与自我披露的数量有显著正向关系，同时对互惠互利与自我披露诚实度的关系有着增强型的调节作用。

从理论的角度来看，我们拓展了自我披露的单一维度，引入了自我披露的数量与自我披露的诚实性；另外，对于外向性与自我披露行为之间的关系，我们补充了与前人研究不同的研究结论，并提供了两种可能的解释；最后，我们将社会资本对信息共享的影响迁移到了社交网络的自我披露领域，并且建立了一个融合社会因素与个人因素的交互模型，用以解释自我披露行为的动机。从实际角度来看，我们的结果可能会为社交网络平台的运营提供有用的建议和洞察。

该研究于 2012 年开始进行，研究成果已于 2016 年发表，在此之后，我们对研究理论进行了深化，并对模型进行了更新与调整。在之后的章节中，我们会先进行文献综述，之后提出研究模型，阐述我们的研究方法，对数据进行分析与验证，最终得出研究结果并进行讨论。

6.1.1 研究背景

1. 社交网络中的自我披露行为

Jourard（1959）首次提出了自我披露的概念，将其定义为个体传递个人信息、分享思想和情感的过程。随着互联网发展，社交网络兴起，自我披露行为的门槛变低，人们在网络中进行自我披露的行为逐渐增多。网络提供了方便的个人信息披露环境，使朋友之间能够轻松便捷地保持联系，促成用户之间产生新的友谊、维持新的社会关系。因此，社交网络上的自我披露行为逐渐受到研究者的关注。

关于用户为何以及如何在社交网络环境中进行自我披露，前人研究中有不少解释。Omarzu（2000）提出了披露决策模型（disclosure decision model，DDM），用于解释自我披露的决策认知过程。在这个模型中，自我披露是一种策略性行为，披露目标确立后，用户将对其效用及风险进行主观评价，从而决定自我披露的内容、深度、广度和持续时间。Jia 等（2010）基于技术接受模型，研究了社交网络特征与自我披露行为之间的关系，发现社交网络的感知有用性和感知易用性与其自我披露意图密切相关。

我们对一系列的自我披露研究进行了分析，发现在众多探索社交网络自我披露行为先行因素的研究中，可以将这些因素分为两类：社会因素和个体心理因素（Trepte and Reinecke，2013）。

在社会因素方面，研究者认为，用户会受到社会关系、社会互动的影响，促发自我披露行为。此外，自我披露不同的衡量维度具有不同的影响模型。自我披露的数量和积极性与关系的亲密度呈正相关，而自我披露的诚实和意图与关系的亲密度无关（Park et al.，2011）。社交网络上的自我披露行为满足了用户的个体社交需求。Kim 和 Lee（2011）认为社交网络的自我披露是个体需要社会支持的信号。自我披露水平能够形成某种激励，如关系维护、消磨时间和娱乐，与 Facebook 使用满意度有着正向关系。社会资本已经成为分析个体互动关系的关键概念，可以用来解释各种亲社会行为（Chow and Chan，2008）。

在个体心理因素方面，前人有不少研究，探讨了传统交流背景下，影响自我披露行为的个体心理因素。Jourard 和 Lasakow（1958）设计了调查自我披露行为的工具量表，并将人格列为六个内容领域之一。Verduyn 等（2017）认为，从积极的个体心理学角度来看，社交网络的自我披露数量与主观幸福感有着正相关关系。

总而言之，自我披露行为的动机是一种综合了社会因素与个体心理因素的驱动模式。Trepte 和 Reinecke（2013）提出，社交网络使用和自我披露的个体心理倾向相互作用，同时，社交网络环境中的社会资本因素加强了自我披露行为。

在上述的研究中，大部分研究将自我披露定义为是否在社交网络上填写真实的姓名或地址。但实际上，在传统的关于线下自我披露的研究中，不同的学者对自我披露的多个维度进行了研究，将维度扩展到以下五个方面：①自我披露的数量；②个人自我披露的意向性信息；③自我披露信息的诚实度或准确度；④自我披露的信息的深度或亲密度；⑤自我披露行为的积极性。在本章研究里，我们选取了自我披露的数量与自我披露的诚实度作为度量因素。自我披露的数量体现了社交互动的次数，能够有效衡量用户的投入大小；而自我披露是自我展现的一种手段，其诚实度是衡量披露质量的一个重要因素。

2. 人格特质与社交网络使用

有不少研究探讨了人格特质和社交网络使用之间的关系。在一个针对澳大利亚 Facebook 用户的研究中，Ryan 和 Xenos（2011）发现 Facebook 用户一般会比非用户更外向、更自恋。表演型人格的人更倾向于更新自己的照片和状态，神经质水平更高的人更喜欢使用 Facebook 上的状态墙功能。

McCrae 和 Costa（1997）概念化了五个稳定的人格特质，即著名的大五人格理论，分别为：神经质、外向性、开放性、宜人性和尽责性。这些因素经常被用于分析与度量人格。神经质是指情绪稳定，控制冲动和焦虑的程度。外向性反映了高度的社交性、自信程度和健谈性。开放性反映了强烈的求知欲和对新奇以及多样性的偏好程度。宜人性是一个人对他人是否有帮助意愿、是否愿意合作以及是否具备同情心的度量。尽责性是指细心、自律、条理，用责任感来规划个人行动。在大五人格里面，外向性和社会交互、自我披露的关系最紧密。有研究表明，外向者更愿意使用社交网络与他人交流，通过联系朋友（Correa et al.，2010）和评论朋友的网页（Gosling et al.，2011）来交换信息。还有研究指出，内向者反而更有可能使用社交网络进行自我披露，与朋友保持联系（Moore and

McElroy，2012)。Amichai-Hamburger 和 Vinitzky（2010）也发现了外向性与个人信息披露有着负向关系。

所以，对于外向性与自我披露的关系是正向还是负向的问题，目前存在尚不明确的结论。本章尝试从理论角度入手，将外向性作为社会因素与自我披露行为之间的调节变量，希望能够进一步解释前人研究中的不同结论。

6.1.2　研究模型与假设

总结前人研究，我们可以知道，影响用户在线信息分享行为的因素，可以被划分为社会资本因素与人格特质因素。但是，还没有研究探讨过，社会资本因素和人格特质因素是如何相互作用的。

如图 6-1 所示，我们基于社会资本因素与人格特质因素视角，提出了其对自我披露行为的假设关系。

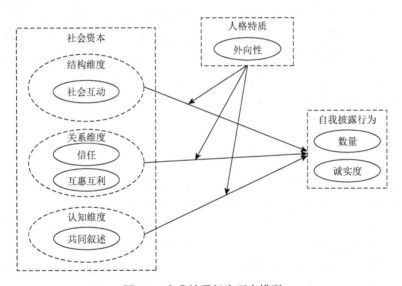

图 6-1　自我披露行为研究模型

社会资本理论已经在知识共享领域被广泛应用，而信息披露被证明是知识分享的必备路径（Lee et al.，2010）。社交网络上的自我披露行为也是一种信息披露的形式。因此，我们基于前人的研究，提出了社交网络中自我披露行为的模型，希望探讨社会资本与自我披露行为的关系。

1. 结构维度与自我披露行为

社会资本理论认为，个体之间的联系，或通过网络中的社会互动建立的结构性联系，是影响群体行动的重要因素（Putnam，2000）。当成员之间的社交互动频繁时，集体行动相对更容易实现（Krackhardt et al.，1992）。当个体与其他人接触的频率越高、人数越多，他们就越有可能养成合作的习惯并更多地进行集体行动（Marwell et al.，1988）。当集体中的个人与其他成员的互动频率相对较高，他可能已经养成了这种互动合作习惯。

Lee 等（2008）认为，社交网络中的自我披露本来就是一种互动行为。在社交网络中，建立社交关系的一种常见方法，是通过社交网络更新个人状态。因此，用户会通过社交网络，向与自己有联系的人们披露他们最近的活动、情绪、想法等信息。所以，当社交网络中的社交互动频繁，个体更愿意提升自我披露的数量，增强与群体的互动。因此，我们提出如下假设。

H6.1.1a：在社交网络中，社会互动程度较高的用户会进行数量更多的自我披露。

另外，这些人比其他人更有可能理解群体期望和遵守群体规范（Rogers and Kincaid，1981）。经常与他人联系的人在网络的中心性地位高，为了保持其中心地位，个人会披露更多高质量的信息。在社交网络里，社会交互程度较高的人，他们更明白群体规范，也会因为形成合作习惯而希望与好友们保持持续关系，所以，他们进行更诚实的表达。因此，我们提出如下假设。

H6.1.1b：在社交网络中，社会互动程度较高的用户会进行诚实度更高的自我披露。

2. 关系维度与自我披露行为

关系维度关注的是社交关系的质量，也表示这些连接能被利用的潜力。信任是关系资本的一个关键考量因素，能够促进群体行为。

当社会互动涉及不确定性和不完整信息时，信任至关重要（Ba and Pavlou，2002）。相比于线下的好友网络，不确定性和不完整性在社交网络中尤为突出，会影响自我披露的意愿。因为在线上，存在我们无法认证身份的陌生人，如果将个人隐私暴露给社交网络上的好友，将会存在一定的风险。现有的文献表明，信任是自我披露的先决条件，因为信任有助于减少泄露私人和敏感信息所带来的感知风险（Jarvenpaa et al.，2000）。所以，当用户在网络上的信任程度较高时，他们更愿意多分享信息。

综上所述，我们提出如下假设。

H6.1.2a：在社交网络中，对其他用户信任程度较高的用户会进行数量更多的自我披露。

社交网络上，避免进行诚实的自我披露也是规避风险的一种途径。不过，当对接受者的感知信任度很高时，他们会更愿意承担自我披露为自己带来的风险。

当有强烈的信任时，个人倾向于自由地披露更准确的个人信息。当用户感受到友好的环境时，他们更愿意进行诚实的自我披露。

H6.1.2b：在社交网络中，对其他用户信任程度较高的用户会进行诚实度更高的自我披露。

在前人研究中，互惠互利被强调为个体通过社会交换得到的好处（Blau，2017）。它可以作为人们为网络环境进行信息贡献的激励机制。互惠互利可以作为信息分享者的利益交换手段，因为他们会期望在未来的某一天，来自他人的信息贡献能够为他们当下所做的贡献带来相应的回报（Kollock，1999）。之前的研究表明，在线社区中分享信息的人相信互惠互利（Wasko and Faraj，2005）。

H6.1.3a：在社交网络中，和其他用户拥有更高互惠互利程度的用户会进行数量更多的自我披露。

社会交换理论认为，在线社区的成员会在关系投资中取得成本和收益的平衡（Molm，1997）。在社交网站的背景下，互惠使人坚定地相信其他人会欣赏自己的披露，并作为回报揭示自己，加入相互的互动，并在需要时提供帮助。虽然自我披露会给个人隐私带来风险，但互惠性可以通过考虑预期的收益来证明社会交互的合理性。Moon（2013）指出，"有充分的证据证明，即使是相对陌生的人，如果他们希望通过首先进行披露取得互惠互利的交换，人们也会进行诚实的自我披露"。因此，我们提出以下假设。

H6.1.3b：在社交网络中，和其他用户拥有更高互惠互利程度的用户会进行诚实度更高的自我披露。

3. 认知维度与自我披露行为

认知维度是指能够增加个体之间相互理解的资源（Chow and Chan，2008）。Wasko 和 Faraj（2005）提出，参与信息共享行为至少需要各方之间达成一定程度的共识，如共享语言和词汇，共享文化和目标。共同叙述超越了语言本身，它还涉及对日常互动主要内容的一些共同理解。共享代码和语言有助于共同理解集体状态和目标，使得个体在虚拟社区中可以采取正确的行动（Tsai and Ghoshal，1998）。所以，当共同叙述程度高的时候，个体不会受到语言障碍的影响，披露的数量能够相应增加。因此，我们提出如下假设。

H6.1.4a：在社交网络中，和其他用户拥有更高共同叙述程度的用户会进行数量更多的自我披露。

共同叙述有助于人们获取对他人及其信息的访问权，也提供了一种用于评估信息交换的效用的评价工具，也代表共同经历和文化背景的重叠。当共同叙述程度高的时候，社交网络中的人能够更加明确、准确地表示自己的想法，从而增加自己披露的诚实度。因此，我们提出如下假设。

H6.1.4b：在社交网络中，和其他用户拥有更高共同叙述程度的用户会进行诚实度更高的自我披露。

4. 外向性与自我披露行为

在研究社交网络自我披露行为时，我们选择了与自我披露最相关的外向性作为研究因素。外向者无论在社交网络还是现实世界中都有很多人际联系，他们一般会拥有更多的朋友，更高质量的友谊，以及更令人满意的恋爱关系。因此，外向性与更多社交网络使用（Gosling et al.，2011）和更多朋友（Moore and McElroy，2012；Ryan and Xenos，2011）有正向关系。

Peter 等（2005）的研究表明，外向的青少年会更频繁地在网上进行自我披露，这有助于建立在线朋友关系。但是，也有研究有相反的结论，发现外向性和自我披露有着显著的负向关系（Moore and McElroy，2012）。目前两者之间的关系尚未有明确定论。

有研究表明，外向者会更关注社交网络的社会价值，而内向者则考虑情感和经济价值（Lu and Hsiao，2010）。同时，前人研究显示，外向性经常会在人与环境交互时，发挥调节作用。人格对特殊身份认知和创造力之间的关系会有调节作用（Shu and Hong，2012）。Christofides 等（2009）也认为，在社交网络的自我披露信息控制过程中，不同的个人特质会在不同的过程中发挥作用。因此，我们认为，外向性可能和社会资本有交互效应，同时对自我披露行为产生影响。

综上所述，我们提出假设。值得一提的是，因为外向性与各个社会资本的关系，在文献中没有特别的阐述，所以 H6.1.5 是偏向探索性的假设，希望了解外向性究竟如何对社会资本因素和自我披露的数量或诚实度的交互作用产生影响。

H6.1.5a：在社交网络中，外向性会对各个社会资本因素与自我披露数量的关系产生调节作用。

H6.1.5b：在社交网络中，外向性会对各个社会资本因素与自我披露诚实度的关系产生调节作用。

6.1.3 研究方法

1. 量表开发

本节基于前人的研究开发调研量表。对于社会资本的测量，从经典文献（Nahapiet and Ghoshal，1998）中社会资本的概念出发，参考一系列分析社会资本与知识共享关系的研究（Chiu et al.，2006；Chow and Chan，2008；Hsu and Lin，2008），也参考分析社会资本与自我披露关系的研究（Chen and Sharma，2013），最终形成了测量社会互动关系、信任、互惠互利、共同叙述的量表。对于外向性的测量，本节采用了 Mini-IPIP（Mini-International Personality Item Pool，迷你国际人格项目库）中对于外向性的测量，既保证了测量的权威及有效性（Donnellan et al.，2006），又能有效地控制量表长度与问卷完成时长。对于自我披露的测量，我们参考了在线约会网站的自我披露研究（Gibbs et al.，2006），还参考了即时聊天工具的自我披露研究（Leung，2002），最终得出了测量自我披露数量与自我披露诚实度的量表。

　　由于所有前人所提出的量表都基于英文，所以这里对量表进行了翻译与反向翻译，保证问卷可以被调查对象理解。首先，将每个英文问项翻译成了中文；其次，中文版的问项再次被翻译成英文，保证反向翻译的英文能与原问项的意思一样。量表的反向翻译能够帮助中国被试者正确理解这些问项，确保我们能够准确测量变量。同时，在前人研究的基础上，我们对量表的问项进行了一定程度的调整，以确保它们符合我们的研究目的和背景。调整的内容包括：①在某几个变量测量时参考了不同的前人量表，筛选出符合社交网络场景的问项进行提问，删除一部分不适合社交网络场景的问项；②自我披露不同维度的量表在不同研究中有度量重合的现象，我们对自我披露数量和诚实度进行了严格的区分；③限定于社交网络场景对问项措辞进行相应的修改。

　　完成了量表开发后，分三个阶段进行预测试。首先，我们咨询了两位经验丰富的教授，向他们请教问项是否存在措辞的重叠和模糊问题，并根据他们的建议调整了问项。其次，我们邀请了 10 名有使用社交网络经验的被试填写我们的问卷，根据参与者对问卷长度、措辞表述等的反馈，调整了问卷。最后，我们对 100 名学生进行了预测试，以确保量表的可靠性和有效性。最终的自我披露行为研究量表如表 6-2 所示，每个问项都使用了七点利克特量表（Likert scale）来进行测量。

表 6-2　自我披露行为研究量表

潜变量	问项	问题	参考来源
社交互动关系	SI1	在该社交网络中，我有许多好友（有好友关系/互相关注）	Chiu 等（2006），Chow 和 Chan（2008）
	SI2	在该社交网络中，我和我的好友保持着密切的社交关系	
	SI3	在该社交网络中，我花了很多时间和好友进行互动	
	SI4	在该社交网络中，我经常与我的社交网络好友进行沟通	
信任	TR1	该社交网络上的好友是可以信任的	Chiu 等（2006），Hsu 和 Lin（2008），Chen 和 Sharma（2013）
	TR2	该社交网络上的好友在彼此交往时，是值得被信任的	
	TR3	该社交网络上的好友会信守对彼此的承诺	
	TR4	该社交网络上的好友不会彼此伤害	
	TR5	该社交网络上的好友不会互相利用	

续表

潜变量	问项	问题	参考来源
互惠互利	RE1	如果我需要，该社交网络上的好友会帮助我	Wasko 和 Faraj（2005），Chiu 等（2006），Chen 和 Sharma（2013）
	RE2	我知道该社交网络上的好友会帮助我，所以我也应该帮助别人	
	RE3	如果我需要，该社交网络上的好友会与我互动	
	RE4	如果我需要，该社交网络上的好友会与我分享信息	
共同叙述	SL1	该社交网络上的用户在讨论过程中，会使用能相互理解的沟通模式	Nahapiet 和 Ghoshal（1998），Chiu 等（2006）
	SL2	该社交网络上的用户在发布消息时，会使用能相互理解的叙事方式	
	SL3	该社交网络上的用户能自然地利用语言讨论和交换信息	
外向性	EX1	在聚会中，我通常是中心人物	Donnellan 等（2006）
	EX2	我不常说话	
	EX3	在聚会中，我会和很多不同的人说话	
自我披露数量	AM1	在该社交网络里，我经常讨论自己的感受	Leung（2002），Gibbs 等（2006）
	AM2	在该社交网络里，我会披露我的个人信念和想法	
	AM3	在该社交网络里，我经常会花挺长时间与他人沟通自己的想法	
	AM4	在该社交网络里，我不经常谈论自己	
自我披露诚实度	AC1	在该社交网络里，我对于自己的描述通常是诚实的	Leung（2002），Gibbs 等（2006）
	AC2	在该社交网络里，我在描述自己的感受、情绪、经历时，是准确的自我认知	
	AC3	在该社交网络里，当我谈论自己时，我是真诚的	
	AC4	在该社交网络里，我对自己的描述能够反映我的真实身份	

2. 抽样方法

本章的数据通过发放在线问卷得到，采取滚雪球抽样法。我们最终共回收 253 份问卷，其中包含 220 份有效答复（有效率为 87%）。所有参与此项研究的被试都是自愿且匿名的。

为确保数据的准确性，研究采用了如下控制措施。

首先，本节控制了发送问卷的对象和方法，问卷通过社交网络传播并邀请填写，尽量确保被试大部分是社交网络的忠实用户。在发放问卷前，我们进行了专家询问与预测试，根据反馈修改了问卷的逻辑和表述，以确保被试能完全理解问题。

其次，本节制定了严格的规则来过滤已完成问卷，以确保研究的可靠性和有效性。我们对填写调查问卷的时长进行了统计，根据预测试中的答卷时长，我们设定了可接受的完成时间范围，删除了答卷时间过长或过短的样本。问卷中还隐藏了重复项目和反向项目，我们利用它们来对样本进行过滤和筛选。

6.1.4　数据分析与假设检验

本节利用 SPSS Statistics 21 进行了描述性统计分析，并且利用 SmartPLS 3.0 来进行结构方程分析。

1. 描述性统计

表 6-3 展示了自我披露行为研究样本的人口统计特征描述性统计。

表 6-3　自我披露行为研究样本描述性统计

特征	类别	频次	百分比	累计百分比
性别	男	92	41.82%	41.82%
	女	128	58.18%	100%
年龄	20 岁及以下	2	0.91%	0.91%
	21~25 岁	53	24.09%	25.00%
	26~30 岁	113	51.36%	76.36%
	31~35 岁	33	15.00%	91.36%
	36~40 岁	3	1.36%	92.73%
	大于 40 岁	16	7.27%	100%
教育程度	高中	3	1.36%	1.36%
	大专	5	2.27%	3.64%
	本科	75	34.09%	37.73%
	硕士研究生	88	40.00%	77.73%
	博士研究生	49	22.27%	100%
每天使用时长	少于 0.5 小时	23	10.45%	10.45%
	0.5~<1 小时	62	28.18%	38.64%
	1~<2 小时	68	30.91%	69.55%
	2~<3 小时	40	18.18%	87.73%
	3 小时及以上	27	12.27%	100%
平均每周发布状态条数	0 条	67	30.45%	30.45%
	1~3 条	121	55.00%	85.45%
	4~6 条	17	7.73%	93.18%
	7~9 条	2	0.91%	94.09%
	10 条及以上	13	5.91%	100%

续表

特征	类别	频次	百分比	累计百分比
平均每周评论/点赞次数	0 次	7	3.18%	3.18%
	1～5 次	69	31.36%	34.55%
	6～10 次	51	23.18%	57.73%
	11～15 次	32	14.55%	72.27%
	16～20 次	15	6.82%	79.09%
	20 次以上	46	20.91%	100%

注：累计百分比由原始数据计算

被试的平均年龄为 28.63 岁，最小年龄为 19 岁，最大年龄为 63 岁，其中 21～30 岁的人占了 75.45%，年轻人居多。女性占 58.18%，男性占 41.82%，性别分布较为平均。被试受教育程度较高，96.36% 的被试为本科及以上学历，研究生占 62.27%。

2. 信度和效度检验

图 6-2 展示了潜变量的信度和效度指标。从图中可以得知，所有的 Cronbach's α（克隆巴赫 α）系数均高于 0.7，表示所有变量具有良好的信度。组合信度值均高于 0.8，表明潜变量有着良好的内部一致性。同时，所有的 AVE（average variance extracted，平均方差提取值）统计量均高于 0.5，表明模型具有良好的收敛效度。问卷的各个问项均采用前人的成熟量表，用于保障每个潜变量的内容效度。

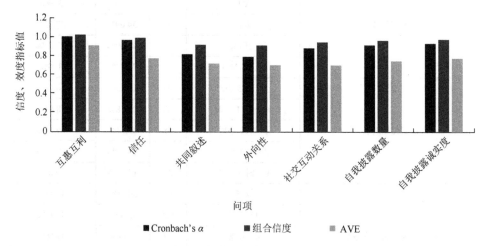

图 6-2　自我披露行为研究各项目信度、效度指标

图 6-3 展示了所有问项的交叉荷载。首先，各个问项对于自身所属潜变量的

荷载均高于 0.7，说明了模型具有较好的指标信度。同时，各个潜变量问项的荷载均比与其他潜变量的交叉荷载大，证明模型有着较好的区分效度。

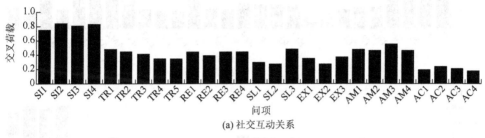

(a) 社交互动关系

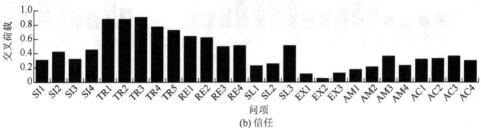

(b) 信任

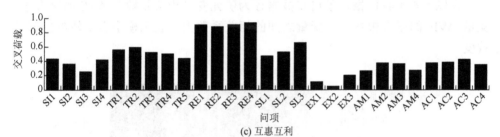

(c) 互惠互利

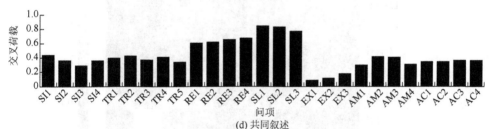

(d) 共同叙述

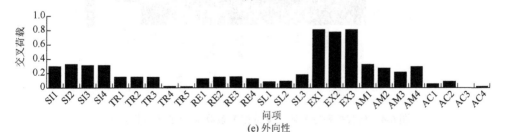

(e) 外向性

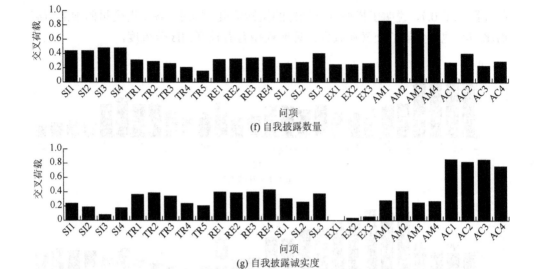

(f) 自我披露数量

(g) 自我披露诚实度

图 6-3　自我披露行为研究交叉荷载

　　在图 6-4 中我们报告了自我披露行为研究变量相关系数及 AVE 的平方根。变量 AVE 的平方根均比各变量之间的相关系数大，表示模型有着较好的区分效度。

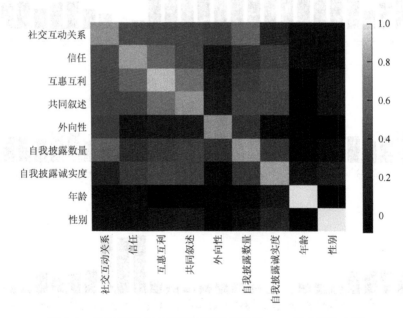

图 6-4　自我披露行为研究变量相关系数及 AVE 平方根热力图

对角线上的格子代表每个变量 AVE 的平方根

综上所述，本节的所有潜变量均具有良好的信度和效度，可以进行后续分析。

3. 假设检验

利用 SmartPLS 3.0 进行假设检验，对 220 个样本进行了 Bootstrapping。Bootstrapping 是一种利用原始数据集来模拟抽样的方法，通过随机创建子样本来进行参数估计，从而评估每条路径的显著性。同时，在模型的基础上，加入用户的年龄和性别作为控制变量。

这里验证了四个路径模型。模型一只对控制变量进行考量。模型二验证了社会资本与自我披露行为的关系，为基准模型。模型三在模型二的基础上，加入了外向性的人格特质因素，模型四则进一步加入了人格特质因素与社会资本的交互项，通过模型三与模型四的对比，我们可以看出调节作用是否显著。表 6-4 展示了四个模型的系数均值与路径显著性。对于自我披露数量而言，社交互动关系、共同叙述和外向性均具有显著的正向作用；而对于自我披露诚实度而言，互惠互利有着显著的正向影响。

表 6-4 自我披露行为假设检验结果

变量			模型一	模型二	模型三	模型四
自我披露数量	自变量	社交互动关系		0.514**	0.458**	0.427**
		信任		−0.050	−0.033	−0.041
		互惠互利		0.057	0.052	0.064
		共同叙述		0.184*	0.185*	0.180*
	调节变量	外向性			0.120*	0.146*
		外向性×社交互动关系				−0.112
		外向性×信任				0.105
		外向性×互惠互利				−0.070
		外向性×共同叙述				0.141
	控制变量	年龄	−0.010	−0.033	−0.021	−0.024
		性别	0.077	0.001	0.002	−0.003
	模型 R^2		0.028	0.414	0.428	0.463
自我披露诚实度	自变量	社交互动关系		−0.050	−0.053	−0.031
		信任		0.177	0.177	0.146
		互惠互利		0.226	0.225	0.340**
		共同叙述		0.190	0.201	0.164

续表

变量			模型一	模型二	模型三	模型四
自我披露诚实度	调节变量	外向性			−0.025	−0.035
		外向性×社交互动关系				0.054
		外向性×信任				−0.088
		外向性×互惠互利				0.328*
		外向性×共同叙述				−0.051
	控制变量	年龄	0.148**	0.139**	0.140**	0.144**
		性别	0.219**	0.156**	0.151**	0.154**
		模型 R^2	0.075	0.321	0.327	0.424

** 0.01 水平显著，* 0.05 水平显著

利用模型三与模型四的 R^2 对比，可以看出外向性的调节作用。对于自我披露数量而言，模型三的 R^2 为 0.428，模型四的 R^2 为 0.463，模型解释度上升 0.035，存在一定的调节作用。而对于自我披露诚实度而言，模型三的 R^2 为 0.327，模型四的 R^2 为 0.424，模型解释度上升 0.097，调节作用明显；换言之，当加入了调节交互项后，模型对自我披露诚实度的解释从 32.7% 上升到了 42.4%。

外向性对互惠互利与自我披露诚实度的关系有显著的调节作用，外向性与互惠互利有增强型的交互作用，对自我披露诚实度产生影响。如图 6-5 中的简单斜率分析图所示，当用户属于低外向性时，斜率非常小；而当用户是高外向性的时候，斜率较大。

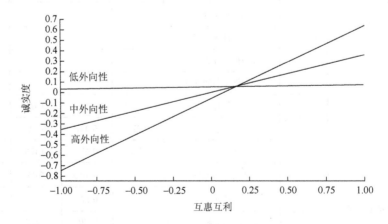

图 6-5　外向性对互惠互利与自我披露诚实度关系的调节

因此，可以得出研究假设检验结果。如表 6-5 所示，我们共提出了 10 条假设，其中支持的假设为 3 条，不支持的假设为 5 条，部分支持的假设为 2 条。

表 6-5　研究假设验证结果

类别	假设	结论
结构维度	H6.1.1a：在社交网络中，社交互动程度较高的用户会进行数量更多的自我披露	支持
	H6.1.1b：在社交网络中，社交互动程度较高的用户会进行诚实度更高的自我披露	不支持
关系维度	H6.1.2a：在社交网络中，对其他用户信任程度较高的用户会进行数量更多的自我披露	不支持
	H6.1.2b：在社交网络中，对其他用户信任程度较高的用户会进行诚实度更高的自我披露	不支持
	H6.1.3a：在社交网络中，和其他用户拥有更高互惠互利程度的用户会进行数量更多的自我披露	不支持
	H6.1.3b：在社交网络中，和其他用户拥有更高互惠互利程度的用户会进行诚实度更高的自我披露	支持
认知维度	H6.1.4a：在社交网络中，和其他用户拥有更高共同叙述程度的用户会进行数量更多的自我披露	支持
	H6.1.4b：在社交网络中，和其他用户拥有更高共同叙述程度的用户会进行诚实度更高的自我披露	不支持
调节作用	H6.1.5a：在社交网络中，外向性会对各个社会资本因素与自我披露数量的关系产生调节作用	部分支持
	H6.1.5b：在社交网络中，外向性会对各个社会资本因素与自我披露诚实度的关系产生调节作用	部分支持

4. 研究结果讨论

本节进行了一项实证研究，希望了解社会资本和人格特质如何交互作用，从而影响社交网络中的自我披露行为。

研究显示，社交互动关系与自我披露数量存在着明显正向关系。社会关系数量与自我披露之间存在正向的显著关系，正如 Putnam（1995）所说，沟通是在社区中创造和维持社会资本的基础。如果一个人在社交网络中没有互动，他的关系就会慢慢消亡。社交网络中的自我披露行为受到了社会资本的影响。

同时，信任与自我披露行为没有显著关联，这个研究结果与 Hsu 和 Lin（2008）、Chow 和 Chan（2008）的研究结果类似，他们发现信任并不直接影响在线共享行为，信任似乎只在电子商务等高风险活动中发挥作用。信任分为很多类型，比如基于人格的信任、基于知识的信任等，它们的定义和研究方式不同，而我们的研究只涉及有限类型的信任衡量。

互惠互利与自我披露诚实度有显著的正向关系，而与自我披露数量没有显著关系。Wasko 和 Faraj（2005）以及 Hsu 和 Lin（2008）的研究发现，互惠与信息共享行为无关，我们的研究结果可以通过这些研究前提得到合理解释。自我披露和信息共享之间的区别在于信息共享强调帮助他人，而自我披露则不然。在非工作环境中进行自我披露可能更多的是给用户带来快乐，是否对他人有所帮助或提供福利似乎并不重要。

共同叙述对自我披露数量有正向影响，但对自我披露诚实度没有显著影响。这个结论与 Chiu 等（2006）的研究结果一致，他们的研究结果表明，共同叙述会正向影响知识共享的数量，但不会影响知识共享的质量。共同叙述超越了语言本身，它还涉及对日常互动主要内容的一些共同理解。研究结果显示，共同叙述可能更多的是减少社交网络中的沟通障碍，让用户有更多互动的机会，但不会对用户互动的内容产生过多影响。

外向性与自我披露数量有着显著正向关系，同时对互惠互利与自我披露诚实度的关系有着增强型的调节作用。外向性高的人在社交网络和现实世界里都与其他人有很多联系。首先，外向的人更愿意在社交网络中进行自我披露，与好友互动。其次，外向性高的人更重视互惠互利，越外向的人，越容易受到互惠互利因素的影响从而进行更诚实的自我披露。这可以用 Lu 和 Hsiao（2010）的观点解释，他们认为，外向者关注社交网络的社会价值，而内向者则关注情感和经济价值。互惠互利是社会价值的一种交换和变现，因此，外向者更多地关注这一方面，并试图通过大量的自我披露来改善自己的地位。这个结论很好地解释了前人对外向性与自我披露行为之间关系的不同结论。Correa 等（2010）发现外向性对自我披露行为有正向作用，而 Amichai-Hamburger 和 Vinitzky（2010）发现外向性与个人信息披露有负向关系。通过模型的开发，我们的研究提供了两个可能的解释：第一，外向性仅仅直接影响自我披露数量，而不会直接影响自我披露诚实度；第二，外向性对互惠互利与自我披露诚实度的关系有调节作用，外向的人更容易受到互惠互利水平提升的影响，从而进行更诚实的自我披露。

从理论的角度来看，本节通过整合社会资本因素和人格特质因素，聚焦于两者如何交互作用，从而影响自我披露的行为。同时，在前人多关注自我披露的单一维度的基础上，我们引入了自我披露数量与自我披露诚实度，对自我披露行为的次数和质量进行了衡量。总的来说，我们分析了社会资本的三个维度和外向性如何相互作用，从而影响自我披露的准确性和数量。我们认为社会资本会直接影响自我披露行为，而外向性会作为调节变量产生影响。通过对自我披露行为维度的拆分与引入外向性作为调节变量，我们的结果进一步补充了前人研究中关于外向性与自我披露行为之间关系的不同研究结论，并且提供了两种可能的解释。

从实际角度来看，本节的结果可能为社交网络平台的运营提供有用的建议和洞察。当平台希望提高用户发布信息数量的时候，他们可以通过增加用户间社交互动的方式来加强用户之间的互相理解；而当平台希望让用户能够更诚实地进行自我呈现的时候，他们可以加强平台中的互惠互利原则。

本节研究存在一定的局限性，基于对外向性与自我披露行为之间关系的相异结论，探索性地检验了外向性对社会资本与自我披露行为之间关系的调节效应，得出了一些显著关系，而具体的作用机理还需要进一步探索。另外，在考虑自我披露行为的时候，本节只考虑了社会资本因素与人格特质因素，未必能完全解释自我披露行为。

6.2 披露诚实度与社会资本对社交网络持续使用意愿的影响

在 6.1 节中，我们探讨了社会资本与人格特质对自我披露数量与诚实度的影响模型。那么，用户之间的自我披露行为与社会资本是否会产生相互作用？又能如何影响社交网络的实际使用？在这个研究中，我们将分析社会资本与对他人的自我披露行为的感知确认，是如何影响社交网络的持续使用意愿的。

根据信息系统期望确认理论（Dabholkar et al.，2000），我们建立了本节的研究模型。本节认为，对于他人自我披露诚实度的期望确认，会影响人们自己感知到的自身社会资本，这些社会资本组成了用户在社交网络中感知的有用性，并最终影响用户使用社交网络的满意度以及持续使用意愿。基于期望确认理论，许多学者已经尝试去解释社交网络中的有用性，如人际价值（Yeh et al.，2013）、流体验（Chang and Zhu，2012）等都曾经被讨论，但对期望确认的来源未曾有具体化的研究。

在文献的基础上，本节延续 6.1 节的研究，以期望确认模型为基础，通过强调社会资本在社交网络中的核心作用，将感知有用性具象为用户感知到的社会资本；从社会交换理论（Cropanzano and Mitchell，2005）出发，将期望确认具象为用户感知到他人披露的诚实度。通过基于问卷的实证分析，研究发现，如果社交网站上的朋友进行自我披露的诚实度比用户期望的更高，他们会认为自己在该网站中拥有更好的社交互动。此外，他们会认为自己的社交网站朋友更值得信赖，并可能与他们分享更多的共同叙述、暗号和隐喻。但是，他人自我披露的诚实确认不会直接提高用户的满意度，除非他们能够在社交网站中获得社会资本。同时，感知社交互动与用户的满意度和持续使用意愿都有显著正向关系，而感知信任和感知共同叙述会提高满意度，但不会提高持续使用意图。这可能是由不同资本在不同平台的转换成本差异造成的。

在理论层面，本节延续 6.1 节自我披露行为的研究，借鉴社会反应将感知有用性具象为用户感知到的社会资本，将期望确认具象为用户感知到他人披露的诚实度，为现有文献做出了补充；在实践层面，我们给社交网络平台提供了富有意义的一些建议，有助于为他们增强平台黏性。

　　该研究于 2013 年开始进行，已于 2014 年在期刊上发表，之后对理论、假设、数据处理过程进行了优化与调整。本节之后会先介绍研究的背景知识，然后提出研究模型，设计研究方法，对数据进行分析与验证，最终得出研究结果并进行讨论。

6.2.1　研究背景

1. 社会交换理论

　　社会交换理论起源于 20 世纪 20 年代，随后，它综合了人类学、社会心理学和社会学等领域的见解，成为理解社会行为的有影响力的概念之一，被广泛应用于解释社交力量、网络、组织公正等多个领域（Cropanzano and Mitchell，2005）。对于社会交换的观点和定义层出不穷，有共性的是，研究者认为社会交换涉及义务的产生和相互作用（Emerson，1976）。

　　Cropanzano 和 Mitchell（2005）发现在理论发展的过程中，社会交换这个概念出现了解释力不足的问题。所以，他们明确了社会交换理论在交换的规则、交换的资源、交换中的关系这三个基本思想中的概念，希望能够排除概念中的不确定性，让社会交换理论更加清晰。他们认为，社会交换理论的基本原则之一是关系会随着时间的推移，产生信任、忠诚和共同承诺，再进一步形成某些交换规则。互惠互利是最主要的交换规则，可以有三种形式：第一种是互惠互利作为一种相互依赖交易中的规则；第二种是互惠互利作为民间信仰；第三种是互惠互利作为道德规范。在社交网络中，人们相互交互的行为更类似于第一种规范。在社交网络中，一方的行为取决于另一方的行为，即当关系中的一个参与者进行了某种行为，另一个参与者会相应地对这种行为做出回应，之后开始新一轮的交换。这种交换的程序一旦开始，就会产生自我强化的循环。社交网络上的披露行为也可以由社会交换理论解释。大量的研究认为自我披露行为是基于社会交换的，人们会努力在他们的关系中保持平等或者互惠，从而进行自身的披露（Sprecher et al.，2013）。

　　Blau（2017）指出，关系是通过主观成本效益分析和替代方案的比较形成的。具体而言，在参与关系时，个人将执行成本效益分析，即他将考虑社会行动的净收益是否大于潜在损失，如果个体感知到的收益等于或大于行动的感知成本，个体将会进行促进关系的行为。Chen 和 Sharma（2013）认为，在社交媒体中，个人会被发展和维持社会关系的潜力吸引。

2. 期望确认理论

　　期望确认理论是研究持续使用行为的一个最重要的理论，被广泛用于用户购买与满意度研究。该理论的预测能力优秀，被广泛应用于产品回购、持续使用意愿的研究中（Dabholkar et al.，2000）。

期望确认理论描述了消费者在期望确认框架中，从购买前一直到产生回购意图的整个过程。首先，消费者在购买产品之前会形成初始期望。其次，他们接触到了产品，并开始使用产品或服务。首次消费后，他们形成了对产品表现的看法。他们会比较初始期望以及产品的实际表现，来得到他们的期望确认程度。消费者的期望确认程度会影响其对产品的满意度。最后，满意度会积极影响回购意愿。

Bhattacherjee（2001）认为，信息系统的持续使用行为与重复购买行为类似，它们都包含初步和事后决策，事后决策会受到初始决策的用户体验影响。但是，传统的期望确认理论有几个弊端。首先，它忽略了消费者在消费体验后的预期变化，以及这些变化对后续认知过程的影响。消费者的期望会因消费者经验而改变。在最开始，消费者的期望通常来自大众媒体的传播，当体验过产品之后，消费者有了相关经验，可能会调整自己的预期。其次，期望确认理论中对满意度的概念界定模糊（Yi，1990）。比如，一些研究者将满意度和情感、态度等概念混为一谈。但是，满意度和情感、态度这些概念不一样，满意度是一种短暂的、受特定经验影响的因素，而态度则是基于以往经验的集合产生的一种比较持久的状态。

为了规避这些缺点，Bhattacherjee（2001）提出了一个聚焦于信息系统持续使用行为的期望确认模型，在该模型中，他对传统的期望确认模型进行了一些调整。首先，传统的期望确认模型会考察用户消费前和消费后的变量，但其实消费前的变量变化已经被消费后的指标全部捕获了。其次，传统的期望确认模型只考虑消费前的用户期望，而没有考虑消费之后用户的期望调整。这种消费之后的期望调整对于会随时间变化的产品或服务来说尤其重要，如信息系统作为一个产品或服务，系统上面的功能、界面等，都可能随时间发生改变。因此，Bhattacherjee（2001）对这个环节进行了修订，使消费之后的期望调整可以通过新模型中对感知有用性的测量来捕捉。

在之后的研究中，期望确认模型中的感知有用性经常被错误解释，并与技术接受模型中的应用于考察使用前的"感知有用性"相混淆。Bhattacherjee 等（2008）在提出期望确认模型的扩展时，建议把"使用后有用性"作为有用性的衡量，它反映了由先前对有用性的感知汇总而成的长期信念。

总而言之，信息系统情境下的期望确认模型，强调消费后的期望会因时间的推移而发生改变，所以聚焦于消费后的期望更加重要。因此，信息系统期望确认模型中使用后的感知有用性，取代了传统期望确认模型的期望结构。同时，信息系统领域的期望确认理论考虑了信息系统的使用情况，将再次购买意图的变量测量改为持续使用意图。

6.2.2　研究模型与假设

感知有用性是一种人在使用信息系统时产生的认知信念。Bhattacherjee 等（2008）提出，在信息系统相关的期望确认模型里面，感知有用性应该是使用后的有用性，反映从一开始接触信息系统直至使用后这一整个阶段中，由对有用性的感知汇总而成的长期信念。在社交网络中，感知有用性可以理解为人使用社交网络时的长期信念集合。

根据社会反应理论（Moon，2013），人们倾向于将计算机视为社交交互对象，而不是一台机器。即使人们知道计算机不具备感情、自我或人类动机。更具体而言，当在人们面前呈现具有人类特征的信息工具时，人们会对工具做出响应并且和机器交互，这种交互会遵循社会规则或社交行为（Reeves and Nass，1996）。人际行为中的许多社会习俗和惯例也出现在人机交互中，即使这些习俗和惯例在面对非社会群体的时候，可能是非理性的（Reeves and Nass，1996）。其中一些惯例包括礼貌、互惠互利、群体成员之间的相互依赖、相似和不同个性之间的相互作用（Moon，2013）。虽然在交互的当下，人是在和计算机建立关系，但是，这些和计算机的交互，在心理上类似于与计算机背后的人进行交互。

这种社会反应过程的理论解释是人类是社会动物，是社会导向的。大量的心理学证据表明，人们倾向于使用各种启发式方法来避免广泛的信息处理（即采用惰性信息处理）（Eagly and Chaiken，1993），这些反应更像是无意识的，是由无意识地关注语境线索而发生的。然后，这些响应根据人们的先前经验，触发各种交互的驱动因素和期望。当计算机呈现出社交线索时，人们倾向于使用他们自己的日常社交习惯来和计算机进行交互。这是惰性信息处理机制让人在面对信息系统的时候，会朝向最接近的信息源，如果具象到社交网络中，那就是人的社会资本，一切社会关系的综合。因此，社交网络的有用性，应该是社会关系。

综上，我们认为，社交网络中的感知有用性可以被解释为用户的感知社会资本。延续前面关于自我披露的研究，我们分析了社会资本的三个维度，并沿用 6.1节研究的社交互动关系、信任和共同叙述来作为每个维度的因素。根据期望确认理论，感知有用性会影响用户的满意度，并进一步影响用户的持续使用意愿（Bhattacherjee，2001）。因此，我们提出如下假设。

H6.2.1：感知社会资本与用户在社交网站中的满意度呈正相关。

H6.2.2：感知社会资本与社交网站中用户的持续使用意愿呈正相关。

在 6.1 节关于自我披露行为的研究中，我们发现用户会因为社会资本而产生披露行为，所以，根据自我强化循环的原则，当用户发现其他用户进行自我披露的时候，会感知到社会资本的产生，从而感知到收益，再进行自身的自我披露行为，实现互惠互利。互惠互利是社会交换理论在社会资本中的体现，在 6.1 节的研究结论中，和互惠互利有显著正向关系的，是自我披露诚实性。因为声誉效应，密切的社交网络会更鼓励诚实的行为。因此，我们认为，在社交网络上，用户的期望确认是对他人自我披露诚实度的期望确认。

综上所述，人们期望他人在社交网站中进行诚实的自我披露，由此增加感知有用性和满意度，我们提出以下假设。

H6.2.3：他人披露的诚实性确认与社交网站中的感知有用性呈正相关。

H6.2.4：他人披露的诚实性确认与用户在社交网站中的满意度呈正相关。

根据期望确认理论，用户的持续使用意愿主要取决于他们对之前使用经验的满意度。一些行业研究为这个关系提供了有用的证据，例如，信息系统用户终止服务的主要原因是访问速度慢、线路不畅、帮助热线无法提供支持、其他技术问题导致了用户的负面情绪与不满。满意度其实是一种情感，一种积极的态度。在很多基于技术接受模型理论的研究中，情感或态度已经被理论化和验证，可作为研究信息系统使用意愿的重要预测因子（Taylor and Todd，1995）。

满意度定义为用户对产品或服务的整体评估和反馈。期望确认理论表明，用户的持续使用意愿主要取决于他们对先前使用体验的满意度（Bhattacherjee，2001）。因此我们可以提出以下假设。

H6.2.5：用户满意度与用户在社交网站中的持续使用意愿呈正相关。

总而言之，我们根据理论背景提出了研究模型，如图 6-6 所示。该模型是对信息系统期望确认模型的扩展与深化，结合社会反应理论和社会交换理论，我们将社交网络中的期望确认深化为对他人自我披露诚实度的确认，将用户在社交网络中的感知有用性深化为感知社会资本。

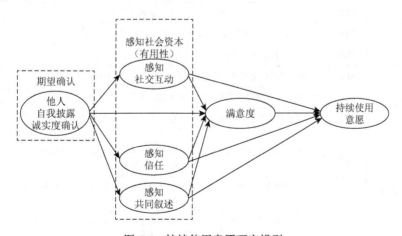

图 6-6　持续使用意愿研究模型

本节采用了问卷调查的方式进行数据收集。

问卷包括四个部分：第一部分是用于样本筛选的一些问题，去检验被试是否为社交网络用户；第二部分是关于人口统计特征和社交网站使用行为的描述性问题；第三部分是基于量表提出的测量问项；第四部分是一些重复提问的问题，用于问卷有效性的筛选。基于前人研究，我们针对每个潜变量开发了七点利克特量表，如表 6-6 所示。为了确保量表的信度和效度，我们沿用了前人研究中的量表，并且对其进行了修改，以确保它们符合我们研究的目的和背景。同时，我们也对量表进行了反向翻译流程，保证中国受试者能够正确理解每个问项。

表 6-6　持续使用行为研究量表

潜变量	问项	问题	参考来源
持续使用意愿	CI1	我打算继续使用这个社交网络，而不是停止使用它	Bhattacherjee（2001）
	CI2	我的意图是继续使用这个社交网络，而不是使用任何替代手段	
	CI3	如果我可以，我希望停止使用这个社交网络（反向）	
满意度		你对你在这个社交网络上的全部使用经历的感觉是：	Bhattacherjee（2001）
	ST1	非常不满意/非常满意	
	ST2	非常不愉快/非常愉快	
	ST3	非常挫败/非常满足	
	ST4	十分可怕/十分欣喜	
社交互动关系	SN1	通过使用社交网络，我能与我的社交网络好友有着非常好的关系	Chow and Chan（2008）
	SN2	通过使用社交网络，我能与我的社交网络好友关系亲密	
信任	TR1	当我遇到困难的时候，我知道我的社交网络好友会尝试帮助我	Chow and Chan（2008），Hsu 和 Lin（2008）
	TR2	社交网络中的好友是值得信任的	
	TR3	当我有需要的时候，我相信我的社交网络好友会伸出援手	
	TR4	我认为我的社交网络好友会让我的任务变得轻松	
共同叙述	SL1	通过使用社交网络，我和我的好友能使用共同的术语或者新词	Chiu 等（2006）
	SL2	通过使用社交网络，我和我的好友能使用可理解的沟通模式进行沟通	
	SL3	通过使用社交网络，我和我的好友能使用可理解的叙述模式去发布状态或文章	
诚实度确认	AC1	在该社交网络上我的社交网络好友总是完全真诚地透露自己的情感和经验，比我预期的要真诚	Gibbs 等（2006）
	AC2	在该社交网络上我社交网络好友的自我披露经常是诚实的，比我预期的诚实	
	AC3	在该社交网络上我的社交网络好友会公开全面地告诉大家一个真实的自我，比我预期的真实	

为确保数据的准确性，我们采用了各种控制措施。第一，我们严格筛选了问卷发送的对象和方法。第二，我们在发送问卷前，进行了专家询问与预测试，并做出了相应的修改与调整。第三，我们设定了严格的过滤规则来筛选有效问卷，包括问卷时长、隐藏的重复项目与反向项目来对样本进行过滤和筛选。

本节的主要研究对象是中国社交网络用户。我们通过互联网发送问卷，每份完成的问卷有一定金额的填写酬劳反馈。我们制定了严格的规则（反向问题、重复问题和完成时间记录）来过滤填写的问卷，最终有 129 份问卷有效。在 129 份有效问卷中，其中 117 个用户有至少一个社交网站账户，样本大小符合要求，可以进行下一步的分析。

6.2.3　数据分析与假设检验

本节使用 SPSS 19.0 来对数据进行描述性统计，并使用 SmartPLS 3.0 来进行结构方程分析。

1. 描述性统计

如表 6-7 所示，我们使用了 117 个拥有至少一个社交网络账号的有效样本来进行分析。被试中有 58 名男性和 59 名女性，样本的平均年龄为 28.2 岁，从 20 岁到 66 岁不等。有 80%以上的被试为本科及以上学历。同时，社交网络平均每天使用时间最多的类别为 0.5～1 小时。

表 6-7　持续使用意愿研究样本描述性统计分析

特征	类别	频率	百分比	累计百分比
性别	男	58	49.57%	49.57%
	女	59	50.43%	100%
年龄	20 岁及以下	1	0.85%	0.85%
	21～25 岁	68	58.12%	58.97%
	26～30 岁	21	17.95%	76.92%
	31～35 岁	12	10.26%	87.18%
	36～40 岁	5	4.27%	91.45%
	41 岁及以上	10	8.55%	100%
学历	高中	7	5.98%	5.98%
	大专	15	12.82%	18.80%
	本科	66	56.41%	75.21%

续表

特征	类别	频率	百分比	累计百分比
学历	硕士研究生	18	15.38%	90.59%
	博士研究生	11	9.40%	100%
平均每天使用时间	少于 0.5 小时	29	24.79%	24.79%
	0.5～<1 小时	46	39.32%	64.10%
	1～<1.5 小时	16	13.68%	77.79%
	1.5～<2 小时	10	8.55%	86.34%
	2～<2.5 小时	6	5.13%	91.47%
	2.5～<3 小时	2	1.71%	93.18%
	3 小时及以上	8	6.84%	100%

注：累计百分比存在误差，是四舍五入修约所致

2. 信度与效度检验

Cronbach's α 在高于 0.7 时被认为是可以接受的，它表明模型具有良好的信度。如图 6-7 所示，研究中所有潜变量的 Cronbach's α 都高于 0.7。所有变量的组合信度值都高于阈值 0.7，表示模型有较好的组合信度。

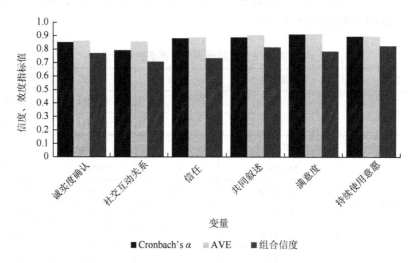

图 6-7　持续使用意愿研究潜变量信度、效度指标

在图 6-8 中，我们可以看到，每个变量自身的 AVE 远高于与其他变量的相关系数，这意味着该模型具有良好的区分效度。

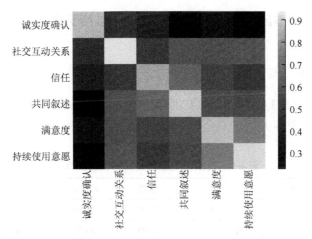

图 6-8　持续使用意愿研究相关系数及 AVE 平方根热力图

对角线上的格子代表每个变量 AVE 的平方根

　　同时，表 6-8 展示了社交网络持续使用模型变量交叉荷载，证明了模型具有良好的区别效度。

表 6-8　社交网络持续使用模型变量交叉荷载

问项	诚实度确认	社交互动关系	信任	共同叙述	满意度	持续使用意愿
AC1	**0.816**	0.345	0.334	0.197	0.291	0.233
AC2	**0.880**	0.435	0.321	0.235	0.279	0.157
AC3	**0.930**	0.462	0.414	0.239	0.326	0.219
SN1	0.439	**0.944**	0.553	0.644	0.611	0.611
SN2	0.453	**0.928**	0.415	0.484	0.509	0.529
TR1	0.333	0.343	**0.820**	0.605	0.368	0.376
TR2	0.395	0.473	**0.902**	0.581	0.510	0.450
TR3	0.296	0.459	**0.825**	0.576	0.508	0.471
TR4	0.372	0.493	**0.873**	0.585	0.516	0.437
SL1	0.082	0.471	0.540	**0.882**	0.492	0.450
SL2	0.220	0.562	0.624	**0.912**	0.553	0.524
SL3	0.352	0.593	0.668	**0.909**	0.566	0.585
ST1	0.241	0.442	0.462	0.473	**0.864**	0.685
ST2	0.354	0.524	0.515	0.527	**0.890**	0.682
ST3	0.332	0.596	0.474	0.529	**0.893**	0.626
ST4	0.276	0.558	0.531	0.586	**0.891**	0.671
CI1	0.235	0.575	0.463	0.515	0.698	**0.917**
CI2	0.242	0.539	0.481	0.538	0.706	**0.902**
CI3	0.148	0.550	0.440	0.532	0.641	**0.902**

加粗体表示与潜变量相关程度最大的问项

总而言之，模型的信度和效度检验结果是可以接受的，并且可以继续进一步分析。

3. 假设检验

利用 SmartPLS 3.0，我们将 117 个样本进行了 Bootstrapping 检验，最终得出假设检验结果（表 6-9）。

表 6-9　持续使用意愿研究假设检验结果

因变量	R^2	自变量	系数	标准差	t 统计量	p 值
社交互动关系	0.226	诚实度确认	0.482	0.069	6.926	0
信任	0.167	诚实度确认	0.410	0.072	5.654	0
共同叙述	0.065	诚实度确认	0.258	0.101	2.546	0.012
满意度	0.473	诚实度确认	0.052	0.077	0.520	0.604
		社交互动关系	0.303	0.141	2.274	0.025
		信任	0.205	0.097	2.085	0.039
		共同叙述	0.269	0.096	2.673	0.009
持续使用意愿	0.615	社交互动关系	0.202	0.081	2.442	0.016
		信任	0.004	0.109	0.099	0.921
		共同叙述	0.123	0.091	1.351	0.179
		满意度	0.550	0.100	5.513	0

如表 6-9 所示，可以看到，他人的自我披露诚实度确认与社交互动关系、信任和共同叙述之间存在显著正向关系，但和满意度没有直接的显著关系。同时，社交互动关系和满意度以及持续使用意愿都有着显著正向关系，信任与满意度有显著正向关系，但与持续使用意愿没有直接的显著关系。

共同叙述与满意度之间存在显著正相关关系，但与用户的持续使用意愿无显著关系。最后，用户的满意度与持续使用意愿有着显著正向关系。

6.2.4　研究结果讨论

正如在假设检验结果中所看到的，本节研究建立了更加深化的期望确认模型用以解释社交网络用户的持续使用意愿，并得出一些有趣的结论。

基于期望确认理论，他人自我披露的诚实确认与感知社会资本的三个维度有着正向关系。在文献的基础上，我们延续 6.1 节的研究，通过强调社会资本在社交网络中的核心作用，将感知有用性具象为用户感知到的社会资本；从社会交换理论出发，结合 6.1 节关于自我披露行为的研究，将期望确认具象为用户感知到他人披露的诚实度。如果社交网站上的朋友进行自我披露的诚实度比用户期望的更高，他们会认为自己在该网站中拥有更好的社会关系。此外，他们会认为自己的社交网站朋友更值得信赖，并可以与他们分享更多的共同叙述、暗号和隐喻。但是，他人自我披露的诚实确认不会直接提高用户的满意度，除非他们能够在社交网站中获得社会资本。

同时，基于社会反应理论的假设，我们认为社会资本是使用社交网络的一个重要的效用因素，并将其整合到期望确认模型中。我们详细考察了社会资本的三个维度，即结构、关系和认知维度。我们发现，感知社交互动与用户的满意度和持续使用意愿有着显著正向关系。这可能是由于用户在与社交网站中的其他人进行交互时，其初衷本来就是建立更多的社会联系。

感知信任和感知共同叙述会提高满意度，但不会提高持续使用意愿。我们认为，这是因为在不同的社交网站中，社交互动比共同信任和共同叙述的转换成本更高。信任程度、共享语言都是非实际的感知，在不同的网络中可能具有普遍性，每个平台能够营造相似的安全环境来形成信任，每个用户都可以在任何社交网站中学习和习惯当下的流行语句。但是，社交互动不一样，一旦用户离开一个社交网站，就不能轻易地将朋友列表和社交关系复制到另一个社交网站。因此，在感知信任、感知共同叙述和感知社交互动这三者中，感知社交互动是唯一与用户持续使用意愿存在直接正相关关系的因素。所以信任和共同叙述可以提高用户的满意度，但是无法直接影响用户的持续使用意愿。

在理论层面，我们延续 6.1 节自我披露行为的研究，借鉴社会反应理论，将感知有用性具象为用户感知到的社会资本，从社会交换理论出发，将期望确认具象到用户感知到他人披露的诚实度，为现有文献做出了补充。

在现实层面，本节研究能给社交网络平台提供富有意义的一些建议，有助于他们增强平台的黏性。我们对"为什么要促进用户的诚实性披露"给出了一个坚定的解释，因为用户之间的诚实性披露会让用户感受到社会资本，从而产生满意度和持续使用意愿。同时，如果要和其他平台竞争用户，提升社交互动是首要任务。根据中国互联网络信息中心的报告，2013 年，新浪微博的用户数下降了 9%，其中 37.4%的用户离开了新浪并开始使用微信朋友圈。我们关于社交互动关系的结论，从一方面印证了微信成功的秘诀——通过腾讯 QQ 累积的社会互动关系，迅速扩展了用户基数并且有效地留存了用户。

本节研究还存在一定的局限，虽然我们厘清了他人披露、社会资本与持续使用行为之间的关系，但是，感知社会资本未必能够完全反映社交网络中的感知有用性；另外，他人披露能够较好地解释感知社交互动和感知信任，但是对感知共同叙述的解释程度比较低，后续需要继续考察与完善。

6.3 社会资本与披露风格对社交网络公益筹款表现的影响

在上面两个研究里面，我们首先阐述了个体为什么会在社交网络中进行自我披露，利用社会资本与外向性的交互作用来解释了自我披露行为动机的作用机制；之后，我们基于期望确认模型和社会交换理论，证明了他人的披露行为会影响用户在平台上的感知社会资本，从而影响满意度和持续使用意愿。那么，在社交网络上的个体如何利用自己的社会资本和信息披露获得进一步的收益呢？在这个研究中，我们基于信号理论，检验在社交网络中的公益筹款项目里面，社会资本与披露叙述如何影响筹款表现。

在过去几年中，在线筹款已成为各类项目资金来源的替代渠道。最初，筹款平台主要用于资助来自不同领域的艺术家。随后，其他领域（如电影、新闻）采用了这一想法，开始逐渐发布更多的在线众筹项目。在线筹款项目已经成为一种新企业早期获得基金的手段并被广泛应用（Hemer，2011）。在线筹款项目开始利用社交网络的传播性进行筹款，社交网络公益平台应运而生。

2016 年 8 月 22 日，民政部公布了中国第一批互联网募捐信息平台，如表 6-10 所示，可见，社交网络中的公益平台占有一席之地。比如微公益，社交网络平台利用已有的网络结构来进行公益筹款的传播与管理，让公益筹款项目能够充分利用发起人的社会资本优势。

表 6-10 中国第一批互联网募捐信息平台

公益平台	公益机构
"腾讯公益"网络募捐平台	腾讯公益慈善基金会
淘宝网	浙江淘宝网络有限公司
蚂蚁金服公益平台	浙江蚂蚁小微金融服务集团有限公司
新浪-微博（微公益）	北京微梦创科网络技术有限公司
轻松筹	北京轻松筹网络科技有限公司
中国慈善信息平台	中国慈善联合会
京东公益	网银在线（北京）科技有限公司
基金会中心网	北京恩玖非营利组织发展研究中心
百度慈善捐助平台	百度在线网络技术（北京）有限公司
公益宝	北京厚普聚益科技有限公司
新华公益服务平台	新华网股份有限公司
联劝网	上海联劝公益基金会
广州市慈善会慈善信息平台	广州市慈善会

社交网络公益平台采用了在线筹款平台的框架，基于社交网络的关系进行传播，让人们产生公益捐赠行为。参考前人关于在线筹款平台的研究，基于信号理论（Courtney et al.，2017），我们认为，筹款项目可以通过自身的社会资本与项目的披露叙述来发出信号，从而促进社交网络用户的捐赠行为，增加筹款项目的完成度。同时，针对前人研究中不同项目类型的不同影响模式（Bi et al.，2017），以及关于恳求情绪积极性的相异结论（Hibbert et al.，2007），我们基于前景理论（prospect theory）提出了需求迫切性的调节作用，希望能够填补该领域目前研究中存在的空白。

研究显示，个体的社会资本，即中心度、社交互动、声誉，都会对筹款表现出显著的正向影响，而且是促进筹款项目成功最重要的因素。当内容越丰富的时候，项目捐赠的成功率反而越小；再者，在线公益筹款项目的主要情绪风格比较适合消极且悲惨的风格。消极情绪越强烈，引起的捐赠行为越多。最后，需求的迫切性对中心度、社交互动、声誉、文本情绪积极性与筹款表现的关系都有显著的负向效应。

在理论贡献方面，本节基于信号理论，验证社会资本与披露叙述风格会如何影响社交网络公益项目的筹款表现。基于前景理论，我们利用公益项目需求的迫切性来解释之前研究在恳求风格积极性方面的不同结论（Hibbert et al.，2007），并且部分解释了不同项目类型之间的影响路径。在现实贡献方面，本节为社交网络中公益项目的发起人提供了一些关于自身社会资本构建以及叙述风格选择的洞见。

该研究于 2016 年开始进行，完成了理论方面的探索、梳理与模型构建，数据方面的爬取、清洗与分析，最终形成研究结论。

6.3.1　研究背景

本节将从公益捐赠行为、在线筹款平台、信号理论、详尽可能性模型和前景理论等方面进行分析。

1. 公益捐赠行为

在关于公益捐赠的研究中，影响捐赠行为的因素和机制受到了研究者的广泛关注。

Bekker 和 Wiepking（2011）基于 500 多篇文献，总结出了影响公益捐赠行为的八大因素。分别为：需求认知、恳求、成本和收益、利他主义、声誉、个体心理利益、价值取向、效率。他们还基于四个维度对这八个因素进行了分类，这四个维度分别如下。①机制的作用形式是什么？是有形的，无形的，还是两者兼有？②机制的作用位置，是人与人之间的，还是在人的行为之外的？③影响机制的参与者是谁？④受到影响的人是谁？如表 6-11 所示，不同的作用机制是由不同的角色参与的。由受助人作为参与者的影响因素有需求认知和恳求这两个因素。

表 6-11 捐赠行为影响机制的分类

序号	作用机制	参与者	受影响者
1	需求认知	受助人、组织	捐赠者
2	恳求	受助人、组织	捐赠者
3	成本和收益	组织	捐赠者
4	利他主义	捐赠者	受助人
5	声誉	多种角色	捐赠者
6	个体心理利益	捐赠者	捐赠者
7	价值取向	捐赠者	捐赠者、受助人
8	效率	组织	捐赠者

对需求的认知会影响捐助行为。从 20 世纪 60 年代起，社会心理学领域产生了很多基于实验的相关研究。发展到今天，前人研究了多种多样的捐助行为，比如做义工、献血、捐献器官、捐款等。Cheung 和 Chan（2000）针对国际救援组织做了基于调查的研究，表明需求会正向影响捐助意愿。Lee 和 Farrell（2003）则基于流浪汉乞讨做了一次实证研究，研究结果显示，感知需求与捐赠呈正相关。

恳求行为可以有效地提高人们对捐助需求的认知，让捐赠者知道潜在的需求。恳求指的是要求捐赠的行为，市场营销、心理学和经济学领域都有相关的研究。大部分的捐赠行为都是由恳求行为带来的。Bryant 等（2003）在一项关于捐赠和志愿服务的调查中发现，85%的捐赠行为都是由受访者的募捐行为引起的。总而言之，募捐相关的活动会正向影响募捐的成功性。

但是，恳求有的时候会给捐赠者带来负担。当人们捐助过一次之后，通常会被登记进入捐助名单，并收到更多的捐助恳求内容（Putnam，2000）。当恳求行为太多的时候，捐赠者会产生疲劳效应，并降低捐助意愿（van Diepen et al.，2009）。因此，恳求的次数、形式、内容，都需要拿捏得当。

恳求是一种沟通形式，是一种对人们产生刺激的方法，如果在沟通过程中强调需求的迫切性，能够带来更多有效的捐赠。在早期的研究中，需求的迫切性被广泛地研究和讨论，迫切性越高的项目一般都会有越高的收益（Chierco et al.，1982），需求越明确、越迫切的项目往往能够获得越多的捐赠。

在针对个人捐赠行为的研究中，有不少文献都研究过社会资本与公益捐赠行为的关系。例如，Brooks（2005）研究了群体参与、社会信任、政治倾向与公益捐赠行为之间的关系。此类研究大部分都利用了社会资本社区基准调查（The Social Capital Community Benchmark Survey），对里面的问项进行整合分析，研究了捐赠人不同层次的社会资本与捐赠行为之间的联系。

另外，有研究突出了筹款人声誉的重要性，更有效率、更被社会信任的非营利组织在筹款时会有更好的表现（Bowman，2004）。这些非营利组织通常会与大型媒体有联系，所以会导致更大的附着效应（Barabási and Albert，1999）。最后，不同的捐赠者会对不同的捐赠项目类型有不同偏好，这些偏好可能与捐赠者的自身经历、价值观有关（Bekkers and Wiepking，2011）。

2. 在线筹款平台

近年来，在线筹款项目在互联网上发展迅速，业界的发展比相关的学术研究更新得迅速。然而，相关领域的研究也在快速发展，很多学者从不同的角度进行了探讨研究。

Mollick（2014）针对 Kickstarter 平台的数据做了探索性分析，他们发现在线筹款项目的表现与项目质量信号、项目社会资本有关。当项目能够发出更高质量水平的信号时，项目更有可能获得资助；同时，当项目发起人拥有大量社交网络好友的时候，项目也更有可能获得资助。经过分析，他们还发现大部分在线筹款项目会给出相关的产品承诺，但是这种承诺的实现通常都会被推迟。同时，地理因素、项目类型也会影响在线筹款项目的成功率。最后，随着目标金额和持续时间的增加，在线筹款项目的成功率会降低。

Bi 等（2017）对中国在线筹款网站进行了分析，他们认为，更多的描述字数和更多的视频会让资助者认为项目具有更好的质量，而更多的点赞数和在线评论会让资助者认为项目具有更好的在线口碑，这两种影响因素都会对投资决策产生正向影响。同时，对于科技、农业相关的项目来说，质量相关的指标更重要；而对于娱乐和艺术项目来说，口碑相关的项目更重要。

社会关系在在线筹款项目中的作用显著，不少学者的研究显示，在社交网络中进行交互，是捐赠者参与在线筹款的一个关键动机。研究表明，社交网络关系减少了信息的不对称，从而增加了在线筹款的成功率（Lin et al.，2013）。这种社交网络效应，可能会导致捐赠者的羊群效应，产生模仿他人的行为。Herzenstein 等（2011）发现，P2P 借贷市场中的羊群效应与在线拍卖市场（如 eBay）形成鲜明对比。他们认为，在线筹款平台中的从众行为是理性且有策略性的，羊群效应似乎能够降低 P2P 贷款的违约率。筹款项目文献总结如表 6-12 所示。

表 6-12　筹款项目文献总结

文献来源	分析对象	理论/概念	主要发现
Allison 等（2013）	Kiva 平台上 6051 个贫困国求助项目的详情叙述	光热效应、政治修辞理论	当叙事中出现更多表现需求迫切性的描述时，项目更容易快速地筹集到基金
Lin 等（2013）	Prosper 平台上 2007 年 1 月到 2008 年 5 月的所有项目	逆向选择、信号理论	在线好友关系是项目质量的信号
Leung 和 Sharkey（2014）	Prosper 平台上的 77 888 个项目	类别成员	跨项目类型的项目如果没有明确表示跨类型，会导致该投资项目的贬值
Mollick（2014）	Kickstarter 平台上 48 500 多个项目	影响因素探索	在线筹款项目的表现与项目质量信号、项目社会资本有关
Ahlers 等（2015）	澳大利亚 ASSOB 平台上的 104 个股权在线筹款项目	信号理论、社会资本理论	与股权、风险相关的信息可以作为有效信号，正向影响在线筹款成功。而社会资本、智力资本对在线筹款成功的影响较低
Allison 等（2017）	Kiva 平台上的来自 51 个国家的 3600 个在线筹款项目	详尽可能性模型	当在线筹款项目的叙述强调这是一个帮助别人的机会时，项目更容易取得成功
Bi 等（2017）	中国在线筹款网站	详尽可能性模型	口碑信号和质量信号都会对投资决策产生正向影响
Colombo 等（2015）	Kickstarter 平台上的 669 个项目	社会资本理论	项目的内部社会资本会积极影响项目完成度，早期的社会资本累积是中介因素
Davis 等（2017）	Kickstarter 平台上的 10 个项目	情感事件理论	感知的项目积极性会影响捐赠者的情感，并正向影响筹款表现
Kuppuswamy 和 Bayus（2018）	Kickstarter 平台上 10 000 个项目里的 300 000 条捐赠记录	目标梯度、感知影响、挤进效应	项目越接近成功的时候，捐赠者越愿意进行投入

　　Agrawal 等（2011）在分析音乐平台 SellaBand 的数据时发现，在资助项目中，发起捐赠项目的音乐家与捐赠者之间的平均距离为 3000 英里[①]。他们认为这是亲友影响的关系。同时，不少学者也发现地理邻近度对 P2P 贷款市场中的项目成功率的显著影响（Lin et al.，2013）。然而，这种地域倾向性无法用亲友影响来解释，他们在讨论部分认为这可能是情感和文化因素的作用，如对当地产品和服务的偏好。

　　而信息披露的相关特征也被广泛地研究。学者对叙事风格、叙述等方面进行了研究。例如，Allison 等（2013）分析了 6051 个帮助贫困国家的融资项目，基于光热效应和政治修辞理论，他们发现，叙事风格会对融资速度产生影响。当叙事中出现更多表现需求迫切性的描述时，项目更容易快速地筹集到基金。而当叙述中更多提起成就、意志力、创新、多样性等相关内容时，会导致资金收集的减慢。

---

　　① 1 英里 = 1.609 344 千米。

3. 信号理论

信号理论（signal theory）最早于 70 年代提出，该理论认为，在信息不对称的情况下，知情方（如筹款者）可以向不太知情的一方（如捐赠者）发送可观察的信号，并且公开一些不可观察的特征信息以促进信息交换（Spence，1974）。信号理论被广泛地应用在各个研究领域内，比如广告、消耗战、信贷市场等。在借款市场中，借款人可以通过担保金额表明他们的自身资质，还可以通过贷款金额发出信号，表明自己的情况。

但不是所有信号都是有作用的，只有可信程度高的信号才会对人的决策产生作用。第三方的推荐，在前人的研究中被认为是一种可靠的信号。对组织而言，组织可以通过第三方认可，证明自己和知名公司的组织关系。第三方认可作为一种质量信号，可以提高初创企业吸引资本的能力，并在创新和商业化过程中与知名公司形成联盟（Hsu and Ziedonis，2008）。此外，商业媒体、分析师、专家评论和消费者报告等第三方信息，可以充当信息中介，传达和评估产品的可靠信息（Zuckerman，1999）。对消费者而言，网站的在线产品评论可以辅助其他消费者做出购买决策（Chen and Xie，2005）。

近年来，在线筹款的研究开始逐渐使用信号理论来解释不同信号对筹款成功性的影响。Courtney 等（2017）提出，在线筹款项目可以通过启动特征（如众筹体验）、启动行为（如是否有多媒体信息）、第三方认可（如评论与转发）来传达信号。通过对 Kickstarter 网站上 2009～2015 年的所有项目进行分析，发现以行动（使用媒体）和特征（众筹经验）的信号作为启动信号，可以减轻关于项目质量和筹款人可信度的信息不对称问题，从而提高项目获得资金的可能性。同时，第三方认可（支持者评论中的情绪）也会持续影响获得资金的可能性，对启动信号的作用进行了补充。

4. 详尽可能性模型

详尽可能性模型（elaboration likelihood model）是一个关于说服（persuasion）的理论，是在线行为研究领域的一个主要理论（Ho and Bodoff，2014）。该框架构造清晰，并且能够简洁地表达说服过程，在营销沟通领域被广泛使用。详尽可能性模型经常被用来解释人们的产品购买行为，比如研究信息如何影响消费者对产品的购买意愿。在前人的文献中，研究者总是会将与生产质量和规格相关的信息视为中心路线，将其他如口碑等的信息视为周边路线，并探讨两条路线对消费者最终的影响（Sher and Lee，2009）。

详尽可能性模型提供了一个框架，可以帮助我们理解叙述风格如何影响人的行为。根据详尽可能性模型的观点，个人对筹款项目的整体评价，可能会受到两条截然不同的路线的影响：中心路线和周边路线。中心路线被定义为人们通过批判性思维评估信息的过程；周边路线则被定义为一种认知度较低的过程，消息设置通过该过程影响个体（Chaiken and Trope，1999）。

项目信息披露的说服性叙述，指的是在筹款网页上的项目内容，包括项目和其利益相关方的各种信息，以及上下文线索。通过中心路线，个体可以参考与筹款问题相关的披露信息，通过批判性思考过程来形成个人评估和判断。这些信息需要和项目的一些真实信息有关，比如项目的真实需求情况。通过周边路线，个体会进入浅层次的认知过程，依靠一些感知到的线索进行评估，这些线索是在沟通过程中主要信息之外的额外元素，如语气、积极度等概念。Bi 等（2017）对筹款项目的研究便采用了详尽可能性模型。他们认为，更多的描述字数和更多的视频会让资助者认为项目具有更好的质量，是中心路线；而更多的点赞数和在线评论会让资助者认为项目具有更好的在线口碑，是周边路线。

5. 前景理论

在公益项目中，自然灾害、创伤事故等造成的突发事件，往往比一直缓慢发生的不幸事件能得到更大的慈善响应。比如饥荒或者疟疾，可能会造成更大的损失。为什么人们对公益项目的反应与公益项目的实际需求不成正比？Small（2010）基于前景理论引入了参考依赖的概念用于解释公益捐款行为的这种现象。他的研究表明，参考依赖不仅会在评估个人效用的背景下发挥作用，也适用于对他人产生同情并付诸行动的情境。

Lee 和 Murnighan（2001）从前景理论出发，研究了在帮助他人的情况下，收益/损失的不对称性。研究发现，当受助者处于损失的情境下，别人对他的帮助意愿更高；而如果帮助别人是为了去提高别人的收益，那么帮助的意愿会降低。人们在帮助别人的时候，更愿意去帮他人避免损失，而不是去帮他人得到提升。

Sudhir 等（2016）利用实验做了关于慈善广告的叙述风格的研究，他们引入了三个实验控制因素，分别为：①身份确定的受害者；②组内效应（和自己种族一样）；③参考依赖对照。在参考依赖的对照中，实验分为需求处于稳态的贫困受助人，以及忽然遭受生活变化而导致需求迫切的贫困受助人。研究的结果表明，对受助者需求迫切性的参考依赖带来了非常显著的捐款增加。前景理论对这种参考依赖性提出了可能的解释。需求不迫切的受助人的福利状态一直是恒定的，但因事件而突然穷困的人，他们的福利会受到损失。人们在进行价值判断的时候，参考的依据不是绝对数量，而是参考点的收益和损失。

6.3.2　研究模型与假设

参考前人关于在线筹款平台的研究，基于信号理论，我们认为，筹款项目可以通过自身的社会资本与项目的披露叙述来发出信号，从而实现基于需求的恳求，传达需求信号，让社交网络用户得到信息之后做出相应举动。同时，针对前人研究中不同项目类型的不同影响模式，以及关于恳求情绪积极性的相异结论，我们基于前景理论提出了需求迫切性的调节作用，希望能够解释之前研究未能解释的一些深层次原因。最终的公益筹款表现研究模型如图 6-9 所示。

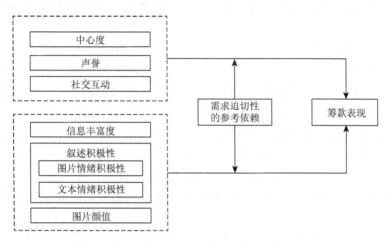

图 6-9　公益筹款表现研究模型

1. 公益筹款表现与社会资本

在在线筹款的相关研究领域里，有不少学者曾经对筹款人的社会资本与筹款因素进行研究。Greiner 和 Wang（2010）的研究发现，在 P2P 借贷市场中，社会资本作为周边路线，会影响最终的 P2P 借贷结果。Mollick（2014）对影响在线筹款项目的因素做了探索性分析，研究发现，社会关系与项目筹款的成功率有显著正相关关系。社交网络上的公益平台也是一个在线筹款平台，在这个平台上，筹款人可以通过自身的社交网络关系对筹款进行宣传，让更多人接触到项目。同时，社会资本是一种第三方的信号，根据信号理论，公益筹款项目的发起人中心度越大，表示筹款人越可信，所以可以带来越多的捐助。因此，我们提出如下假设。

H6.3.1：公益筹款项目的发起人中心度对社交网络公益项目的筹款表现有显著正向影响。

在有社交网络功能的筹款平台中，捐赠者和发起者可以通过文本消息相互沟通。因此，发起者与捐赠者的互动是双向的，他们一起参与到整个筹款项目的过程中。Yi 和 Gong（2013）认为捐赠者互动包括信息搜寻、宣传赞美以及反馈。寻求信息意味着捐赠者通过各种方式了解有关该项目的进一步信息，这种行为不仅保证了捐赠者的利益，而且还为发起者提供澄清问题以及获得关注的机会，能够更好地与捐赠者互动，从而增加筹款的表现。

捐赠者互动是一种基于信任的交互。宣传行为意味着捐赠者对项目本身的肯定和信任，这种行为表明了捐赠者是赞成这个筹款项目的。随着这种宣传行为和肯定的增多，它将对筹款产生积极影响。因此，我们提出如下假设。

H6.3.2：公益筹款项目的社交互动对社交网络公益项目的筹款表现有显著正向影响。

Venable 等（2005）认为，非营利组织的品牌特征，包括正直、成熟、世故与耐用性会影响群众对该组织的捐赠意愿。发起者的声誉是一个衡量信任的直观指标，它反映了发起者基于平台上历史在线筹款记录的可信度，包括从他人处获得的投资金额（成功经验）和投资于其他项目的金额。Becchetti 和 Conzo（2011）认为，在信息不对称的情况下，声誉和可信任程度几乎是同义词。在小额信贷项目中，金融机构需要向借款人提供一种可信赖的信号，从而引发其他人的信任。Greiner 和 Wang（2010）发现，在 P2P 平台中，发起人的历史声誉，即以往的成功贷款金额对筹备表现有显著正向影响。因此，我们提出如下假设。

H6.3.3：公益筹款项目的发起人声誉对社交网络公益项目的筹款表现有显著正向影响。

2. 公益筹款表现与披露叙述

社交网络公益平台是基于在线筹款平台的框架产生的，在线筹款性质的项目交互性很强，发起者和捐赠者会紧密合作参与在线筹款项目的整个过程，如通过口碑传播促进项目的成功。发起者和捐赠者之间的沟通内容可能在整个过程中发挥重要作用。

在社交网络公益平台上，筹款机构可以通过文字和图片这两种内容和捐款人沟通，以获取更多的共同理解。公益筹款平台提供了一种方式并促进双方共同理念的形成。因此，向捐赠者分享关于在线筹款项目的故事，可以有效地提高项目成功率（Lambert and Schwienbacher，2010）。

根据信号理论，筹款项目的成功与项目的质量信号显著相关，常见的质量信号有项目准备、叙述等（Mollick，2014）。项目的质量信号可以预测项目成功与否；质量较好的项目能够成功获得资金，而质量较差的项目支持者寥寥无几。在众筹项目的介绍中，创作者需要提供详细的信息，项目信息越详细，决定投资的人越多（Bi et al.，2017）。因此，我们提出如下假设。

H6.3.4：公益项目的内容信息丰富度与社交网络公益项目的筹款表现有显著正向影响。

不同于其他的筹款项目，在公益捐赠的环境中，沟通内容的情感倾向性是一个非常重要的研究因素。不同的研究结果显示，积极和消极情绪会对捐赠行为产生不一样的影响。有的研究显示，愉悦的图片能够带来更多的捐赠；而有的研究发现消极情绪能够激发人们的内疚感，从而正向影响捐赠意愿。在本节中，我们认为，以往研究中对于消极情绪和积极情绪与捐赠行为之间关系的不同发现，是因为他们的情景不一样。但总的来说，消极情绪能够让人们产生更多的同情心理，从而带来更多的筹款。综上所述，我们提出如下假设。

H6.3.5：文本情绪积极性与社交网络公益项目的筹款表现有显著负向关系；图片情绪积极性与社交网络公益项目的筹款表现有显著负向关系。

除了积极性之外，在公益项目中，筹款人的美貌程度，或者吸引力，也是近年来受到关注的因素。很多学者曾经研究过相貌对雇佣关系、客户服务、合作关系等的影响。例如，在工作场合，相貌更好的员工总是被雇主误认为他们更有实力（Mobius and Rosenblat，2006）。当人们面对更有吸引力的面孔时，会产生更加强烈的同理心，从而提升捐助的意愿，促进筹款成功。因此，我们提出如下假设。

H6.3.6：图片颜值与社交网络公益项目的筹款表现有显著正向关系。

3. 需求迫切性及其调节作用

在早期的一系列研究中，需求的迫切性被广泛地研究和讨论，需求越明确、越迫切的项目往往能够获得越多的捐赠。例如，Colaizzi 等（1984）发现，更迫切的需求能够带来更多的捐赠金额。

捐赠的决策行为经常会与不同的个人价值取向有关，不同的人对不同的项目会有不同的偏好（Bekkers and Wiepking，2011）。因此，在筹款平台上，项目类型会影响社会资本与众筹表现之间的关系。

同时，我们提出，在社交网络公益平台里，需求紧迫性也许是能够解释类型之间差异的调节变量。在公益筹款平台项目中，对需求的认知与恳求方式（Bekker and Wiepking，2011）是求助人可以改变的两点，也是不同类型项目具有差异的根本来源。沟通是一种对人们产生刺激的方法，当恳求能够表现出紧迫性时，便能给捐赠者刺激。公益项目中，自然灾害、创伤事故等造成的突发事件会比缓慢发生的不幸事件能得到更大的慈善响应，这也是基于前景理论而得出的现象。Halpern 和 Arnold（2008）针对情感预测的研究发现，在预测他人的未来福利时，人们会高估与损失相关的负面情绪的影响和持续时间。而当人们面对紧迫的需求的时候，认知水平层次发生改变，详尽可能性模型中的中心路线与周边路线的重要作用可能会发生变化，从而影响项目信号与筹款表现的关系。但是，我们还没有明白具体的作用机制，所以，提出探索性的假设如下。

H6.3.7：需求迫切性会对项目信号与社交网络公益项目的筹款表现之间的关系有调节作用。

6.3.3 研究方法

本节基于 Python 编写爬虫程序，对新浪的微博公益平台、微公益网站进行数据抓取，并使用抓取所得的数据作为分析数据。

微公益是一个依托于新浪微博社交网络的公益平台，在这个平台上，认证用户可以发布求助项目，获得捐赠。微公益平台与新浪微博的联系非常紧密，用户可以轻松地将微公益上面的项目转发到新浪微博平台中①，依靠自己的社交网络进行传播。

1. 数据抓取

本节利用爬虫程序进行了数据抓取。抓取的数据主要包含三个方面，数据抓取逻辑见图 6-10。

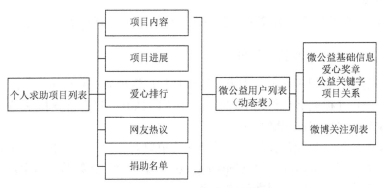

图 6-10　微公益数据抓取逻辑

第一，公益项目信息，包括项目概况、目标金额、捐赠列表、项目描述等。我们抓取截止到 2016 年 2 月已完成的所有个人求助项目，总计 18 629 个项目，项目图片 1 089 291 张。对数据进行初步的格式整理与清洗后，使用 Stanford CoreNLP 和百度 NLP 对项目描述进行了文本情绪分析，并使用 Face++服务对每张项目图片进行了人脸识别以及情绪分析。

第二，项目的发起者和捐赠者的个人页面信息。在微公益平台上，筹款发起者一般为机构认证的第三方单位，共有项目发起者 3390 人，捐赠者 63 222 人，抓取他们基本个人信息、捐赠历史行为、关注公益关键词以及公益微博影响力等相关信息。

---

① https://gongyi.weibo.com/。

第三，微博好友关系信息。我们抓取所有 3390 个发起者的所有微博关注列表，共有关系 69 414 条，使用 Python 的 NetworkX 工具对网络中心度进行计算。

2. 文本分析

Montoyo 等（2012）总结了文本分析的研究类别、主题与面临的挑战，如表 6-13 所示。

表 6-13 文本分析的研究类别、主题与面临的挑战

分析类别	分析主题	面临挑战
创造资源	为主观性分析、情感分析（意见挖掘）、情绪检测等创建词汇表与语料库	词语含糊不清，多语言，分析粒度，不同语境中的文本类型
文本分类	正负情感词的分析，可分为文档、语句、短语与词语层面	上下文分析需要基于词汇、句法、语义、实体进行分析，否定逻辑判断，讽刺检测，客观语句中含蓄表达识别，不同语境中的分类应用意见提取
意见提取	定义语句来源、实体与目标，结合情感分类提取意见	意见跨度，意见领袖的识别，意见接收者的识别
情感分析的应用	用于意见问答系统、意见概览、意见检索，或者形成一个综合知识库用于系统判定（社交网络的个人关系极性挖掘、推荐系统中的最佳商品排名、趋势分析系统）	避免误差传播，文本分析与应用领域结合

第一类是创造资源，这一类别主要的研究内容是创建词汇表与语料库，为主观性分析、情感分析（意见挖掘）、情绪检测等后续工作服务。第二类是文本分类，目前最流行的是正负情感词的分析，可将文本分为文档、语句、短语与词语层面。第三类是意见提取，主要任务是定义语句来源、实体与目标，结合情感分类提取意见，目前比较缺乏的是对意见领袖与意见接收者的识别。第四类是情感分析的应用，一般用于意见问答系统、意见概览、意见检索，或者形成一个综合知识库用于系统判定。

对文本的处理过程，可以分为三个主要步骤。

第一步，针对文本的清洗。因为项目的描述文本是从 HTML（hypertext markup language，超文本标记语言）框架下抓取的，存在非常多的 HTML 标记和特殊符号，所以利用 Python 中的 BeautifulSoup 包对 HTML 标记进行清洗，并制定正则规则，对无意义的特殊符号进行清除。可见，清洗程序能够将大部分的 HTML 无意义的字符清洗干净，极大地增加了后续文本分析的可靠性。

第二步，在对文本进行清洗后，对其进行分词。利用 Stanford CoreNLP、中国科学院 NLPIR（Natural Language Processing and Information Retrieval，自然语言处理与信息检索）平台、结巴分词三个分词工具，对文本进行了分词。从所有项目的描述结果中，抽出 100 条，对三种不同的分词结果进行人工打分。结果显示，Stanford CoreNLP 在我们项目中的效果最好，选取使用该工具的分词结果进行后续分析。

第三步，完成文本分词后，对文本进行词性分析归类，以及情感性分析。这里本节使用百度 NLP 的情感分析 API（application programming interface，应用程序接口），对每个句子输出情感得分，最终求出每个项目的句长加权平均值、句长加权平均标准差，作为文本情绪积极性的度量。同时，本节采用 Stanford CoreNLP 提取出来的唯一内容词个数总和来衡量信息丰富度。

3. 图片分析

对于图片的分析，首先从爬虫数据中识别出所有的图片链接，并依次下载。之后调用第三方 API 对图片中的人脸进行识别与分析，选择 Face++的人脸识别 API 进行所有的图片分析处理。如图 6-11 所示，Face++能够识别出个体在图片中不同情绪的可能性，并判断出个体在照片中不同情绪的可能性。同时，它还能给出性别、年龄、颜值、笑容的判断。这里对每个项目中的人脸性别、年龄、颜值、积极性（感到幸福+有笑容）进行统计，将每个项目的各维度均值和标准差与筹款表现做了相关性分析及特征选择。

返回JSON节选

```
"attributes"{
    "emotion":{
        "sadness":0.011,
        "neutral":69.641,
        "disgust":0.083,
        "anger":0.046,
        "surprise":30.189,
        "fear":0.018,
        "happiness":0.011
    },
    "gender":{
    "value":"Male"
    },
    "age":{
    "value":6
    },
"smile":{
        "threshold":50,
        "value":0.001
    },
```

图 6-11　人脸情绪识别返回数据示例

4. 最终变量

公益捐赠研究中各个变量的最终度量方法如表 6-14 所示，同时，加入筹款时长、筹款目标金额这两个指标作为控制变量。对样本进行了缺失值排除和筛选处理，最终有效样本为 13 139 个项目。

表 6-14　公益捐赠研究的变量度量方法

变量		度量方法
因变量	筹款表现	最终筹款金额/筹款目标金额
社会资本	中心度	该公益项目的发起人在网络中的特征向量中心性
	社交互动	该公益项目的被转发数（数据抓取限制最大值为999），取对数
	声誉	发起人在该项目发起时间前的历史筹集金额总和，取对数
披露风格	信息丰富度	Stanford CoreNLP 实体提取功能输出的信息实体数，取对数
	文本情绪积极性	项目描述文本的情感倾向的句长加权平均值
	图片情绪积极性	项目所有图片的人脸识别正向情绪评分的平均值
	图片颜值	项目所有图片的人脸识别颜值评分的平均值
调节变量	需求迫切性	基于 LIWC（linguistic inquiry and word count，语言查询和词汇计数）词库的项目介绍时态词输出值
控制变量	筹款时长	最后一次受捐赠的日期 – 第一次受捐赠的日期，取对数
	筹款目标金额	公益项目筹款的目标金额，取对数

6.3.4　数据分析与假设检验

1. 数据概览

本节将对数据进行描述性统计分析，以更好地理解我们的样本。图 6-12 为我们展示了时间-项目的分布，可以看出 2013 年中与 2014 年是公益项目发布的高峰时间。

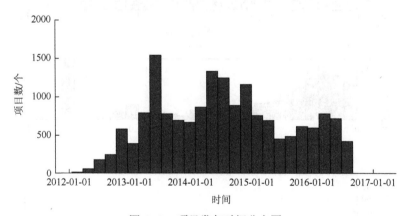

图 6-12　项目发起时间分布图

我们抓取了 18 629 个项目数据，包括 1 680 949 条捐赠记录，其中，在捐赠者中，有 81.5% 的用户为微博无认证用户，13.3% 的用户为微博达人用户，4.4% 的用户为个人认证用户，0.8% 的用户为机构认证用户。我们对 18 629 个项目进行了数据清洗，排除了有缺失值的项目，同时排除了不是筹集资金的项目，最终进入模型的有 13 139 个项目。

图 6-13 展示了不同项目类型的分布。可以看见，在微公益上，医疗救助类型的项目占大多数。同时支教助学、儿童成长类别的项目也很多，其他类型主要是环境保护或者动物保护相关的项目。

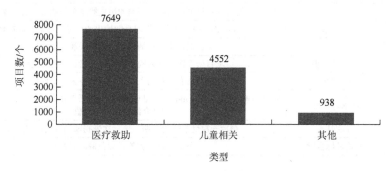

图 6-13　不同项目类型分布

图 6-14 为我们展示了不同项目类型的需求迫切性。可见，医疗救助项目普遍迫切性比较高，符合前景理论。

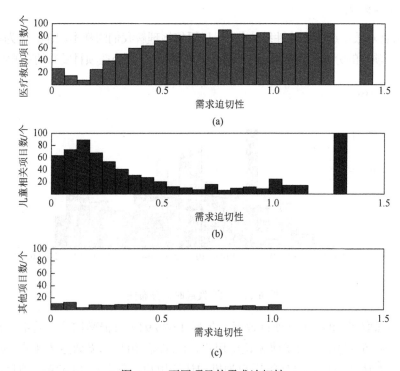

图 6-14　不同项目的需求迫切性

利用 Python 中的 NetworkX 对筹款发起人的网络进行了分析，图 6-15 呈现了筹款发起人相互关注的无向网络图。其中每个点为一个筹款发起人，每一条直线表示筹款人在微博中的相互关注关系。点的颜色越深，表示平均筹款完成度越高；点的半径越大，表示该点在有向网络的中心度越高。根据图形，我们可以看到，中心度高和中心度低的点，都分布有不少深色的、筹款完成度较高的点；而部分半径大、中心度高的点，颜色偏浅，说明筹款完成度不高。所以，筹款人的网络关系可能只作为一个影响筹款成功的因素，并不能完全解释筹款成功。

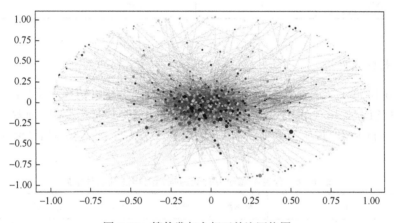

图 6-15　筹款发起人相互关注网络图

筹款人发布项目数频率如表 6-15 所示，在 13 139 个最终进入模型的筹款项目中，共有筹款发起人 1117 个，其中只发布过 1 个项目的筹款人有 728 个，发布过 2 个项目的筹款人有 126 个，发布过 10 个以上项目的人有 112 个，存在发布数量两极分化的现象。

表 6-15　筹款人发布项目数频率表

发布项目个数	频率	百分比	累计百分比
1	728	65.17%	65.17%
2	126	11.28%	76.45%
3	56	5.01%	81.46%
4	30	2.69%	84.15%
5	14	1.25%	85.40%
6	14	1.25%	86.65%

发布项目个数	频率	百分比	累计百分比
7	11	0.98%	87.63%
8	8	0.72%	88.35%
9	10	0.90%	89.25%
10	8	0.72%	89.97%
>10	112	10.03%	100%
合计	1117	100%	

2. 指标分析

表 6-16 展示了公益捐赠研究各变量指标的描述性统计结果。可以看到，筹款表现的均值为 0.302，说明大部分的项目都无法完成募捐目标金额，而筹款表现的最大值为 11.853，说明极个别的项目实际筹款金额要远远高于募捐目标金额。

表 6-16　公益捐赠研究各变量指标的描述性统计结果

变量		样本数	平均值	标准差	最小值	最大值
因变量	筹款表现	13 139	0.302	0.481	0.000	11.853
社会资本	中心度	13 139	0.045	0.036	0.000	0.246
	社交互动	13 139	3.729	1.628	0.000	6.908
	声誉	13 139	0.025	0.477	0.000	13.986
披露叙述	信息丰富度	13 139	1.800	0.086	0.000	1.957
	文本情绪积极性	13 139	0.621	0.133	0.026	0.985
	图片情绪积极性	13 139	0.364	0.403	0.001	1.991
	图片颜值	13 139	0.536	0.083	0.177	0.867
调节变量	需求迫切性	13 139	0.431	0.194	0.000	1.446
控制变量	筹款时长	13 139	3.218	1.147	0.000	6.696
	筹款目标金额	13 139	9.375	1.788	4.605	17.728

图 6-16 展示了模型各变量的相关关系。各变量的相关系数不大，处于可以接受的范围，可以进行下一步分析。

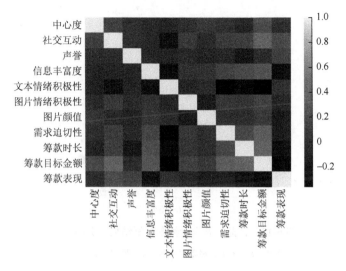

图 6-16 模型各变量的相关关系

3. 假设检验

采用 Stata 14.0 进行多元回归分析，为了避免数据中的多重共线性，将报告方差膨胀因子（variance inflation factor，VIF）。VIF 大于 10 表示模型有严重的多重共线性问题，而在所有模型经多元回归分析得到的结果中，VIF 均小于 2，说明所有模型不存在多重共线性问题。

如图 6-17 所示，当只有控制变量进入模型时，R^2 为 0.09；当模型变量一起进入模型时，R^2 上升至 0.28，控制变量的情况良好。当社会资本进入模型时，R^2 达到了 0.28；而当披露叙述进入模型时，R^2 上升了 0.01。说明社会资本的影响效应较大。结果显示，社会资本因素与筹款表现均有显著正向关系，同时，信息丰富度、文本情绪积极性与筹款表现有显著负向关系。

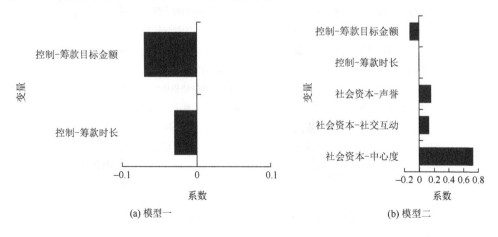

(a) 模型一 (b) 模型二

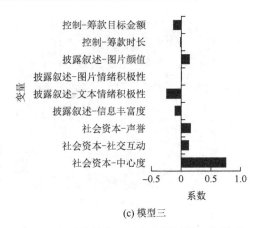

(c) 模型三

图 6-17　公益筹款多元回归分析结果（分模型）

模型一 $R^2 = 0.09$，模型二 $R^2 = 0.28$，模型三 $R^2 = 0.29$

　　如图 6-18 所示，我们还对不同类别的项目进行了多元回归分析，可见，不同的项目类型的确影响路径各不一样。值得一提的是，医疗救助项目中，发起人的中心度效应不再显著，而只有社交互动、声誉与图片颜值对筹款表现有显著正向作用。我们对自变量和调节变量做了中心化处理后，进行了调节效应的检验。图 6-19 展示了调节效应的多元回归分析。当调节效应（交互项）进入模型之后，模型的 R^2 比之前上升了 0.01，证明存在一定的调节效应。最终，社会资本的三个因素和筹款表现有着正向显著关系，信息丰富度、文本情绪积极性、图片颜值和筹款表现有着负向显著关系。同时，从图 6-19 也能看出，需求迫切性与社会资本因素的交互项的系数符号与社会资本因素的系数符号相反，因此需求迫切性对社会资本因素与筹款表现间的关系有着负向的减弱型调节作用。同理，需求迫切性对文本情绪积极性与筹款表现间的关系也有着减弱型调节作用。

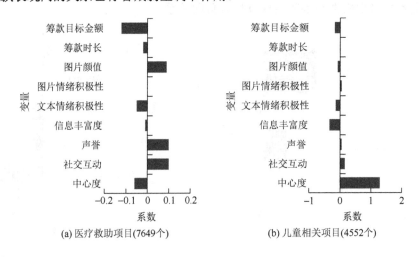

(a) 医疗救助项目(7649个)　　　　　(b) 儿童相关项目(4552个)

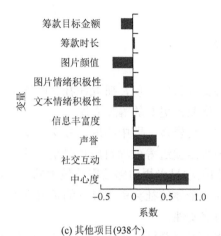

(c) 其他项目(938个)

图 6-18　公益筹款多元回归分析结果（分项目类别）

医疗救助项目 $R^2 = 0.22$，儿童相关项目 $R^2 = 0.31$，其他项目 $R^2 = 0.33$

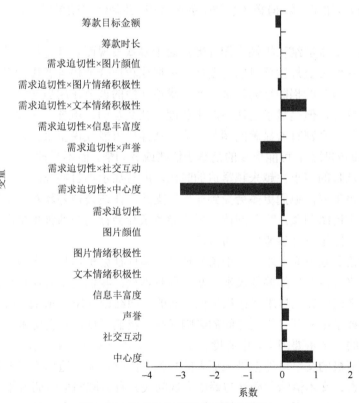

图 6-19　需求迫切性的调节效应检验

交互项未进入模型时 $R^2 = 0.29$，交互项进入后 $R^2 = 0.30$，13 139 个样本

6.3.5   研究结果讨论

本节立足于公益筹款项目的表现，研究在社交网络上的个体如何利用自己的社会资本和信息披露风格获得更好的筹款表现。

研究显示，个体的社会资本，即中心度、社交互动、声誉，都会对筹款表现有显著的正向影响，而且是促进筹款项目成功最重要的因素。这个结论与 Bi 等（2017）发现娱乐文化相关项目受周边路线影响较大的研究结论是一致的。如果用详尽可能性模型来解释，个体的社会资本显示的是筹款人的口碑和声誉，说明口碑对于在线筹款项目的重要性。

信息丰富度对筹款表现有着显著负向影响，这说明当内容越丰富的时候，项目捐赠的成功率反而越小。这个结果与大部分分析在线众筹项目的研究（Mollick，2014）不一致。这可能是因为在公益领域的项目中，存在着恳求疲劳的效应。当恳求行为太多的时候，捐赠者会产生疲劳效应，并降低捐助意愿（van Diepen et al.，2009）。

同时，文本情绪积极性和图片颜值对于筹款表现而言都是显著的负向效应。这表明，在线公益筹款项目的主要情绪风格比较适合消极且悲惨的风格。消极情绪越强烈，引起的捐赠行为越多。而需求迫切性的调节作用虽然没有为模型带来很大的解释力，但是需求迫切性对中心度、社交互动、声誉、文本情绪积极性与筹款表现的关系都有着显著的调节效应。从详尽可能性模型来看，人们在进行公益筹款捐助的时候，可能更多的是基于情绪或者同情，而不是批判性的逻辑思维。所以，当项目的需求性越来越紧迫的时候，所有显示项目特征的信号在捐赠者眼中变得不再重要，他们更多会受到非理性支配。在线公益筹款对于捐赠者的刺激更多来源于情绪刺激，唤起同情，之后导致亲社会行为与慈善捐赠。从前景理论来看，这个结论符合参考依赖的假设。

在理论贡献方面，本节基于信号理论，验证社会资本与披露叙述风格如何影响社交网络公益项目的筹款表现。基于前景理论，我们利用公益项目需求的迫切性来解释之前研究在恳求风格积极性方面的不同结论（Hibbert et al.，2007），并且部分解释了不同项目类型之间的影响路径。我们发现，社会资本是在公益平台筹款成功的一个重要因素，中心度、社交互动、声誉对于发起人来说都是重要的；同时，更消极的文字可能会带来更多的捐款，同时，需求迫切度能够对社会资本的三个因素、文本情绪积极性与筹款表现的关系有着减弱型的调节作用。

在现实贡献方面，本节为社交网络中公益项目的发起人提供了一个关于自身社会资本构建以及叙述风格选择的洞见。首先，多与他人建立联系有助于自身口碑的积累，提升自己的社会资本；其次，在撰写项目披露信息的时候，最需要突出的是需求的迫切性，同时文字风格消极一点，可以引起更多同情，提升项目成功的概率。

本节研究还存在一定的局限性。第一，我们的结论用需求迫切性来解释文本情绪积极性对筹款表现在多个研究中有不同影响效应的现象，但是没有解决关于信息丰富度的相异结论问题。第二，需求迫切性也未能完全解释不同项目之间的影响模式差异。第三，我们的数据仅仅来源于一个在线公益筹款平台，可能会有平台的特殊性，需要进行更多平台的检验，才能证明模型的普适性。在后续的研究中，我们希望能够对项目的文字与图片线索进行更深层次的分析，同时进一步研究个体的捐赠行为，从而厘清公益筹款表现的影响路径。

6.4　本章研究小结

在本章的研究中，我们基于社会资本理论，做了三个不同层面的社交网络行为研究，研究范围覆盖了自我披露行为、持续使用意愿与公益捐赠筹款表现，具体来说，建立了三个研究模型，研究了社交网络里面的自我披露行为、持续使用行为、公益项目筹款行为。基于社会资本理论、大五人格理论、期望确认理论、社会交换理论、信号理论与前景理论，希望回答下述三个问题。

社会资本与人格特质如何交互影响个体在社交网络上的自我披露行为？

他人披露与感知社会资本如何影响社交网络持续使用意愿？

个体如何利用自身社会资本与披露叙述风格在社交网络中提升公益筹款完成度？

三个研究的总结如表 6-17 所示。

表 6-17　本章研究总结

项目	自我披露行为	持续使用行为	公益项目筹款行为
研究问题	社会资本与人格特质如何交互影响个体在社交网络上的自我披露行为	他人披露与感知社会资本如何影响社交网络持续使用意愿	个体如何利用自身社会资本与披露叙述风格在社交网络中提升公益筹款完成度
理论参考	社会资本理论、大五人格理论	社会资本理论、期望确认理论、社会交换理论	社会资本理论、信号理论、前景理论
研究模型	选取了自我披露的数量与诚实度作为考察因素。社会资本理论会直接影响自我披露行为，而外向性则会对社会资本与自我披露行为有调节作用	以期望确认模型为基础，通过强调社会资本在社交网络中的核心作用，将感知有用性具象为用户感知到的社会资本；从社会交换理论出发，将期望确认具象为用户感知到他人披露的诚实度	基于信号理论，检验在社交网络中的公益筹款项目里面，社会资本与披露叙述如何影响筹款表现，同时引入需求迫切性作为调节变量
研究方法	问卷调查	问卷调查	基于爬虫程序抓取的现实数据，结合文本分析、图片分析技术

项目	自我披露行为	持续使用行为	公益项目筹款行为
研究结论	社交互动和共同叙述与自我披露行为数量存在显著正向关系，互惠互利与自我披露诚实度有显著的正向关系。外向性与自我披露数量有显著正向关系，同时对互惠互利与自我披露诚实度的关系有增强型的调节作用	社交网站上好友披露的诚实度确认越高，用户会认为他们自身在网站中有更好的社交互动、信任以及共同叙述。同时，感知社交互动能增加满意度与持续使用意愿，而感知信任和感知共同叙述只能提升满意度，无法直接提高持续使用意图	个体的社会资本，即中心度、社交互动、声誉对筹款表现有显著正向影响，且是重要因素。同时，信息丰富度、文本情绪积极性、图片颜值和筹款表现负相关。最后，需求迫切性对筹款表现与中心度、社交互动、声誉、文本情绪积极性的关系有显著的减弱调节效应
理论贡献	通过对自我披露行为维度的拆分与引入外向性作为调节变量，我们的结果进一步补充了前人研究中关于外向性与自我披露行为之间关系的不同研究结论，并且提供了可能的解释	借鉴社会反应理论，将感知有用性具象为用户感知到的社会资本，从社会交换理论出发，将期望确认具象为用户感知到他人披露的诚实度，为现有文献做出了补充	基于前景理论，我们利用公益项目需求来解释之前研究在恳求风格积极性方面的不同结论，并且部分解释了不同项目类型之间的不同影响路径
现实意义	为社交网络平台促进用户的社交网络信息披露、提高用户社交网络黏性提供参考建议。为社交网络公益筹款发起人的社会资本维护和叙述风格调整提出建议		

关于自我披露行为的研究，我们通过整合社会资本因素和人格特质因素，聚焦于两者如何交互作用，从而影响自我披露的行为。同时，在前人多关注自我披露的单一维度的基础上，我们引入了自我披露数量与自我披露诚实度，对自我披露行为的次数和质量进行了衡量。总的来说，我们分析了社会资本的三个维度和外向性如何相互作用，从而影响自我披露的准确性和数量。我们认为社会资本会直接影响自我披露行为，而外向性会作为调节变量产生影响。通过对自我披露行为维度的拆分与引入外向性作为调节变量，我们的结果进一步补充了前人研究中关于外向性与自我披露行为之间关系的不同研究结论，并且提供了可能的解释。

研究显示，社交互动与自我披露行为的数量存在明显正向关系，结果符合Putnam（1995）的结论。同时，信任与自我披露行为没有显著关联，与Hsu和Lin（2008）、Chow和Chan（2008）的研究结果类似。互惠互利与自我披露诚实度有显著的正向关系，而与自我披露数量没有显著关系，可以利用Wasko和Faraj（2005）以及Hsu和Lin（2008）的研究结论作为前提，得到合理解释。共同叙述对自我披露数量有正向影响，但对自我披露诚实度没有显著影响，与Chiu等（2006）的研究结果一致。外向性与自我披露数量有显著正向关系，同时对互惠互利与自我披露诚实度的关系有着增强型的调节作用，可以用Lu和Hsiao（2010）的观点得到解释。外向者更关注社交网络的社会价值，而内向者则关注情感和经济价值。结合前人研究和自身研究结论，提供了两个可能的解释：第一，外向性仅仅直接影响自我披露数量，而不会直接影响自我披露诚实度；第二，外向性对互惠互利与自我披露诚实度的关系有调节作用，外向的人更容易受到互惠互利水平提升的影响，从而进行更诚实的自我披露。

关于社交网络持续使用行为的研究，我们延续自我披露行为的研究，借鉴社会反应理论，将感知有用性具象为用户感知到的社会资本，从社会交换理论出发，将期望确认具象为用户感知到他人披露的诚实度，为现有文献做出了补充。如果社交网站上的朋友进行自我披露的诚实度比用户期望的更高，他们会认为自己在该网站中拥有更好的社会关系。此外，他们会认为自己的社交网站朋友更值得信赖，并可以与他们分享更多的共同叙述、暗号和隐喻。但是，他人自我披露的诚实确认不会直接提高用户的满意度，除非他们能够在社交网站中获得社会资本。

综上所述，基于社会交换理论，我们将自我披露行为研究与社交网络持续使用行为研究结合在一起，构建了一个用户的自我披露行为与社会资本相互作用的自我增强循环体系。

关于社交网络公益项目筹款行为的研究，本章基于信号理论，探讨了社会资本与披露叙述风格如何影响社交网络公益项目的筹款表现。基于前景理论，我们引入了公益项目的需求迫切性，解释了之前研究在恳求风格积极性方面的不同结论（Hibbert et al.，2007），并且部分解释了不同项目类型之间的影响路径。我们发现，社会资本是在公益平台筹款成功的一个重要因素，中心度、社交互动、声誉对于发起人来说都是重要的；更消极的文字可能会带来更多的捐款，同时，需求迫切性能够对社会资本的三个因素、文字的积极性与筹款表现的关系有着减弱型的调节作用。

研究显示，个体的社会资本，即中心度、社交互动、声誉，都会对筹款表现有显著的正向影响，而且是促进筹款项目成功最重要的因素。信息丰富度对筹款表现有显著负向影响，结果与大部分分析在线众筹项目的研究（Mollick，2014）不一致。这可能是因为在公益领域的项目中，存在恳求疲劳效应。同时，文本情绪积极性和图片颜值对于筹款表现而言都是显著的负向效应。这表明，在线公益筹款项目的主要情绪风格比较适合消极且悲惨的风格。消极情绪越强烈，引起的捐赠行为越多。需求迫切性对中心度、社交互动、声誉、文本情绪积极性与筹款表现的关系都有着显著的负向效应。从详尽可能性模型或前景理论的角度，该结论能够得到合理解释。

三个研究还存在一定的局限性。对于自我披露行为的研究，我们基于外向性与自我披露行为之间的相异结论，探索性地检验了外向性对社会资本与自我披露行为之间关系的调节效应，得出了一些显著关系，而具体的作用机理还需要进一步探索。另外，在考虑自我披露行为的时候，我们只考虑社会资本因素与人格特质因素，未必能够完全解释自我披露行为。对于社交网络持续使用行为的研究，虽然我们厘清了他人披露、社会资本与持续使用行为之间的关系，但是，感知社会资本未必能够完全反映社交网络中的感知有用性；另外，他人披露能够较好地解释感知社交互动和感知信任，但是对感知共同叙述的解释程度比较低，后续需要继续考量与完善。对于公益筹款表现的研究，第一，我们的结论用需求迫切性来解释文本情绪积极性对筹款表现在多个研究中有不同影响效应的现象，但是没有解决关于信息丰富度的相异结论问题。第二，需求迫切性也未能完全解释不同项目之间的影响模式差异。第三，我们的数据仅仅来源于一个在线公益筹款平台，可能会有平台的特殊性，需要进行更多平台的检验，才能证明模型的普适性。在后续的研究中，我们希望能够对项目的文字与图片线索进行更深层次的分析，同时进一步研究个体的捐赠行为，从而厘清公益筹款表现的影响路径。

在未来，如果数据爬取能力允许，能够捕捉到微公益筹款项目的筹款人、捐款人在微博中的自我披露，利用真实的披露数据与公益筹款投入来进行自我披露与筹款行为影响的研究，则可以对这三个研究形成概括性的总结。

总而言之，本章从社会资本理论出发，聚焦于社交网络中的信息披露现象，研究了社交网络中的自我披露行为、持续使用行为、公益项目筹款行为，由浅入深、层层递进地对社交网络中的行为进行了系统性研究，并围绕信息披露话题对信息披露的动机、相互作用、信息披露的风格都进行了相关探讨，有良好的理论贡献和现实意义。

参 考 文 献

Agrawal A K, Catalini C, Goldfarb A. 2011. The geography of crowdfunding. Cambridge: National Bureau of Economic Research Working Paper.

Ahlers G K C, Cumming D, Günther C, et al. 2015. Signaling in equity crowdfunding. Entrepreneurship Theory and Practice, 39 (4): 955-980.

Allison T H, Davis B C, Webb J W, et al. 2017. Persuasion in crowdfunding: an elaboration likelihood model of crowdfunding performance. Journal of Business Venturing, 32 (6): 707-725.

Allison T H, McKenny A F, Short J C. 2013. The effect of entrepreneurial rhetoric on microlending investment: an examination of the warm-glow effect. Journal of Business Venturing, 28 (6): 690-707.

Amichai-Hamburger Y, Vinitzky G. 2010. Social network use and personality. Computers in Human Behavior, 26 (6): 1289-1295.

Ba S, Pavlou P A. 2002. Evidence of the effect of trust building technology in electronic markets: price premiums and buyer behavior. MIS Quarterly, 26 (3): 243-268.

Barabási A L, Albert R. 1999. Emergence of scaling in random networks. Science, 286 (5439): 509-512.

Becchetti L, Conzo P. 2011. Enhancing capabilities through credit access: creditworthiness as a signal of trustworthiness under asymmetric information. Journal of Public Economics, 95 (3/4): 265-278.

Bekkers R, Wiepking P. 2011. A literature review of empirical studies of philanthropy: eight mechanisms that drive charitable giving. Nonprofit and Voluntary Sector Quarterly, 40 (5): 924-973.

Bhattacherjee A. 2001. Understanding information systems continuance: an expectation-confirmation model. MIS Quarterly, 25 (3): 351-370.

Bhattacherjee A, Perols J, Sanford C. 2008. Information technology continuance: a theoretic extension and empirical test.

Journal of Computer Information Systems, 49 (1): 17-26.

Bi S, Liu Z, Usman K. 2017. The influence of online information on investing decisions of reward-based crowdfunding. Journal of Business Research, 71 (4): 10-18.

Blau P M. 2017. Exchange and Power in Social Life. New York: Routledge.

Bowman W. 2004. Confidence in charitable institutions and volunteering. Nonprofit and Voluntary Sector Quarterly, 33 (2): 247-270.

Brooks A C. 2005. Does social capital make you generous? . Social Science Quarterly, 86 (1): 1-15.

Bryant W K, Jeon-Slaughter H, Kang H, et al. 2003. Participation in philanthropic activities: donating money and time. Journal of Consumer Policy, 26 (1): 43-73.

Chaiken S, Trope Y. 1999. Dual-Process Theories in Social Psychology. New York: Guilford Press.

Chang Y P, Zhu D H. 2012. The role of perceived social capital and flow experience in building users' continuance intention to social networking sites in China. Computers in Human Behavior, 28 (3): 995-1001.

Chen R, Sharma S K. 2013. Self-disclosure at social networking sites: an exploration through relational capitals. Information Systems Frontiers, 15 (2): 269-278.

Chen Y B, Xie J H. 2005. Third-party product review and firm marketing strategy. Marketing Science, 24 (2): 218-240.

Cheung C-K, Chan C-M. 2000. Social-cognitive factors of donating money to charity, with special attention to an international relief organization. Evaluation and Program Planning, 23 (2): 241-253.

Chierco S, Rosa C, Kayson W A. 1982. Effects of location, appearance, and monetary value on altruistic behavior. Psychological Reports, 51 (1): 199-202.

Chiu C M, Hsu M H, Wang E T. 2006. Understanding knowledge sharing in virtual communities: an integration of social capital and social cognitive theories. Decision Support Systems, 42 (3): 1872-1888.

Chow W S, Chan L S. 2008. Social network, social trust and shared goals in organizational knowledge sharing. Information & Management, 45 (7): 458-465.

Christofides E, Muise A, Desmarais S. 2009. Information disclosure and control on Facebook: are they two sides of the same coin or two different processes? . Cyberpsychology & Behavior, 12 (3): 341-345.

Colaizzi A, Williams K J, Kayson W A. 1984. When will people help? The effects of gender, urgency, and location on altruism. Psychological Reports, 55 (1): 139-142.

Colombo M G, Franzoni C, Rossi-Lamastra C. 2015. Internal social capital and the attraction of early contributions in crowdfunding. Entrepreneurship Theory and Practice, 39 (1): 75-100.

Correa T, Hinsley A W, de Zúñiga H G. 2010. Who interacts on the Web? : The intersection of users' personality and social media use. Computers in Human Behavior, 26 (2): 247-253.

Courtney C, Dutta S, Li Y. 2017. Resolving information asymmetry: signaling, endorsement, and crowdfunding success. Entrepreneurship Theory and Practice, 41 (2): 265-290.

Cropanzano R, Mitchell M S. 2005. Social exchange theory: an interdisciplinary review. Journal of Management, 31 (6): 874-900.

Dabholkar P A, Shepherd C D, Thorpe D I. 2000. A comprehensive framework for service quality: an investigation of critical conceptual and measurement issues through a longitudinal study. Journal of Retailing, 76 (2): 139-173.

Davis B C, Hmieleski K M, Webb J W, et al. 2017. Funders "positive affective reactions to entrepreneurs" crowdfunding pitches: the influence of perceived product creativity and entrepreneurial passion. Journal of Business Venturing, 32 (1): 90-106.

Donnellan M B, Oswald F L, Baird B M, et al. 2006. The mini-IPIP scales: tiny-yet-effective measures of the Big Five factors of personality. Psychological Assessment, 18 (2): 192-203.

Eagly A H, Chaiken S. 1993. The Psychology of Attitudes. New York: Harcourt Brace Jovanovich College Publishers.

Ellison N B, Lampe C, Steinfield C. 2010. With a little help from my friends: how social network sites affect social capital processes//Papacharissi Z. A Networked Self. New York: Routledge: 132-153.

Emerson R M. 1976. Social exchange theory. Annual Review of Sociology, 2 (1): 335-362.

Gibbs J L, Ellison N B, Heino R D. 2006. Self-presentation in online personals: the role of anticipated future interaction, self-disclosure, and perceived success in internet dating. Communication Research, 33 (2): 152-177.

Gosling S D, Augustine A A, Vazire S, et al. 2011. Manifestations of personality in online social networks: self-reported Facebook-related behaviors and observable profile information. Cyberpsychology, Behavior, and Social Networking, 14 (9): 483-488.

Greiner M E, Wang H. 2010. Building consumer-to-consumer trust in e-finance marketplaces: an empirical analysis. International Journal of Electronic Commerce, 15 (2): 105-136.

Halpern J, Arnold R M. 2008. Affective forecasting: an unrecognized challenge in making serious health decisions. Journal of General Internal Medicine, 23 (10): 1708-1712.

Hemer J. 2011. A snapshot on crowdfunding. Karlsruhe: Fraunhofer-Institut für System-und Innovationsforschung ISI.

Herzenstein M, Dholakia U M, Andrews R L. 2011. Strategic herding behavior in peer-to-peer loan auctions. Journal of Interactive Marketing, 25 (1): 27-36.

Hibbert S, Smith A, Davies A, et al. 2007. Guilt appeals: persuasion knowledge and charitable giving. Psychology & Marketing, 24 (8): 723-742.

Ho S Y, Bodoff D. 2014. The effects of Web personalization on user attitude and behavior: an integration of the elaboration likelihood model and consumer search theory. MIS Quarterly, 38 (2): 497-520.

Homelessness P. 2003. Buddy, can you spare a dime? . Urban Affairs Review, 38 (3): 299-324.

Hsu C L, Lin J C C. 2008. Acceptance of blog usage: the roles of technology acceptance, social influence and knowledge sharing motivation. Information & Management, 45 (1): 65-74.

Hsu D H, Ziedonis R H. 2008. Patents as quality signals for entrepreneurial ventures. Academy of Management Proceedings, 2008 (1): 1-6.

Jarvenpaa S L, Tractinsky N, Vitale M. 2000. Consumer trust in an internet store. Information Technology and Management, 1 (1/2): 45-71.

Jia Y L, Zhao Y, Lin Y L. 2010. Effects of system characteristics on users' self-disclosure in social networking sites. Las Vegas: 2010 Seventh International Conference on Information Technology: New Generations.

Jourard S M. 1959. Self-disclosure and other-cathexis. The Journal of Abnormal and Social Psychology, 59 (3): 428-431.

Jourard S M, Lasakow P. 1958. Some factors in self-disclosure. The Journal of Abnormal and Social Psychology, 56 (1): 91-98.

Kim J, Lee J E R. 2011. The Facebook paths to happiness: effects of the number of Facebook friends and self-presentation on subjective well-being. Cyberpsychology, Behavior, and Social Networking, 14 (6): 359-364.

Kollock P. 1999. The economies of online cooperation: gifts and public goods in cyberspace//Smith M, Kollock P. Communities in Cyberspace. London: Routledge: 220.

Krackhardt U, Mait J N, Streibl N. 1992. Upper bound on the diffraction efficiency of phase-only fanout elements. Applied Optics, 31 (1): 27-37.

Kuppuswamy V, Bayus B L. 2018. Crowdfunding creative ideas: the dynamics of project backers//Cumming D, Hornuf L. The Economics of Crowdfunding. Cham: Palgrave Macmillan: 151-182.

Lambert T, Schwienbacher A. 2010. An empirical analysis of crowdfunding. Social Science Research Network, 1578175 (1): 23.

Lee B A, Farrell C R. 2003. Buddy, can you spare a dime? : Homelessness, panhandling, and the public. Urban Affairs Review, 38 (3): 299-324.

Lee D H, Im S, Taylor C R. 2008. Voluntary self-disclosure of information on the Internet: a multimethod study of the motivations and consequences of disclosing information on blogs. Psychology & Marketing, 25 (7): 692-710.

Lee J A, Murnighan J K. 2001. The empathy-prospect model and the choice to help. Journal of Applied Social Psychology, 31 (4): 816-839.

Lee P, Gillespie N, Mann L, et al. 2010. Leadership and trust: their effect on knowledge sharing and team performance. Management Learning, 41 (4): 473-491.

Leung L. 2002. Loneliness, self-disclosure, and ICQ("I seek you")use. CyberPsychology & Behavior, 5(3): 241-251.

Leung M D, Sharkey A J. 2014. Out of sight, out of mind? Evidence of perceptual factors in the multiple-category discount. Organization Science, 25 (1): 171-184.

Lin M F, Prabhala N R, Viswanathan S. 2013. Judging borrowers by the company they keep: friendship networks and information asymmetry in online peer-to-peer lending. Management Science, 59 (1): 17-35.

Lu H P, Hsiao K L. 2010. The influence of extro/introversion on the intention to pay for social networking sites. Information & Management, 47 (3): 150-157.

Marwell G, Oliver P E, Prahl R. 1988. Social networks and collective action: a theory of the critical mass. III. American Journal of Sociology, 94 (3): 502-534.

McCrae R R, Costa P T, Jr. 1997. Personality trait structure as a human universal. American Psychologist, 52 (5): 509-516.

Mobius M M, Rosenblat T S. 2006. Why beauty matters. American Economic Review, 96 (1): 222-235.

Mollick E. 2014. The dynamics of crowdfunding: an exploratory study. Journal of Business Venturing, 29 (1): 1-16.

Molm L D. 1997. Coercive Power in Social Exchange. Cambridge: Cambridge University Press.

Montoyo A, Martínez-Barco P, Balahur A. 2012. Subjectivity and sentiment analysis: an overview of the current state of the area and envisaged developments. Decision Support Systems, 53 (4): 675-679.

Moon J A. 2013. Reflection in Learning and Professional Development: Theory and Practice. London: Routledge.

Moore K, McElroy J C. 2012. The influence of personality on Facebook usage, wall postings, and regret. Computers in Human Behavior, 28 (1): 267-274.

Nahapiet J, Ghoshal S. 1998. Social capital, intellectual capital, and the organizational advantage. Academy of Management Review, 23 (2): 242-266.

Omarzu J. 2000. A disclosure decision model: determining how and when individuals will self-disclose. Personality and Social Psychology Review, 4 (2): 174-185.

Park N, Jin B, Jin S A A. 2011. Effects of self-disclosure on relational intimacy in Facebook. Computers in Human Behavior, 27 (5): 1974-1983.

Peter J, Valkenburg P M, Schouten A P. 2005. Developing a model of adolescent friendship formation on the Internet. Cyberpsychology & Behavior, 8 (5): 423-430.

Putnam R D. 1995. Tuning in, tuning out: the strange disappearance of social capital in America. PS: Political Science Politics, 28 (4): 664-683.

Putnam R D. 2000. Bowling Alone: The Collapse and Revival of American Community. New York: Simon and Schuster.

Reeves B, Nass C. 1996. The Media Equation: How People Treat Computers, Television, and New Media Like Real People and Places. Cambridge: Cambridge University Press.

Rogers EM, Kincaid DL. 1981. Communication Networks: Toward a New Paradigm for Research. New York: Free Press.

Rosen P A, Kluemper D H. 2008. The impact of the Big Five personality traits on the acceptance of social networking website. Toronto: The Fourteenth Americas Conference on Information Systems.

Ryan T, Xenos S. 2011. Who uses Facebook? An investigation into the relationship between the Big Five, shyness, narcissism, loneliness, and Facebook usage. Computers in Human Behavior, 27 (5): 1658-1664.

Sher P J, Lee S H. 2009. Consumer skepticism and online reviews: an elaboration likelihood model perspective. Social Behavior and Personality: An International Journal, 37 (1): 137-143.

Shu Z, Hong X. 2012. The moderating effect of personality in the relationship between speciality identity and creative. Shanghai: 2012 9th International Conference on Services Systems and Services Management (ICSSSM).

Small D A. 2010. Reference-dependent sympathy. Organizational Behavior and Human Decision Processes, 112 (2): 151-160.

Spence M. 1974. Competitive and optimal responses to signals: an analysis of efficiency and distribution. Journal of Economic Theory, 7 (3): 296-332.

Sprecher S, Treger S, Wondra J D, et al. 2013. Taking turns: reciprocal self-disclosure promotes liking in initial interactions. Journal of Experimental Social Psychology, 49 (5): 860-866.

Sudhir K, Roy S, Cherian M. 2016. Do sympathy biases induce charitable giving? The effects of advertising content. Marketing Science, 35 (6): 849-869.

Taylor S, Todd P A. 1995. Understanding information technology usage: a test of competing models. Information Systems Research, 6 (2): 144-176.

Trepte S, Reinecke L. 2013. The reciprocal effects of social network site use and the disposition for self-disclosure: a longitudinal study. Computers in Human Behavior, 29 (3): 1102-1112.

Tsai W, Ghoshal S. 1998. Social capital and value creation: the role of intrafirm networks. Academy of Management Journal, 41 (4): 464-476.

van Diepen M, Donkers B, Franses P H. 2009. Does irritation induced by charitable direct mailings reduce donations?. International Journal of Research in Marketing, 26 (3): 180-188.

Venable B T, Rose G M, Bush V D, et al. 2005. The role of brand personality in charitable giving: an assessment and validation. Journal of the Academy of Marketing Science, 33 (3): 295-312.

Verduyn P, Ybarra O, Résibois M, et al. 2017. Do social network sites enhance or undermine subjective well-being? A critical review. Social Issues and Policy Review, 11 (1): 274-302.

Wasko M M, Faraj S. 2005. Why should I share? Examining social capital and knowledge contribution in electronic networks of practice. MIS Quarterly: 35-57.

Wheeless L R, Grotz J. 1976. Conceptualization and measurement of reported self-disclosure. Human Communication Research, 2 (4): 338-346.

Yeh R C, Lin Y C, Tseng K H, et al. 2013. Why do people stick to play social network sites? An extension of expectation-confirmation model with perceived interpersonal values and playfulness perspectives//Nguyen N, Trawiński B, Katarzyniak R, et al. Advanced Methods for Computational Collective Intelligence. Berlin: Springer: 37-46.

Yi Y. 1990. A critical review of consumer satisfaction. Review of Marketing, 4 (1), 68-123.

Yi Y, Gong T. 2013. Customer value co-creation behavior: scale development and validation. Journal of Business Research, 66 (9): 1279-1284.

Zuckerman E W. 1999. The categorical imperative: securities analysts and the illegitimacy discount. American Journal of Sociology, 104 (5): 1398-1438.

第7章 在线社交游戏场景下的多重社会影响：对免费增值模式的研究

免费增值模式是一种新兴商业模式，即企业的产品或服务具有提供基本功能的免费功能和需要额外付费的高级功能（Kumar et al.，2014）。免费增值模式在互联网背景下被广泛运用，包括软件、移动应用、数字游戏、电子报纸和网络服务，数字产品和服务可以免费下载，但通常需要额外付费来去除广告，解锁更丰富的功能、额外的内容或服务，如 App Store 或 Google Play 中提供的应用内购买服务（Aral and Dhillon，2021）。这些业务的共同点是消费者能够不断地使用免费产品或服务，并选择反复购买与免费使用相补充的额外的功能或服务。业界认为免费增值模式是在线服务提供商的未来（Poyar，2021）。例如，在数字游戏行业，游戏内消费主要包括玩家购买数字收藏品，如角色皮肤、战利品盒和其他虚拟装备，占 2019 年数字游戏总收入 1200 亿美元的 80%。

尽管很受欢迎，也有潜在的好处，但免费增值模式存在一些固有的问题，其中最重要的是转化为购买数字产品高级功能的客户数量不足（Gu et al.，2018）。学术和实践文献发现，免费增值的公司通常有 1%到 10%的中等客户转换率，平均值约为 2%到 4%（Maltz，2012）。具体来说，许多 SaaS（software as a service，软件即服务）和网络应用软件公司声称有 3%的转换率（Gleason，2018）。在在线产品和服务市场中，虽然有少数公司如 Slack 和 Spotify 宣称有高于 20%的转化率，但公认的一个好的转化率在 4%左右，就像 Dropbox 和 Evernote 所取得的那样，而典型的转化率更接近 1%[①]。Kumar 等（2014）进一步认为，在免费增值模式下，很高的转化率并不一定是好事，免费增值模式的一个主要好处是产生流量。"最好的长期战略一般是以适度的转化率加上高流量为目标（研究发现大多数公司的转化率在 2%到 5%之间）"。

因此，鼓励用户付费对于采用免费增值模式的在线业务的成功是至关重要的。像 GitHub、Canvas 和 Slack 这样的服务提供商已经采用了免费增值的商业模式，使得价格敏感的用户能通过免费试用服务获得使用体验。免费试用体验创造积极的口碑，可以吸引更多的用户，这些用户后来可能会在他们的需求变得商业化时

---

① Learn how to optimize your freemium conversion rate and boost your results. https://rockcontent.com/blog/freemium-conversion-rate/[2021-07-21].

转化为付费用户（Rajaratnam，2020）。这一现象表明，将免费用户转化为付费用户并增加收入的一个可能的策略是利用用户和他们的朋友之间的社会互动。它还表明了多重社会影响的存在，这意味着同伴的使用可能影响焦点用户的使用和焦点用户的付费行为，反之亦然。

许多研究已经记录了社会影响对不同社会背景下的个人决策的影响（Ma et al.，2015；Zhu et al.，2016）。然而，在对行为者的异质性进行建模的研究中（Ma et al.，2015），基本的假设是一对行为者之间只存在同类型的社会影响：同伴的购买影响了焦点行为者的购买，同伴的金融投资影响了焦点行为者的投资，或者同伴的 IT 技术使用影响了焦点行为者的 IT 技术使用（Zhu et al.，2016）。因此，社会影响的多重性在很大程度上被忽略了，导致迄今为止对社会影响的这一方面是否或如何发挥作用的认识有限。

在网络游戏的免费增值模式中，游玩和付费是两种不同的行为，因为人们对待金钱和时间的态度是不同的。Okada 和 Hoch（2004）发现，时间消费与高风险、高回报的决策有关，而金钱消费由于时间价值的模糊性，更能规避风险。同时，人们在享乐型产品上消耗的时间多于金钱。相比之下，金钱消费通常是规避风险的，并遵循效用最大化的原则[即功利主义（utilitarianism）消费]（Liu and Aaker，2008）。此外，有证据表明，在线多人游戏中的金钱消费是显眼的消费，可以表明人们独特的社会地位，以便获得社会资本（Iyengar et al.，2011）。因此，通过付费获得的物品应该在特定的角度上具有独特的功能，使玩家与不花钱的玩家相比获得更强、更多的能力，或拥有不同的外观等。因此，玩家在网络游戏中的付费和游玩传达了他们对游戏的享乐主义或功利主义态度。此外，他们对自己的朋友施加了多重社会影响，分别是同伴消耗时间和同伴付费的社会影响。

已有的研究还未明确焦点用户的付费和消耗时间的行为如何被同伴的付费和消耗时间行为影响。Park 等（2018）研究了同一类型的消费对焦点玩家行为的影响，即同伴玩家的享乐型（功利型）消费对焦点玩家的享乐型（功利型）消费的影响，但并没有研究这两种类型的消费之间的相互作用，而且这两种消费都是通过游戏中的货币进行的。Ülkü 等（2020）研究了排队花费的时间如何影响后续购买的金额。然而，由于研究背景的原因，他们并没有研究金钱消费如何影响时间花费。

本章旨在填补这一研究空白，通过利用在线游戏行业丰富的档案数据来研究多重社会影响。更具体地，我们不仅要研究来自同伴相同类型消费的社会影响[同伴的金钱（时间）消费对焦点玩家的金钱（时间）消费的影响]，还要研究来自同伴玩家不同类型消费的社会影响。此外，本章还研究了多重社会影响的异质性，后者取决于玩家的特征和网络位置。虽然存在其他社会影响的可能性，但我们研究的多重社会影响对免费增值模式至关重要，同时也是免费增值模式所有应用中的普遍现象。

这项研究有以下几个理论上的贡献。

首先，它验证了免费增值模式中同伴的时间消耗和金钱花费的多重社会影响的合理机制。具体来说，我们的实验证据表明，同伴消耗时间（使用免费功能）的社会影响往往比同伴花费金钱（购买高级功能）的社会影响要强得多，这表明来自享乐型消费的社会影响要比来自功利型消费的社会影响强。同时，本章发现同伴的时间消费对焦点玩家的时间消费和金钱消费都有影响，但反之亦然，这表明享乐主义动机是主要的驱动力，而免费用户则间接为服务提供商贡献了利润。这些发现有助于回答一个基本问题，即为什么服务提供商愿意在其在线业务中保持相当比例的免费用户。

其次，时间支出和金钱支出的多重社会影响是异质性的。例如，本章结果显示，对于高付费玩家来说，时间支出的决定也受到同伴金钱支出决定的影响，这表明高付费玩家更加功利化。相反，对于低付费（“微氪”）玩家来说，同伴的金钱消费决定并不影响他们，这意味着他们是由纯粹的享乐主义驱动的。此外，本章结果表明，对于金钱支出的决定，只有高强度玩家受到社会影响的正面影响，而低强度玩家则不受影响。基于这些发现，我们讨论了关于服务商如何通过社交网络促进在线免费增值平台的免费和付费功能的消费的显著影响。

最后，本章提出了一个具有可操作性的模型，该模型克服了一个主要的建模困难——社会影响的内生性，后者在使用观察数据的社会影响研究中很常见。与实验数据相比，本章提供了一种识别观察数据中多重社会影响的方法（Iyengar et al.，2011），研究了用户重复但不频繁的消费决策，这种现象比社会影响研究中一次性的二元“付费或不付费”决策更为复杂。从管理的角度来看，分析重复消费的决定为管理消费者的终身价值提供了更有意义的指导。

7.1　社会影响相关理论的发展

7.1.1　多重社会影响与在线社交游戏

社会影响的多重性描述了社会关系中的两个行为者在不同的社会交流活动中相互联系和约束的程度。换言之，社会同伴的不同类型的举动在一定程度上对该行为者的行为有影响。

社交网络中的行为者可以在不同类型的关系中相互交流。在许多在线网络中，如 LinkedIn，用户可以相互交换内容和交流，并在多种社会关系之上形成明确的友谊。有研究指出，消费者的购买意向受到两类社会信息线索的影响：同行的消费者评论和同行的消费者购买（Cheung et al.，2014）。di Stefano 等（2015）提出，在不同关系中共享联系的人在社会困境中合作得更快。Park 等（2018）利用类似的背景，调查了同类型的同伴消费对焦点玩家行为的影响，即同伴的享乐型（功利型）消费对焦点玩家的享乐型（功利型）消费的影响。因此，根据这些研究结果，我们认为在采用免费模式的在线社交游戏中，同伴的时间消费应该对焦点玩家的时间消费行为产生积极的影响。同样地，同伴的金钱支出也应该对焦点玩家的金钱支出行为产生积极影响。然而，尽管数字环境的重要性不可忽视，但有关社会影响对用户在花费金钱和时间方面的影响的文献相对有限。

H7.1a：同伴玩家的游戏时间对目标玩家的游戏时间有正向影响。

H7.1b：同伴玩家的游戏时间对目标玩家游戏时间的影响与同伴玩家金钱投入水平有关。

H7.2a：同伴玩家的金钱投入对目标玩家的金钱投入有正向影响。

H7.2b：同伴玩家的金钱投入对目标玩家金钱投入的影响与同伴玩家金钱投入水平有关。

由于不同的关系或互动可以影响人们的行为，学者探讨了多元社会影响中的一般社会模式，包括信任、朋友、投票和互惠。他们发现，在不同维度上互动的用户往往会相互影响。例如，有学者发现，在网络游戏背景下，消极的社会互动（如敌意、武装侵略和惩罚）与积极的互动（如友谊、交流和交易）不同，具有较低的互惠性、较弱的集群性和较宽的尾部程度分布（Szell et al.，2010）。Zhao 等（2016）对一个在线健康社区的多重社交网络分析表明，由博客、留言板和私信产生的关系会帮助建立随后的其他类型的社会联系。这些发现意味着多重社会影响可能会共同影响用户的行为。

人们往往以不同的方式对待金钱和时间的支出（Okada and Hoch，2004）。同时，在决定消费时间时，消费者更喜欢享乐型产品而不是功利型产品。另外，Liu 和 Aaker（2008）发现，当被要求捐献金钱而不是时间时，人们会切换为功利主义心态。同伴的时间消费和金钱消费反映了他们对游戏的不同态度，因此施加了两种不同类型的社会影响。考虑到口碑可能吸引数字服务的新用户，以及免费服务的用户后来可能转化为付费用户，跨类型的多重社会影响可能存在。首先，同伴的时间消费可能会影响焦点用户的金钱消费，因为这可能是游戏的享乐质量的信号，并传递他们玩游戏是为了享乐的态度。在这种影响下，目标玩家也可能决定只为享乐的目的而游玩，即投入更多的时间但不投入金钱。其次，由于社会互动加剧了竞争，当有同伴花更多时间玩游戏时，才有可能在玩家之间产生竞争。因此，焦点玩家更难通过只投入更多的时间来表明自己的社会地位，从而转向付费购买显眼的物品（Hinz et al.，2015）。我们认为这两种机制都很重要，这取决于玩家本身的特征，因为社会影响被认为是异质性的（Cheung et al.，2014）。第二种机制可能会对一些高强度玩家产生影响，同伴的时间支出会增加他们的金钱支出。

H7.3a：同伴玩家的游戏时间正向影响目标玩家的金钱投入。

H7.3b：同伴玩家的游戏时间对目标玩家金钱投入的影响与同伴玩家的金钱投入水平有关。

此外，跨类型的多重社会影响可能是不对称的，或者换句话说，同伴的金钱支出并不影响焦点玩家的一般时间支出。与时间相比，金钱是一种相对更有限的资源，不是每个玩家都有预算。然而，同伴付款的影响也可能取决于玩家的特征。Ülkü 等（2020）发现，顾客倾向于通过金钱消费来补偿时间成本，使时间消费更有价值，因为在做出消费决定时，这部分时间已经沉没。我们的研究背景与此相反，在我们的场景下，玩家金钱消费的成本已经沉没，为了摊销这些成本，玩家必须多玩以实现金钱消费的价值，显示社会地位。因此，一方面，对于那些有预算在游戏中花钱的玩家来说，他们的时间投入可能会受到同伴的金钱消费行为的影响，因为如果不在游戏中投入更多的时间，就很难显示出他们从引人注目的物品中获得的地位。另一方面，当同伴表现出他们社会地位的强烈信号时，由于社会压力，一个付费预算较低的焦点玩家可能会减少他们的时间支出（Bursztyn et al.，2019）。

H7.4a：同伴玩家的付款对重点玩家的上场时间有积极影响。

H7.4b：同伴玩家的付费对焦点玩家的游戏时间的影响受到玩家付费水平的调节。

另外，参与者在网络中的位置是调节多重社会影响效果的一个重要因素。例如，在受到多个同伴影响的网络中，个体行为的传播速度更快，可以认为在集群网络中传播的效果更好（Centola，2010）。因此，社会影响与网络凝聚、关系强度和集聚系数等网络特征有关。

H7.5a：焦点玩家的度中心性对他们的同伴玩家的游戏时间和报酬的影响有调节作用。

H7.5b：重点玩家的集聚系数对其同伴玩家的游戏时间和报酬的影响有调节作用。

7.1.2　社会影响的识别

验证社会影响的主要挑战是如何将社会影响从混杂因素中剥离出来，比如同质性、相关的不可观察因素和同时性（Hartmann et al.，2008）。同质性是指"相似的人之间的接触率高于不相似的人之间的接触率"的趋势（McPherson et al.，2001）。例如，在大型多人在线角色扮演游戏（massively multiplayer online role-playing game，MMORPG）中，玩家倾向于与那些具有相似年龄和相似游戏水平的人一起玩（Huang et al.，2013）。因此，有联系的人倾向于表现出类似的行为，因为类似的个人特征往往是研究者所无法观察到的。区分同质性和社会影响很重要，因为这两种效应对应不同的管理策略（Aral et al.，2009）。此外，如果我们将个人行为回归到其同伴的平均特征和行为上，就会出现相关的不可观察因素和同时性，这些因素也可能导致内生性问题。

社会影响研究已经展现了各种统计学和经济学技术，用以解决社会影响模型中的识别难题。Aral 和 Walker（2011）利用随机的现场实验来区分社会影响与同质性等混合因素。Aral 等（2009）应用倾向得分匹配来量化社会影响，如果不考虑同质性，社会影响可能被严重高估。此外，固定效应技术（Nair et al.，2010）是控制个人时间不变的非观察因素的理想解决方案，这些因素在有面板数据时可能导致不一致的估计。最后，工具变量技术可以应用于识别基于某些假设的社会影响（de Matos et al.，2014）。由于不存在理想的模型，人们应该根据研究背景和目标来谨慎选择方法。

7.2　多重社会影响对于免费增值模式的影响

7.2.1　研究问题

本章的研究背景是由亚洲一家大型游戏运营商运营的大型多人在线角色扮演游戏，该公司的合作伙伴向我们提供了他们数据库中所有匿名个人玩家的详细记录，由于游戏公司的保密要求，该游戏名字不做公开。该游戏于 2010 年 7 月发布，于 2018 年 1 月停服，到 2011 年底，它有 8000 万名注册玩家，峰值用户超过 70 万名。原始数据包含 2011 年 1 月至 2011 年 3 月的用户行为的完整记录。具体来说，潜在玩家必须注册账户才能开始游戏。登录游戏后，玩家扮演各种英雄职业（如战士、射手）化身的角色，执行预先赋予的任务，如刷怪、探索新的地图、寻找宝藏以获得奖励积分。通过积累积分，玩家的角色等级从 1 级提升到 40 级。玩家完成任务后，系统会评估其表现，并向玩家提供奖励积分或虚拟物品。

除了游戏任务之外，玩家还可以进行社交行为。值得注意的是，游戏实现了一个基于社交网络的友谊系统，通过该系统，玩家可以向游戏环境中的其他人发送好友请求。批准后，他们可以进行交流和合作，以完成更具挑战性的任务，如与怪物战斗。通过好友系统，玩家可以在彼此连接时更有效地观察他们同伴的行动。这一功能使该游戏比传统电子游戏更具社会性。此外，玩家使用武器和盔甲等装备，使他们的角色更强大（如高健康值、力量、敏捷度和智力），以更有效地完成任务。在免费增值的商业模式下，该社交游戏是免费的，但玩家可以选择付费来获得高级装备，如稀有的剑和盾牌。

在这种免费增值的社交游戏中，玩家可以免费玩游戏，但要对高级功能（以购买的形式）付费，获得游戏的额外功能。免费玩游戏代表了玩家的时间消费行为，而付费代表了玩家的金钱消费行为。人们对花钱和花时间的看法是不同的。因此，同伴的金钱支出和时间支出转化为两种类型的影响。由观察到的同伴之间的互动驱动社会影响，为鼓励游戏中的消费提供了一个可能的方向。在这项研究中，我们专注于两种类型的消费行为，以游戏时间衡量的免费功能的消费，以及以付费衡量的高级功能的使用。为了实现这一目标，我们提出了一个实证模型来回答以下研究问题：是否存在来自同伴的同类型消费的社会影响和来自同伴的不同类型消费的社会影响。此外，我们还研究了多重社会影响的异质性，这取决于玩家的特征和他们在网络中的不同位置。

7.2.2　实验数据

我们使用的是一组包括玩家在 2011 年前 12 周的时间窗口期内在游戏中的活动记录的数据，排除了在此时间窗口期内从未登录过游戏的玩家（因为他们与本研究的重点无关），由此得到了 597 657 名活跃玩家的数据用于分析。原始数据中的属性是以日为单位测量的，而我们更倾向于使用每周的面板数据，因为它避免了周内效应（day-of-the-week effect）和稀疏的活动记录。

为了描述游戏社区的社会动态，我们根据每周初始阶段提取的双人好友关系，为每个时期构建了一个友谊网络。由于在这种情况下社会连接是对称的，友谊网络可被定义为无定向网络。在友谊网络的基础上，还应用了两种广泛使用的网络测量方法——度中心性（同伴的数量）和集聚系数（任何一对好友中相连好友的比例）。

7.2.3　变量与描述统计量

1. 因变量

我们观察了游戏玩家的两类行为：LogPlayTime（以分钟为单位）反映了玩家 i 在 t 时刻投入的时间；LogPayment（以元为单位）反映了玩家 i 在 t 时刻购买虚拟货币所消费的金钱。为了更好地描述建模问题而又不失普遍意义，我们提出用 LogPlayTime 来衡量免费功能的使用情况，而用 LogPayment 来衡量在线社交游戏中的付费功能的使用情况。

2. 主要自变量

为了捕捉多重社会影响，本章用社交网络中焦点玩家的直接好友的消费水平的对数平均值来衡量同伴的游戏使用和消费（LogFrdPlayTime$_{it}$ 和 LogFrdPayment$_{it}$）。

3. 控制变量

我们构建了一组可能影响焦点玩家消费的个人和群体层面的控制变量。首先，我们构建了一个无向友谊网络，然后计算度中心性和集聚系数。度中心性（$Degree_{it}$）表示玩家 i 在 t 时刻直接好友的数量，以捕捉玩家的局部网络中心性，它也是衡量个人结构性社会资本的指标（Wasko and Faraj，2005）。我们采用的第二个本地网络衡量指标是集聚系数（$Cluster_{it}$），它表示 t 时刻在任何一对同伴中，与玩家 i 有联系的同伴所占的比例。由于一个玩家可以控制具有不同角色等级的多个虚拟人物，我们创建了角色变量，如角色数量（$NumCharacter_{it}$）和平均角色等级（$AvgLevel_{it}$）作为控制变量。此外，在游戏社区中，玩家可以加入小队，参加游戏运营方组织的基于小队的竞赛。为了控制群体的影响，我们创建了角色群体变量，即加入小队的角色数量（$NumGroup_{it}$）和在小队中担任队长的角色数量（$NumLeader_{it}$）。此外，我们将玩家的游玩时长（$Tenure_{it}$）作为控制变量，表示他们在游戏中的经验水平。最后，基于友谊网络，我们进一步构建了平均同伴特征，包括 $AvgLevel(Frd)_{it}$、$NumCharacter(Frd)_{it}$、$NumGroup(Frd)_{it}$ 和 $NumLeader(Frd)_{it}$，作为控制变量。

由于偏度较高，我们对大多数连续变量取了对数，在表 7-1 中列出了主要变量的描述性统计。

表 7-1　主要变量的描述性统计

变量	描述	均值	标准差	最小值	最大值
$LogPlayTime_{it}$	玩家 i 在 t 时刻的游戏时间的对数	1.037	2.194	0.000	9.321
$LogPayment_{it}$	玩家 i 在 t 时刻支付金额的对数	0.044	0.435	0.000	9.608
$Degree_{it}$	玩家 i 在 t 时刻直接好友的数量（度中心性）	4.666	16.061	0.000	2169.000
$Cluster_{it}$	t 时刻，在任何一对好友中，与玩家 i 有联系的好友所占比例（集聚系数）	0.035	0.125	0.000	1.000
$LogFrdPlayTime_{it}$	玩家 i 在 t 时刻直接好友的平均游戏时间的对数	1.398	2.624	0.000	9.282
$LogFrdPayment_{it}$	玩家 i 在 t 时刻直接好友的平均支付金额的对数	0.310	0.896	0.000	8.915
$AvgLevel_{it}$	玩家 i 在 t 时刻游戏角色的平均等级	12.735	9.123	0.000	40.000
$NumCharacter_{it}$	玩家 i 在 t 时刻游戏角色的数量	2.558	1.483	1.000	32.000
$NumGroup_{it}$	在 t 时刻加入玩家 i 的小队的角色数量	0.228	0.750	0.000	17.000
$NumLeader_{it}$	在 t 时刻上担任玩家 i 的队长的角色数量	0.100	0.461	0.000	13.000
$AvgLevel(Frd)_{it}$	玩家 i 在 t 时刻直接好友的平均游戏等级	6.103	10.716	0.000	40.000

变量	描述	均值	标准差	最小值	最大值
NumCharacter(Frd)$_{it}$	玩家 i 在 t 时刻直接好友的平均游戏角色数量	0.747	1.336	0.000	32.000
NumGroup(Frd)$_{it}$	在 t 时刻加入玩家 i 直接好友的小队的角色数量	0.356	0.778	0.000	17.000
NumLeader(Frd)$_{it}$	在 t 时刻担任玩家 i 直接好友的队长的角色数量	0.170	0.428	0.000	11.000
Tenure$_{it}$	玩家 i 从注册账户开始到 t 时刻为止的周数	10.246	8.585	0.143	36.714

注：观察数为 6 370 424，用户数为 597 657

7.2.4　建模说明：固定效应第Ⅱ类 Tobit 模型

在本章中，我们面临两个建模问题：玩家决策问题的性质——非频繁消费，来自社会效应模型中常见的识别挑战——内生性。关于非频繁消费，玩家很可能在这段时间内不花任何时间或金钱在游戏上，使消费决策非频繁。对于一个线性回归模型来说，过高比例的零值观测值可能会造成相当大的估计偏差。因此，我们应用了第Ⅱ类 Tobit 模型的经验框架来处理不频繁的消费决定，这将在后文详细介绍。

相比之下，内生性是社会影响模型中常见的经验问题，主要是由干扰因素引起的，如同质性、时变相关的不可观察因素和同时性［详见 Hartmann 等（2008）的综述］。如果在实证模型中没有考虑到这些干扰因素，就会导致内生性误差。我们用固定效应技巧缓解了由同质性和时变相关的非观察变量引起的内生性问题，进一步运用工具变量法来解决时变相关的不可观察变量和同时性问题。

本节提出一个使用工具变量技术的固定效应第Ⅱ类 Tobit 模型来解决上述建模问题。在面板数据模型中，每个观察单元是个体-周二元对，让 y 表示因变量，即焦点玩家的对数转换的消费水平（LogPlayTime$_{it}$ 或 LogPayment$_{it}$）。我们分别估计了两个因变量的模型，对观察到的结果 d 和 y 提出了一个固定效应的第Ⅱ类 Tobit 模型，具体如下。

$$\begin{cases} d_{it}^* = Z_{it}\gamma + \delta_i + \upsilon_{it} \\ y_{it}^* = X_{it}\beta + \alpha_i + v_{it} \end{cases} \tag{7-1}$$

$$\upsilon_{it}, v_{it} \sim \text{BivariateNormal}\left(\begin{pmatrix} 0 \\ 0 \end{pmatrix}, \begin{pmatrix} 1 & \rho\sigma \\ \rho\sigma & \sigma^2 \end{pmatrix} \right) \tag{7-2}$$

$$d_{it} = \begin{cases} 1, & d_{it}^* \geq 0 \\ 0, & d_{it}^* < 0 \end{cases}, \quad y_{it} = \begin{cases} 0, & d_{it} = 0 \\ y_{it}^*, & d_{it} = 1 \end{cases} \tag{7-3}$$

表达式（7-3）中第一个关于 d_{it} 的方程（参与方程）代表参与决策的二元模型。第二个关于 y_{it} 的方程（强度方程）是对正观测值的消费强度的线性回归模型。我们将 d_{it} 定义为玩家 i 在 t 时刻是否参与游戏至少 1 分钟或购买虚拟货币至少 1 元，作为参与决策的结果。潜伏变量 d^* 表示参与的未观察到的效用，而潜伏变量 y^* 表示消费的效用，这只有在玩家 i 参与的时候才能观察到。当 d^* 为正时，观察到的结果变量 y 等于 y^*，否则等于零。值得注意的是，我们在两个方程中都包括了玩家的固定效应（δ_i 和 α_i），以控制时变相关的不可观察变量的异质性。该模型允许两个方程的误差项是相关的，以捕捉由过多的零值观测值引起的估计偏差。我们对协变量矩阵 $Z\gamma$ 和 $X\beta$ 做了如下规定。

$$Z_{it}\gamma = \gamma_1\text{Characteristics}_{it} + \gamma_2\text{NetworkMeasures}_{it}$$
$$+ \gamma_3\text{PeerCharacteristics}_{it} + \gamma_4\text{Tenure}_{it} \tag{7-4}$$

$$X_{it}\beta = \beta_1\text{LogFrdPlayTime}_{it-1} + \beta_2\text{LogFrdPlayment}_{it-1}$$
$$+ \beta_3\text{NetworkMeasures}_{it} + \beta_4\text{PeerCharacteristics}_{it} + \beta_5\text{Tenure}_{it} \tag{7-5}$$

参与方程包含一组协变量，包括玩家观察到的自身特征 Characteristics（包括角色变量和角色组变量）、玩家游玩时长 Tenure、网络度量 NetworkMeasures（包括度中心性和集聚系数）以及平均同伴特征 PeerCharacteristics。角色变量和角色组变量描述了玩家的经验水平，与他们对游戏的投入有关。我们还提出，玩家的参与决策可能与度中心性和集聚系数有关，因为具有不同局部网络结构的玩家具备不同的参与倾向。最后，我们还加入平均同伴特征来控制角色差异，以及加入玩家游玩时长（以二次方形式）来控制未观察到的时间变化。

强度方程包括了滞后的对数转换的同伴游玩和消费情况，即 LogFrdPlayTime$_{it-1}$ 和 LogFrdPayment$_{it-1}$（同伴的平均游戏时间和支付金额），作为主要自变量，以反映同伴在前一时期的消费。由于社会效应模型的性质，它们是内生的变量。我们对同伴消费变量采用了时间滞后，以减轻由反射问题（Manski，1993）引发的内生性，因为滞后的同伴消费不应该受到焦点玩家当期消费的影响。更重要的是，时间滞后保证了估计的社会影响不受网络效应的驱动，即玩家通过一起游玩而不是通过观察性学习来获得更多的效用。在这种情况下，我们假设社会影响的传递呈现出一个周期性的滞后，因为同伴的每周消费水平直到时间段结束才会被焦点玩家意识到。值得注意的是，我们假设好友的消费只对焦点玩家的强度决策产生影响①。此外，我们将网络度量、平均同伴特征和玩家游玩时长作为控制变量。

---

① 从理论上讲，我们可以认为社会影响也会影响焦点玩家的参与决定。然而，在我们的研究背景下，社会影响不应该存在于非参与期。

7.2.5　游玩和付费的工具变量

如果随时间变化的未观察到的因素同时影响连接玩家的使用和购买，估计的同伴效应可能存在内生性。因此，我们进一步应用了适合社交网络数据的特定工具变量技术。例如，de Matos 等（2014）采用了焦点个体的第二跳好友的平均行为作为工具变量。

模型中的内生变量是同伴消费变量（$LogFrdPlayTime_{it-1}$ 和 $LogFrdPayment_{it-1}$），定义为焦点玩家的直接（第一跳）好友的平均消费。我们的工具策略是利用社会关系，提供第二跳好友的平均特征或行为的变化，这些变化并不直接影响决策结果。具体来说，我们利用工具 $LogFFPlayTime_{it-1}$ 和 $LogFFPayment_{it-1}$，衡量焦点玩家的第二跳好友的滞后消费。由于第二跳玩家与焦点玩家没有社会关系，他们不会直接影响焦点玩家的当期消费决策（外生性假设）。关于相关性假设，第二跳玩家与焦点玩家的第一跳好友有联系，所以他们的行为是相关的。因此，所提出的工具变量应该对内生变量具有相当大的预测能力（相关性假设）。我们基于 Sanderson-Windmeijer F 统计量（Sanderson and Windmeijer，2016）对第一阶段回归的拟合度进行 F 检验，排除了弱工具问题的存在。在表 7-2 中，我们列出了工具变量的描述性统计[①]。

表 7-2　工具变量的描述性统计

工具变量	描述	均值	标准差	最小值	最大值
$LogFFPlayTime_{it}$	玩家 i 在 t 时刻第二跳好友平均游戏时间的对数	1.632	2.827	0.000	8.899
$LogFFPayment_{it}$	玩家 i 在 t 时刻第二跳好友平均支付金额的对数	0.602	1.138	0.000	7.790
$AvgLevel(FF)_{it}$	玩家 i 在 t 时刻第二跳好友的平均游戏等级	6.378	10.990	0.000	40.000
$NumCharacter(FF)_{it}$	玩家 i 在 t 时刻第二跳好友的平均游戏人物数量	0.750	1.289	0.000	18.000
$NumGroup(FF)_{it}$	在 t 时刻加入玩家 i 第二跳好友的小队的角色数量的平均值	0.200	0.393	0.000	9.000
$NumLeader(FF)_{it}$	在 t 时刻担任玩家 i 第二跳好友的队长的角色数量的平均值	0.397	0.750	0.000	12.000

---

① 我们使用了另类的工具变量规范。第一种是运用额外的工具变量；第二种假设平均同伴特征变量是内生的，使用相同的工具变量集。表 7-2 包括基本和额外的工具变量。

7.2.6　估计策略

如果不同时考虑参与决策的话，强度决策模型会出现选择误差，因此，第Ⅱ类 Tobit 模型的估计策略遵循类似样本选择模型的估计逻辑（Heckman，1979）。然而，常用的样本选择模型是基于面板数据的，不适用于具有固定效应的面板数据模型。因此，我们参考了关于估计有选择的面板数据模型的计量经济学文献（Dustmann and Rochina-Barrachina，2007）。简而言之，这里将采用 Kyriazidou（1997）提出的两步估计程序，并通过对同伴消费变量的工具化来扩展该模型。该估计仅依赖于一个灵活的分布假设，相比其他方法具有一些优势。在第一步中，参与方程中的参数 γ 是在固定效应 Logit 模型中估计的。为了获得参数 β，第二步使用加权最小二乘法（weighted least squares，WLS）估计，对具有相同参与倾向的个体内期间对的强度方程式进行回归。一系列 Hausman（豪斯曼）检验的结果表明，在所有规格中都拒绝了内生回归因子可被视为外生的无效假设。为了比较，我们还对相同的第Ⅱ类 Tobit 模型进行了 WLS 估计，但没有纳入工具变量。关于估计程序实现的更多细节，请参考 Kyriazidou（1997）。

7.2.7　实验结果

1. 多重社会影响对使用量的影响

本节显示了游戏时间决策的估计结果，使用 FE Logit 来显示参与方程的估计结果，用 WLS 来显示没有同伴消费工具变量的强度方程，这里还估计了带有工具变量的强度方程，参数估计结果展示在图 7-1 中。图中最突出的结果是同伴平均游戏时间（LogFrdPlayTime）消费对焦点玩家的游戏时间有显著的正向影响。值得注意的是，在强度方程中加入度中心性与集聚系数可以控制好友的数量和网络连接。有了工具变量，同伴的平均游戏时间对焦点玩家的游戏时间产生了积极的影响。相比之下，好友的付款没有明显的影响。有趣的是，在没有工具变量的情况下，WLS 估计量表明同伴的付款对重点玩家的游戏时间有明显的积极影响。有了 Hausman 检验的证据，工具化前后估计值的数量差异意味着工具变量规范化可以减轻由时变相关的不可观察因素引起的内生性。然而，值得注意的是，内生性似乎导致了对社会影响估计的向下偏差。总的来说，结果表明，焦点玩家的游戏时间受同伴游戏时间的正向影响，但不受同伴付款的影响。H7.1a 得到验证，但 H7.4a 没有得到验证，正如我们预期的那样。这意味着，当观察到同伴玩得更多时，焦点玩家会跟随同伴的行为而玩得更多。然而，对好友付款的了解并不影响焦点玩家的游戏时间决定。

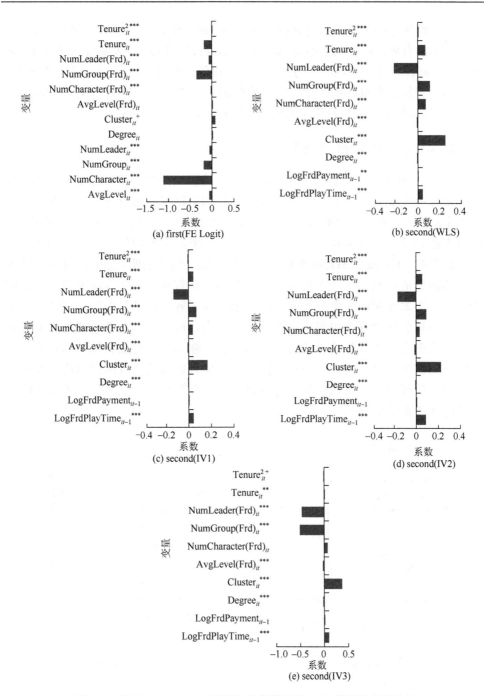

图 7-1　关于 LogPlayTime 的固定效应第 Ⅱ 类 Tobit 模型的参数估计

first 和 second 表示第 Ⅱ 类 Tobit 模型估计策略的两个阶段；观察值的数量为 5 772 767，用户数量为 597 657；

*** $p<0.001$，** $p<0.01$，* $p<0.05$，+$p<0.1$

　　这一结果也揭示了参与的磨损效应（wear-out effect），营销类文献将其总结为企业行为的有效性随时间的推移而衰减（Bass et al.，2007）。大多数玩家的观察特征、平均同伴特征和游玩时长与参与度呈负相关[图 7-1（a）]。随着时间的推移，游戏似乎变得越来越有吸引力。关于强度方程，网络度量（即度中心性和集聚系数）、平均同伴特征与焦点玩家的游戏时间有混合关联。

2. 多重社会影响对付费的影响

　　图 7-2 列出了社会影响对焦点玩家付费的影响结果。重要的是，我们发现了多重社会影响对焦点玩家的付费决定的影响的证据。通过分析，好友的游戏时间 [coef.（系数）= 0.1497，$p<0.001$] 对焦点玩家的付费有明显的正向影响，而好友的付费（coef. = 0.0605，$p = 0.037$）对焦点玩家的付费有更小和不明显的正向影响。H7.2a 和 H7.3a 都得到了支持。这一结果表明，游戏运营商可能通过鼓励他们的好友在游戏中投入更多的时间来有效地增加焦点玩家的付费，因为与他们不太透明的付费行为相比，玩家可以更容易地从任务的完成情况或游戏社区的社会互动强度中观察同伴的游戏行为。例如，玩家可以通过简单查看头像的状态来推断同伴的游戏时间，而他们只能通过查看虚拟装备的价值来衡量好友的付费情况。因此，在免费模式下，免费玩家的消费间接地给在线社交游戏的运营商提供了收入。此外，跨类型的社会影响甚至比来自同类型的同伴付费的社会影响更显著。

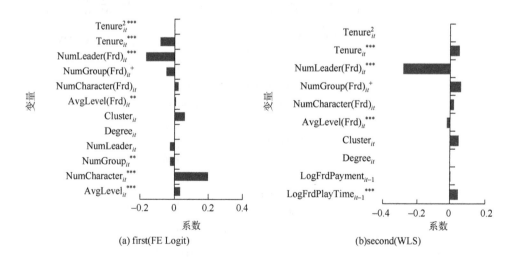

　　　(a) first(FE Logit)　　　　　　　　　　　(b)second(WLS)

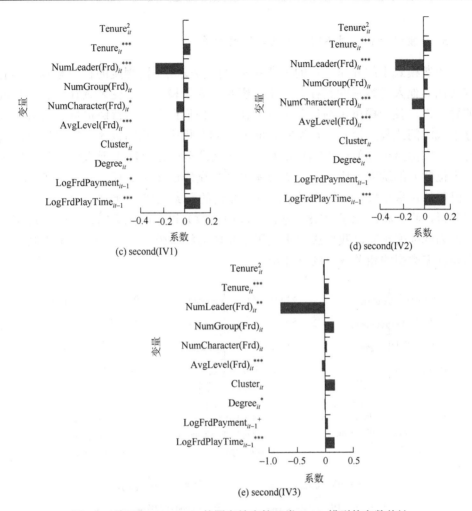

图 7-2　关于 **LogPayment** 的固定效应第Ⅱ类 **Tobit** 模型的参数估计

观察值的数量为 5 772 767，用户数量为 597 657；

*** $p<0.001$，** $p<0.01$，* $p<0.05$，+ $p<0.1$

此外，控制变量揭示了有价值的关联。平均角色等级高的玩家或与平均角色等级高的同伴一起的玩家，更有可能为高级功能付费［图 7-2（a）］，这意味着高级玩家或有高级好友的玩家往往是付费客户。加入小队或在小队中担任队长的玩家或有好友这样做的玩家不太可能付款，可能是因为小队成员提供的好处可以替代高级功能。然而，第一个方程［图 7-2（a）］中的系数被解释为个人内部效应，我们没有对效应方向做出任何理论预测。

3. 多重社会影响对不同类型的玩家的影响

免费模式中的异质用户的消费水平可能会受到不同程度的社会影响，即有些人比其他人更容易受到社会传染的影响。为了检查玩家受多重社会影响程度的异质性，我们探讨了高付费玩家的作用，他们向游戏运营商提供了很大一部分游戏时间或收入流水。在游戏时间的回归分析中，我们包含了三组玩家：高付费玩家由至少充值过 93.45 元人民币（这是至少充值过 1 元人民币的玩家中的中位数）的玩家组成，低付费玩家由至少充值过 1 元人民币但少于 93.45 元人民币的玩家组成，无付费玩家由没有充值的玩家组成[①]。此外，对于付费的回归分析，我们将游玩了 21.87 分钟（即中位数）以上的玩家归为高强度玩家，其余为低强度玩家。我们进一步应用了相同的经验模型，并在图 7-3 中列出了不同玩家类型的相关变量的估计结果。

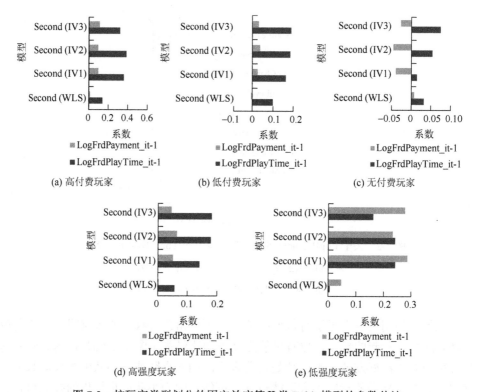

图 7-3　按玩家类型划分的固定效应第 Ⅱ 类 Tobit 模型的参数估计

高付费玩家类型模型观察数 141 114，用户数 13 116；低付费玩家类型模型观察数 140 258，用户数 13 111；无付费玩家类型模型观察数 5 491 395，用户数 571 430；高强度玩家类型模型观察数 2 976 772，用户数 298 772；低强度玩家类型模型观察数 2 795 995，用户数 298 885

---

① 约 95% 的玩家在 12 周内没有任何付费行为。

我们首先考虑了游戏时间的回归模型［图 7-3（a）～（c）］。结果表明，与普通玩家的游戏时间相比，平均同伴游戏时间对高付费和低付费玩家的游戏时间有更大的积极影响。相比之下，对无付费的焦点玩家的影响较小或不明显。这一结果表明，为高级服务付费的玩家比普通玩家更强烈地受到他们同伴的消费决定的影响，这可能是由于他们与好友的密集社会互动。有趣的是，平均同伴付费对高付费（无付费）玩家的游戏时间表现出明显的正（负）影响，而对低付费玩家没有明显影响。因此，H7.1b 和 H7.4b 得到了支持。回顾一下，如 7.4.1 节所述，同伴付费对游戏时间的总体影响是不明显的。这一结果表明，同伴付费对不同付费水平的玩家具有异质性的影响方向和大小。总之，对游戏时间决策的研究结果表明，与普通玩家相比，高付费和低付费（仅针对同伴付费）玩家对同伴消费水平的正向影响更为敏感。

然后我们转向付费的模型［图 7-3（d）、（e）］。结果显示，同伴的平均游戏时间和平均付费都对高强度玩家的付费有明显的正向影响，而且影响大小与 7.4.1 节中报告的整个人群的影响接近。因此，H7.2b 和 H7.3b 得到支持。我们观察到好友的游戏时间对低付费玩家的付费行为的社会影响是不明显的，可能是因为低付费玩家通常不会转化为付费用户。因此，只有高强度玩家才会受到这两种社会影响的正面影响。总之，子样本的结果显示了玩家之间的异质性多元社会影响。具体来说，社会影响在影响付费较多的玩家的游戏决策方面更为有效，而在影响付费较少的玩家的游戏决策方面效果较差。具有高强度游玩或付费行为的玩家为游戏运营商提供了相当一部分的游戏时间（即工作负荷）和付费，这一发现对从业者来说是有意义的。

7.2.8　网络度量的作用

在之前的研究中，关于社会影响和传播的文献显示，由于微弱的沟通和互动，局部网络连接度高的个体更容易受到连接个体的影响（Katona et al.，2011）。同伴数量衡量的度中心性反映了承载社会互动的连接数量，与同伴的社会影响呈正相关；集聚系数反映了个体之间通过多条冗余路径相互连接，因此也会导致来自好友的社会影响更加显著。为了验证度中心性和集聚系数的调节作用，我们重新进行了第二阶段的估计，模型中包括了同伴消费变量和网络度量之间的互动，如图 7-4 所示。

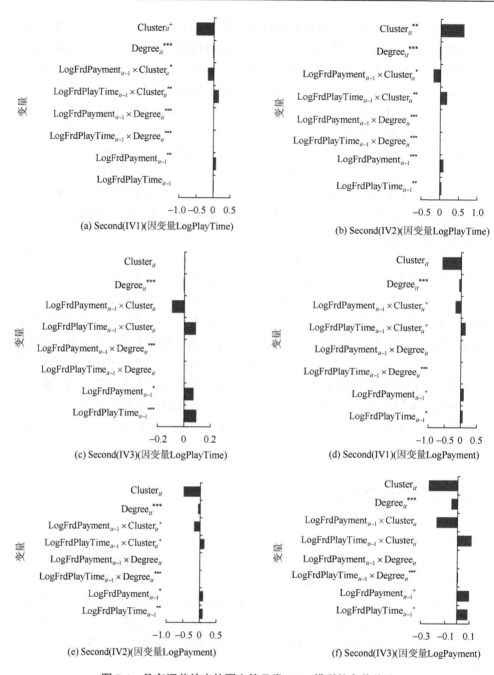

图 7-4　具有调节效应的固定第 Ⅱ 类 Tobit 模型的参数估计

未涵盖控制变量的系数；观察数为 5 772 767，用户数为 597 657；

*** $p<0.001$，** $p<0.01$，* $p<0.05$，+ $p<0.1$

在这里，应首先关注度中心性的调节作用。对于游戏时间来说，度中心性对好友游戏时间的影响有积极的调节作用。然而，它对同伴付费的影响有负向调节作用，尽管同伴付费的总体影响并不显著。对于付费的决策，度中心性正向调节好友游戏时间的影响。结果表明，好友多的焦点玩家在做这两项决策时更有可能受到好友游戏行为的正向影响。我们还发现集聚系数正向影响了好友游戏时间对焦点玩家游戏时间的影响，这意味着局部网络连接度高的玩家更容易受到正向影响；而集聚系数并没有显著调节社会影响对焦点玩家付费决定的影响。综上所述，H7.5a 和 H7.5b 得到支持。

7.2.9 稳健性检验

1. 额外工具变量说明

我们的工具变量的有效性依赖于外生假设，即第二跳好友的滞后行为不会与回归模型中的当期误差相关。在这种情况下，焦点玩家无法观察到他们的第二跳好友的特征，这为识别社会效应提供了额外的排除工具。因此，我们构建了焦点玩家的第二跳好友的平均特征作为一组额外的工具变量，即 $AvgLevel(FF)_{it-1}$、$NumCharacter(FF)_{it-1}$、$NumGroup(FF)_{it-1}$ 和 $NumLeader(FF)_{it-1}$。图 7-1（d）和图 7-2（d）列出了使用全套工具变量进行强度方程加权工具变量估计的结果，并显示对社会影响的估计结果是一致的，但与基于原始工具变量的工具变量估计的结果相比具有更大的效应值。

除了同伴消费变量外，强度方程中的平均同伴特征变量可能是内生的。如果内生网络出现，焦点参与者的社会关系和他们同伴的平均特征是不会随机产生的。因此，我们将平均同伴特征指定为额外的内生性变量，并使用工具变量进行工具变量估计来解决这个问题。结果显示在图 7-1（e）和图 7-2（e）中，估计的社会效应表现与主要分析中的趋势一致。

2. 检验第 Ⅱ 类 Tobit 模型的优点

相比线性回归模型，第 Ⅱ 类 Tobit 模型的优点之一是能够解决非频繁消费的问题，而它的主要缺点是模型的复杂性高。如果在这种情况下没有因过多的零值观测值而产生估计偏差，那么简单的线性模型可以作为 Tobit 模型的替代。因此，为了说明这种估计偏差的存在，我们使用非零值观测值的固定效应线性模型，还在线性模型中加入了时间假数（time dummy），以控制任何时间趋势和季节性。根据结果，平均游戏时间和好友的付费都正向影响了焦点玩家的游戏时间。此外，社会影响对焦点玩家的付费没有显著影响。更重要的是，估计的效应大小与之前的有很大不同，表明线性模型对非频繁消费的问题产生了估计偏差，这一点没有得到充分的解决。因此，我们采用第Ⅱ类 Tobit 模型。

3. 检验时间滞后的影响

在主分析中，我们采用了滞后的同伴消费变量，以避免反射问题，并确定替代机制网络效应的影响。我们利用前一时期的同伴消费来近似估计当前时期的社会效应。然而，游戏环境可能演变得非常快，因此前一期的环境可能不是一个可靠的近似值。在稳健性检验中，我们采用了没有时间滞后的相同经验模型。根据估计结果，积极的社会影响对焦点玩家游戏时间的影响要大得多，这可能是由反射问题和网络效应造成的。值得注意的是，同伴消费对焦点玩家付费的影响与主要分析中的结果不同，同伴的游戏时间对付费的影响是不显著的，表明同期好友的游戏时间可能不会影响焦点玩家的付费决策。因此，我们在主分析中采用时间滞后模型。

7.3　本章研究小结

本章使用了一个大型在线社交游戏的数据，通过平均游戏时间和有社交关系的好友的付费水平来衡量同伴消费免费和高级功能的多重社会影响对焦点玩家的消费决定所产生的影响，研究结果对具有社交网络功能的免费增值模式提出了有意义的见解，同时，本章的实证模型可以应用于对在线商业运营中社会效应的各种研究。

免费增值模式已经成为互联网初创企业和智能手机应用开发商的主导商业模式，公司若不能将足够的用户转化为付费客户就会遭受亏损，因此，将用户从免费使用转换为（优质）产品功能的付费用户是在免费增值模式竞争中成功的关键。本章从社会影响的多重性角度（同伴的游戏或时间消费和同伴的付费或金钱消费）探讨了这一机制。结果证实，同伴的时间消费和同伴的金钱消费在焦点用户的购买决策中发挥了重要作用。

从学术角度来看，这项研究揭示了多重社会影响在数字免费增值业务中的关键作用。我们将重点扩展到消费者在一段时间内不经常做出消费决定的更复杂情况。基于所提出的经验模型，克服了社会效应模型中的识别难题，确定了在免费增值模式下多重社会影响对用户付费行为的积极作用。对于同伴对同一类型行为的影响，本章的结果与那些关于技术或产品采用的相关研究一致。对于同伴对不同类型行为的影响，本章发现同伴的时间消费会影响焦点玩家的金钱消费，但反之则不会。这一发现有两个重要意义。首先，人们对金钱付费和投入时间的态度不同，他们对同伴付费和投入时间的反应也是不同的。其次，不同类型的社会影响不是独立的，有强有力的证据表明存在多重社会影响。

此外，本章研究揭示了多重社会影响是异质性的，取决于个人特征和网络度量。第一，我们的结果表明，社会影响在诱导高付费玩家玩的时间更长方面更为有效。相比之下，它在鼓励低付费玩家为高级功能付费方面的效果较差。第二，本章研究表明，高付费玩家和低付费玩家的游戏时间受好友付费影响的方向不同，这表明多重社会影响也取决于玩家的特征。第三，本章验证了度中心性和集聚系数的调节作用，这符合以往文献（Katona et al.，2011）的结论。本章研究为数字免费增值模式的有限文献提供了坚实的经验证据，验证了多元社会影响的因果效应；此外，还为采用免费增值模式的网络企业的管理提供了实际指导。

游戏运营商可以利用这些结论来提高社交游戏在游戏时间和付费方面的消费。研究结果表明，游戏运营商应该注意不同类型的社会互动。实验证据表明，高付费玩家是社交游戏最宝贵的资产之一。游戏运营商的一个主要实践策略是通过提供特定的促销活动来识别和维持一部分高付费玩家，这是在免费增值模式的背景下的一般运营策略。同时，高付费玩家在做出游戏决定时，会受到更强烈的社会影响。因此，第二个有用的策略是向高付费玩家的好友提供有针对性的促销活动，以鼓励他们增加游戏时间。

同时，本章研究存在几个局限性。首先，研究没有在固定效应第 II 类 Tobit 模型中包括时间假数。我们采用的估计方法对模型的时间序列属性进行了限制；在参与公式中加入时间假数是不被允许的（Dustmann and Rochina-Barrachina，2007）。因为我们采用了短至 12 周的时间窗口，因此在估计中不包括时间效应并不是一个严重的问题。此外，我们在模型中加入了玩家游戏时间的二次方形式，控制了时间趋势。其次，模型通过包括两个最简单的网络度量——度中心性和集聚系数——来捕捉局部网络特征，但用更复杂的网络测量方法来确定网络结构对个人行为的影响可能会得到更好的结果。这一限制不妨碍得出结论，因为我们应用了各种模型设置来减轻内生性和估计偏差。再次，第 II 类 Tobit 模型的效率很低，但其估计具有一致性，如果应用同时实现效率和一致性的新方法效果可能会更好。最后，虽然本章研究探讨了免费增值模式中产品的使用和付费这两个基本行为，但随着免费增值模式的发展，其他值得注意的行为也可能出现，未来的工作应该关注不断发展的免费增值模式中的新兴行为和多重社会影响。

参 考 文 献

Aral S，Dhillon P S. 2021. Digital paywall design: implications for content demand and subscriptions. Management Science，67（4）：2381-2402.

Aral S，Muchnik L，Sundararajan A. 2009. Distinguishing influence-based contagion from homophily-driven diffusion in dynamic networks. Proceedings of the National Academy of Sciences of the United States of America，106（51）：

21544-21549.

Aral S, Walker D. 2011. Creating social contagion through viral product design: a randomized trial of peer influence in networks. Management Science, 57 (9): 1623-1639.

Bass F M, Bruce N, Majumdar S, et al. 2007. Wearout effects of different advertising themes: a dynamic Bayesian model of the advertising-sales relationship. Marketing Science, 26 (2): 179-195.

Bursztyn L, Egorov G, Jensen R. 2019. Cool to be smart or smart to be cool? Understanding peer pressure in education. The Review of Economic Studies, 86 (4): 1487-1526.

Centola D. 2010. The spread of behavior in an online social network experiment. Science, 329 (5996): 1194-1197.

Cheung C M K, Xiao B S, Liu I L B. 2014. Do actions speak louder than voices? The signaling role of social information cues in influencing consumer purchase decisions. Decision Support Systems, 65: 50-58.

de Matos M G, Ferreira P, Krackhardt D. 2014. Peer influence in the diffusion of iPhone 3G over a large social network. MIS Quarterly, 38 (4): 1103-1134.

di Stefano A, Scatà M, la Corte A, et al. 2015. Quantifying the role of homophily in human cooperation using multiplex evolutionary game theory. PloS One, 10 (10): e0140646.

Dustmann C, Rochina-Barrachina M E. 2007. Selection correction in panel data models: an application to the estimation of females' wage equations. The Econometrics Journal, 10 (2): 263-293.

Gleason D. 2018. Freemium vs. free trial: analyzing pros and cons of all pricing models. https://cxl.com/blog/freemium-vs-free-trial/[2022-10-31].

Gu X, Kannan P K, Ma L Y. 2018. Selling the premium in freemium. Journal of Marketing, 82 (6): 10-27.

Hartmann W R, Manchanda P, Nair H, et al. 2008. Modeling social interactions: identification, empirical methods and policy implications. Marketing Letters, 19 (3): 287-304.

Heckman J J. 1979. Sample selection bias as a specification error. Econometrica, 47 (1): 153-161.

Hinz O, Spann M, Hann I H. 2015. Research note: can't buy me love...or can I? Social capital attainment through conspicuous consumption in virtual environments. Information Systems Research, 26 (4): 859-870.

Huang Y, Shen C H, Contractor N S. 2013. Distance matters: exploring proximity and homophily in virtual world networks. Decision Support Systems, 55 (4): 969-977.

Iyengar R, van den Bulte C, Valente T W. 2011. Rejoinder: further reflections on studying social influence in new product diffusion. Marketing Science, 30 (2): 230-232.

Katona Z, Zubcsek P P, Sarvary M. 2011. Network effects and personal influences: the diffusion of an online social network. Journal of Marketing Research, 48 (3): 425-443.

Kumar V, Kumar M, Pugazhenthi G. 2014. Effect of nanoclay content on the structural, thermal properties and thermal degradation kinetics of PMMA/organoclay nanocomposites. International Journal of Nano and Biomaterials, 5 (1): 27-44.

Kyriazidou E. 1997. Estimation of a panel data sample selection model. Econometrica, 65 (6): 1335-1364.

Liu W, Aaker J. 2008. The happiness of giving: the time-ask effect. Journal of Consumer Research, 35 (3): 543-557.

Ma L Y, Krishnan R, Montgomery A L. 2015. Latent homophily or social influence? An empirical analysis of purchase within a social network. Management Science, 61 (2): 454-473.

Maltz J. 2012. Should Your Startup Go Freemium? TechCrunch. https://techcrunch.com/2012/11/04/should-your-startup-go- freemium/[2023-11-24].

Manski C F. 1993. Identification of endogenous social effects: the reflection problem. The Review of Economic Studies, 60 (3): 531-542.

McPherson M，Smith-Lovin L，Cook J M. 2001. Birds of a feather: homophily in social networks. Annual Review of Sociology，27（1）：415-444.

Nair H S，Manchanda P，Bhatia T. 2010. Asymmetric social interactions in physician prescription behavior: the role of opinion leaders. Journal of Marketing Research，47（5）：883-895.

Okada E M，Hoch S J. 2004. Spending time versus spending money. Journal of Consumer Research，31（2）：313-323.

Park E，Rishika R，Janakiraman R，et al. 2018. Social dollars in online communities: the effect of product，user，and network characteristics. Journal of Marketing，82（1）：93-114.

Poyar K. 2021. Freemium isn't a trend—it's the future of SaaS. https://techcrunch.com/2021/05/06/freemium-isnt-a-trend-its- the-future-of-saas/[2023-11-24].

Rajaratnam K. 2020. Freemium: playing the long game. https://chartmogul.com/blog/freemium-business-model/ [2023-12-21].

Sanderson E，Windmeijer F. 2016. A weak instrument F-test in linear IV models with multiple endogenous variables. Journal of Econometrics，190（2）：212-221.

Szell M，Lambiotte R，Thurner S. 2010. Multirelational organization of large-scale social networks in an online world. Proceedings of the National Academy of Sciences of the United States of America，107（31）：13636-13641.

Ülkü S，Hydock C，Cui S L. 2020. Making the wait worthwhile: experiments on the effect of queueing on consumption. Management Science，66（3）：1149-1171.

Wasko M M，Faraj S. 2005. Why should I share? Examining social capital and knowledge contribution in electronic networks of practice. MIS Quarterly，29（1）：35-57.

Zhao K，Wang X，Cha S，et al. 2016. A multirelational social network analysis of an online health community for smoking cessation. Journal of Medical Internet Research，18（8）：e233.

Zhu Z G，Wang J W，Wang X N，et al. 2016. Exploring factors of user's peer-influence behavior in social media on purchase intention: evidence from QQ. Computers in Human Behavior，63：980-987.

附　　录

附录 1　图表目录及来源说明

表 1-1、表 4-1～表 4-14 与图 4-1～图 4-23 来自上官武悦《共同关注网络和信息流对股票收益联动和收益预测的影响：基于投资者共同搜索的网络分析》（2020 年）。

表 5-1 与图 5-1～图 5-4 来自 Liu Y，Chen X. 2019. Estimation of peer influence effect in online games using machine learning approaches. *CONF-IRM 2019 Proceedings*，34。

表 6-1～表 6-17 与图 6-1～图 6-19 来自盘茵《社交网络中的社会资本与信息披露——自我披露、持续使用与公益筹款行为研究》（2019 年）。

表 7-1～表 7-2 与图 7-1～图 7-4 来自 Guo C，Chen X，Goes P，et al. 2021. Multiplex social influence in a freemium context：evidence from online social games. *Decision Support Systems*，155：113711. https://doi.org/10.1016/j.dss.2021.113711。

附录 2　研究补充材料

正如 4.3.3 节所述，利用滑动窗口方法得到的 54 个共同搜索网络的结构是相对稳定的，我们对网络中的节点的入度和出度的分布进行分析。首先在附图 1 中绘制了平均的入度分布，附图 1（a）是原始的入度分布，附图 1（b）则是进行了自然对数转换之后的入度分布图。

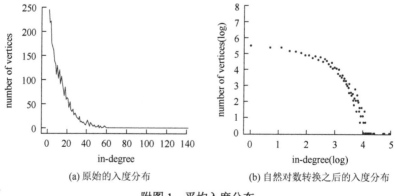

(a) 原始的入度分布　　　　　　　　(b) 自然对数转换之后的入度分布

附图 1　平均入度分布

number of vertices 表示节点数量

从附图 1 中可以发现，节点的入度分布呈现厚尾（fat tail），有少数节点具有很大的入度，然而大多数节点的入度均小于 20。由于该图呈现的是原始的共同搜索网络的情况，我们没有对网络中的边按照共同搜索关系的强弱进行任何过滤，因此网络中可能包含一些噪声，使得我们观察到的入度分布看上去很接近泊松分布。接下来，我们尝试对共同搜索网络中的边施加一定限制并进一步研究节点的入度分布。首先我们计算每条边（每一条共同搜索关系）在网络构建的时间段内出现的天数，然后删除天数未达到指定阈值 θ 的边。我们将 θ 分别设置为 5、10、15 和 20，正如期待的那样，当 θ 越大时，节点的入度分布越接近幂律分布（附图 2）。

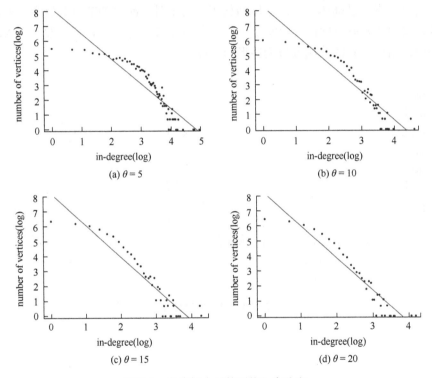

附图 2　直线拟合后的平均入度分布

我们用最小二乘法对附图 2 中的对数入度分布进行直线拟合。拟合后的决定系数 R^2 和斜率估计量 $\hat{\beta}$ 见附表 1。

附表 1　直线拟合结果

阈值 θ	R^2	$\hat{\beta}$
$\theta = 5$	0.8084	1.6936***
$\theta = 10$	0.8491	1.9045***

续表

阈值 θ	R^2	$\hat{\beta}$
$\theta = 15$	0.8690	2.1226[***]
$\theta = 20$	0.8981	2.1580[***]

*** $p < 0.001$

　　根据附表 1，我们可以发现线性模型的斜率均小于 0，以 θ 等于 5 为例，对数入度每减少 1 单位，节点数目增加 $\mathrm{e}^{1.6936}$，这符合幂律定理的描述。此外，当阈值 θ 越大时，直线越陡峭，表示入度增加相同的量时，减少的节点数目会更多。类似地，我们在 θ 取不同值时绘制了平均出度的分布（附图 3），可以发现与入度分布不同，出度分布的曲线近似为钟形的曲线。

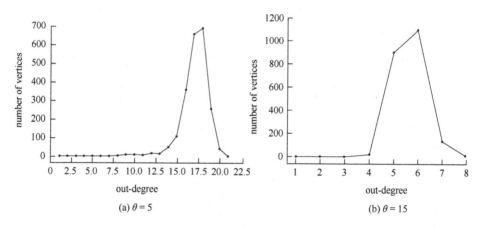

(a) $\theta = 5$　　　　　　　　(b) $\theta = 15$

附图 3　平均出度分布